美丽乡村建设理论与实践

蔡译苇　马媛　黄春田 编著

中国传媒大学出版社

·北京·

前　言

在经济不断发展的背景下，科技不断创新，计算机、智能手机等走进千家万户，人们接触新鲜事物的渠道更加丰富，能够足不出户地了解全国各地的情况，因此对生活质量提出了更高的要求。为满足乡村人们的生活需求，提升人们生活幸福指数，需不断建设、完善基础设施。在当今美丽中国的建设过程中，美丽乡村建设作为其中的重点扶持项目，需与时俱进，通过科学、合理地规划建设美丽乡村，以此实现对乡村的保护与管理。美丽乡村建设能将农村工业与农业完美结合，带动农村经济可持续发展，促进城乡资源的流动。与此同时，美丽乡村建设过程中将广大农民的利益放在首位，将农民反映的问题作为重点进行解决，满足了农民的需求，提升了农民对政府的信任感。美丽乡村建设作为惠民政策，应实事求是地落实到位，这是践行党的群众路线的重要表现，唯有不断提升农民的幸福指数，才能促进社会快速发展。

本书共有八章。第一章美丽乡村建设，介绍了美丽乡村基础内容、美丽乡村建设现状及前景。第二章乡村振兴背景下美丽乡村规划建设，介绍了乡村振兴战略分析、乡村振兴背景下美丽乡村规划建设的类型、新时代美丽乡村建设面临的困境、乡村振兴背景下美丽乡村规划建设路径。第三章美丽乡村建设中农村人才支撑体系，介绍了人才支撑体系概述、人才支撑体系建设的基本内容、人才支撑体系建设的实践路径。第四章美丽乡村建设中县域经济绿色发展研究，介绍了合理设置产业分区、加快产业转型升级。第五章美丽乡村建设中农村发展与治理，介绍了乡村治理的现状与存在的问题、美丽乡村建设中农村发展与治理建议。第六章美丽乡村建设中农村生态文明建设，介绍了农村生态文明建设理论基础、农村生态文明建设现状、农村生态文明建设的路径。第七章美丽乡村建设中乡村文化建设，介绍了美丽乡村建设中乡村文化建设的内容、乡村文化建设面临的机遇与挑战、乡村振兴战略下推进乡村文化建设的对策。第八章美丽乡村建设中基层党员干部管理，介绍了农村基层党组织建设面临的问题及原因、农村基层党组织建设的路径选择。

本书由蔡译苇、马嫒、黄春田担任主编，其中，蔡译苇（美国国际工程心理学研究所）负责第一章至第四章内容编写，共计10万字；马嫒（中共肃南县委党校）负责第五章至第七章内容编写，共计8万字；黄春田（中共泰安市泰山区委党校）负责第八章内容编写，共计2万字。

编写过程中限于作者水平，书中难免存在纰漏及不妥之处，敬请读者批评指正。

编者

2023年6月

目 录

第一章 美丽乡村建设

第一节 美丽乡村基础内容

2005年10月，党的十六届五中全会提出建设社会主义新农村的重大历史任务，提出了“生产发展、生活宽裕、乡风文明、村容整洁、管理民主”的具体要求。2008年浙江省安吉县正式提出“中国美丽乡村”计划，出台《安吉县建设“中国美丽乡村”行动纲要》，提出10年左右时间，把安吉县打造成为中国最美丽乡村。“十二五”期间，浙江省、广东省、海南省纷纷启动美丽乡村建设，美丽乡村建设已成为中国社会主义新农村建设的代名词，全国各地掀起了美丽乡村建设的新热潮。为进一步推进生态文明和美丽中国建设，农业部（2018年3月13日，中国国务院机构改革方案提出，组建农业农村部，不再保留农业部）开展了2014年中国最美休闲乡村和中国美丽田园推介活动，经过地方推荐、专家评审和网上公示等程序，认定北京市密云县（2015年撤县设区）干峪沟村等100个村为2014年中国最美休闲乡村，北京市密云县蔡家洼玫瑰花景观等140项农事景观为2014年中国美丽田园。科技是美丽乡村的重要支撑，要切实考虑如何发挥科技在创建过程中的推动作用。2014年12月12—14日，由农业部美丽乡村创建办公室、农业部环境保护科研监测所、中国农业大学、中国建筑设计院联合主办的美丽乡村环境保护与治理研讨会在天津召开，会议宣布成立“美丽乡村建设技术创新联盟”，会议通过了《美丽乡村建设技术创新联盟章程》。

2015年5月27日，美丽乡村建设国家标准发布会在北京召开。《美丽乡村建设指南》国家标准由农业部科技教育司等 9 家单位联合起草，对美丽乡村建设的基本要素进行了规范，标准内容体现了“美丽乡村村民建、建设成果村民享”的核心理念，着力打造美丽乡村的生态美、生活美、生产美和行为美。同时，标准对乡村个性化发展预留了自由发挥空间，鼓励各地根据乡村资源禀赋，因地制宜、创新发展。

2014 年 3 月 4 日，农业部农产品加工局（乡镇企业局）在贵州黔西南州兴义市向社会发布了 2013 年 10 个中国最有魅力休闲乡村和 108 项中国美丽田园推介名单。中国美丽田园共分为油菜花景观、桃花景观、梨花景观、稻田景观、茶园景观、梯田景观、渔业景观、果园景观、草原景观、花卉景观、其他共 11 类景观，而河北省获此殊荣的只有中国最有魅力休闲乡村——河北省邢台市沙河市王硇村，中国美丽田园——河北省围场县草原，这与中国最有魅力休闲乡村北京、天津各 1 项，中国美丽田园北京 4 项、天津 2 项的成绩还有一定差距。同时，在发布会上，农业部农产品加工局局长宗锦耀强调，这些魅力乡村和美丽田园以耕读文化为魂，以田园风光为韵，以生态循环为基，以村落民居为形，以功能提升为方向，以农民致富为目的，实现人与自然和谐发展，成为中国美丽乡村的核心内容诠释。各地根据自身的优势条件，建设具有地方特色的美丽乡村。

美丽乡村建设基础内容如下。

一是创建“美丽乡村”是落实党的十八大精神、推进生态文明建设的需要。党的十八大明确提出“把生态文明建设放在突出位置，融入经济建设、政治建设、文化建设、社会建设各方面和全过程，努力建设美丽中国，实现中华民族永续发展”，农村生态文明建设是生态文明建设的重要内容，开展“美丽乡村”创建活动，重点推进生态农业建设、推广节能减排技术、节约和保护农业资源、改善农村人居环境，是落实生态文明建设的重要举措，是在农村地区建设“美丽中国”的具体行动。

二是创建“美丽乡村”是加强农业生态环境保护，推进农业农村经济科学发展的需要。近年来，农业的快速发展，从一定程度上来说，是建立在对土地、水等资源超强开发利用和要素投入过度消耗基础上的，农业乃至农村经济社会发展越来越面临着资源约束趋紧、生态退化严重、环境污染加剧等严峻挑战。开展“美丽乡村”创建，推进农业发展方式转变，加强农业资源环境保护，有效提高农业资源利用率，走资源节约、环境友好的农业发展道路，是发展现代农业的必然要求，是实现农业农村经济可持续发展的必然趋势。

三是创建“美丽乡村”是改善农村人居环境，提升社会主义新农村建设水平的需要。我国新农村建设取得了令人瞩目的成绩，但总体而言，广大农村地区基础设施依然薄弱，人居环境“脏乱差”现象仍然突出。推进生态人居、生态环境、生态经济和生态文化建设，创建宜居、宜业、宜游的“美丽乡村”，是新农村建设理念、内容和水平的全面提升，是贯彻落实城乡一体化发展战略的实际步骤。

四是以宜人理念建设美丽乡村，突出以人为本。美丽乡村是以人为核心的聚集地，必须坚持以人为本统筹推进建设。充分尊重群众在创建工作中的主体地位，把群众满意作为最高标准，切实从“政府配餐”转为“群众点菜”，广泛发动群众和社会各界共同参与，努力提高农民的文化素质，积极建设文明乡村，让乡村成为农民享受高品质生活的“幸福港湾”。美丽乡村的规划与设计，应该充分尊重现有的自然条件与地理环境，达到山地有山地的特色、水乡有水乡的风格、平原有平原的品位。

五是以文化理念融入美丽乡村，体现对乡村民俗的尊重。美丽乡村是保护、传承生态文化的体现者，必须坚持融入文化元素。按照“乡风文明身心美”的要求，提高农民的文化素养，在农村地区推动生态文化体系建设工作。要让每个乡村发展特色文化，使当地的优秀民俗文化得以保留，要从各乡村挖掘地域文化和地域特色，要以生态理念为发展和建设目标，推动特色文化村的建设，使农村成为生态文化建设基地。

六是以环保理念经营美丽乡村，注重可持续发展。美丽乡村是生态经济富裕、生态环境优美的有机结合，必须坚持农民收入增加与环境保护同步。在推动美丽乡村建设时，要建设各项基础设施，要处理好生活和生产垃圾，治理污染，使生态环境得到保护。要调动农民的参与热情，实现群众自治，要为农民提供文化教育和培训，改善他们的素质，要让乡村形成团结互助的良好风气，使社会环境实现和谐发展。

七是以实干理念建设美丽乡村，注重生态美。美丽乡村建设是一项系统工程，需要全社会关注、支持，必须真抓实干、干出成效。整合政策力量，遵循“渠道不乱、用途不变、各尽其力、形成合力”的原则，健全政府投入为主导、农户投入为主体、社会投入为补充的多元投入机制。

第二节 美丽乡村建设现状及前景

一、我国美丽乡村建设现状

自农业农村部办公厅《关于开展“美丽乡村”创建活动的意见》发布后，全国各地积极响应国家政策，先后开展了美丽乡村建设系列行动。经过近几年的实践，取得了一些成效，也积累了一些经验。

以湖南省衡阳县为例，全县土地总面积 25.53 万公顷，其中农用地 21.53 万公顷，占 84.3%；全县总人口约 125 万，其中农业人口约 100 万，占 80%，是一个典型的传统农业大县。近年来，衡阳县以“示范村”“示范片”为带动，积极推进了美丽乡村建设。三年来，全县共硬化乡村道路约 2 800 千米；硬化和修复渠道 9 万千米、骨干塘 9 165 口；新建集中供水工程 18 处、分散供水工程 377 处，解决 27.49 万人饮水问题；完成农电户改 100%、农电网改 90% 以上；新建村部 497 个，建设和改造乡镇卫生院 26 所，新建和改建村卫生室 423 个，完成农村中小学危房改造 37.07 万平方米；新建农村户用沼气池 11 541 口，完成“五改”配套 72 126 户；全县广播电视入户率

99%，手机入户率97%。经过全县上下的不懈努力，农村基础设施和农民生产生活环境得到明显改善，农村面貌在一定程度上发生了较大改变，目前全县已有台源镇群英村、库宗桥镇梅开村、洪市镇杨泉村、金兰镇金沙村、西渡镇陡岭村和曲兰镇湘西村6个村通过省验收授牌。

二、我国美丽乡村建设存在的问题

从以上数据来看，以衡阳县为缩影，全国各地的生态文明建设取得了重大进展，这一点无疑不能忽视。但从衡阳县的整体情况来看，从衡阳县与其他地区的比较来看，我们可以得出一个结论：当前的美丽乡村建设离上级的总体要求和人民群众的期望还有一定的差距，当前的农村还算不上真正意义上的“美丽乡村”。其中存在的问题主要表现如下。

（一）环境卫生“脏”

经过多年的新农村建设和农村环境综合整治，农村居民的卫生意识有所增强，农村面上的环境卫生整体有所好转。但由于村级经费紧张及思想上重建轻管等原因，村庄卫生保洁、设施维护等方面缺乏长效管护，农村污水直排、垃圾乱扔、柴草乱堆等现象尚未根本杜绝，畜禽粪便、生活污水和废弃物、农药化肥、矿产开发等引发的污染问题仍然严重。有的村甚至出现打扫卫生时，直接向河道倾倒垃圾和露天焚烧垃圾等现象。

（二）村民建房“乱”

通过村镇规划的编制和旧村改造等工程的实施，农村的村庄布局有所改善，但由于村民根深蒂固的思想和行为习惯的影响，农村建房总体依然比较混乱。一方面表现为违规用地、私搭乱建。随着农村道路条件的不断改善，村民建房首选道路两旁，有的村民甚至擅自占用耕地建房；另一方面表现为建新不拆旧。住房迁建后，原有宅基地上的建筑即使不住人也不愿拆除，导致洋楼新房和断壁残垣并存，“有新房无新村”“有新村无新貌”的现象比较普遍和突出。

（三）基础设施“差”

由于县级财政吃紧，社会资本投入模式尚不健全，当前的美丽乡村建设基本靠上级项目资金投入，对于像衡阳县这样的传统农业大县来说，“撒胡椒面”式的项目和资金安排所取得的效果不明显，农村道路、供水、燃气、通信和文化体育等基础设施总量不足、设备简陋、共享率低，农村的绿化、亮化范围窄、层次低。除县城、西渡及周边乡镇个别中心村，大部分村庄依然破旧不堪，萧索荒凉。

（四）农村土地“荒”

由于传统农业发展层次和经济效益低，农村青壮年大多外出务工，留在农村的基本上为“留守老人”和“留守儿童”，根本没有能力从事农业生产，劳动力的缺乏导致农村原有的水利灌溉设施年久失修，基本上无法正常使用，耕地也因无人耕种而大面积抛荒。本应是稻花飘香、果蔬满园的季节，农村很多地方却是杂草丛生、一片荒芜。

三、生态文明视域下我国美丽乡村建设的基本思路

美丽乡村建设事关农民的切身利益。建设美丽乡村，政府是主导，农民是主体，必须坚持“政府引导，市场运作，能人带动，群众参与”的总体原则，坚持先规划后建设、边开发边治理，既注重基础设施，又注重产业发展，才能真正使美丽乡村建设取得较好的效果。

（一）强化规划引领

科学合理的规划是建设美丽乡村的前提、基础和保障。要坚持规划先行，按照宜农则农、宜游则游、宜居则居、宜文则文的原则，完善美丽乡村规划，因村制宜地对村庄建设规划进行深化、细化、具体化。同时，把美丽乡村建设规划与经济社会发展规划、农业和旅游业发展规划、文化特色产业相衔接，实现各项规划的无缝对接，真正传承历史文化，体现乡村特色，反映时代特征，引领科学发展。

（二）强化基础建设

坚持整合资源、凝聚合力，把农村危房改造、扶贫搬迁、乡村公路、乡村文化中心、卫生室和敬老院等项目纳入美丽乡村建设，形成协同推进的良好局面。积极盘活土地资源，充分利用民间资本，进一步完善农村水、电、路、房等公共服务设施，建设养老、教育、医疗、文化和体育等农村公共服务体系，让农民在家门口也能享受不亚于城镇的公共服务。

（三）强化生态保护

美丽乡村建设的基础就是生态文明建设，因此，在建设美丽乡村中应融入生态文明观念，充分保护现有的自然环境和地理条件，在开发中保护、保护中建设。要大力倡导健康、低碳、环保的生活理念和生活方式，通过生态修复、改良、保护和治理等措施，使乡村重现优美的自然景观，充分彰显山清水秀、鸟语花香的田园风光，体现人与自然和谐相处的美好画卷。

（四）强化产业支撑

培育支柱产业、加快经济发展是美丽乡村建设的主要任务。没有产业支撑，美丽乡村建设就是无源之水、无本之木。要发展特色农业，以抓大户上规模、抓特色建基地、抓服务建体系为基本路径，大力发展“三品”农产品。发展农产品精深加工，拉长产业链，提高农产品附加值，加快农业现代化发展步伐，推动农村经济提质增效、转型升级。要拓展新兴产业，把美丽乡村建设与产业转型升级、传承优秀文化紧密结合，加快发展乡村非农产业，为美丽乡村建设提供经济支撑。

四、生态文明视域下我国美丽乡村建设的主要着力点

美丽乡村建设是生产、生活、生态“三位一体”的系统工程，本质在于使农村变得更加“美丽”，核心是进一步完善农村生产生活基础设施，保护农村的自然和生态环境，促进农村整体环境的彻底改善。我们现在抓美丽乡村建设，标准不能等同于过去的新农村建设，具体来说，应在现有基础上主要从以下几个方面着力。

（一）抓住“土、路、房”三个关键

土地、道路和住房是与农民生产生活息息相关的三大要素，应作为美丽乡村建设的重点。

1. 加快土地流转

衡阳县共有农用地21.53万公顷，近几年完成农村土地流转6.14万公顷，其中耕地流转3.36万公顷，大片农村土地依然分散种植甚至抛荒，土地的利用空间还很大。因此，要继续积极推进农村产权制度改革，加快农村土地有序流转，将土地集中起来发展高效农业，实现农业提质增效。同时，通过盘活现有土地资源，拓宽投融资渠道，引导社会资本投入美丽乡村建设，让过去荒芜的土地实现效益最大化。

2. 完善农村公路

目前，衡阳县只有11个乡镇连通二级公路，通村公路和通组道路路面窄、弯道多、质量差，一些偏远乡镇还没有实现道路完全通畅，群众出行和农业生产仍不方便。因此，一方面要将交通、发改、国土、扶贫和农开等部门的项目有机整合，进一步加强农村公路建设，提高农村公路的通达率和覆盖面；另一方面要在农村公路全面通畅的基础上，积极利用贷款融资等渠道，适时启动农村“窄路加宽”和路面油化工程，实现农村公路提档升级。

3. 规范农村建房

农村建房直接关系到美丽乡村的布局和风貌，必须科学制定村庄布局规划和村庄建设规划，加强对农户建房的规划引导，提高农户建房的水平和标准，动员居住分布星散的人群搬迁，引导农村人口集中居住。同时，要严格执行“一户一宅”政策，落实“建新拆旧”要求，大力推进农村危旧房改造，对危旧房实行连片拆除、连片改造。

（二）实施“亮、美、净”三大工程

环境美是美丽乡村的直接表现，我们抓美丽乡村建设，并不是要大拆

大建，全盘推倒重来，而是应在完善基础设施的基础上不断改善农村的整体环境。

1. 亮化

要树立城乡一体建设理念，注重镇村公共设施的配套、协调，使集镇公共服务向村组拓展延伸，让农民享受与城镇居民一样的公共服务。在完善农村道路交通设施的同时，大力加强农村路灯建设，在农村交通要道两旁、乡村文化广场及村民聚居的房前屋后安装路灯，实现村村夜晚有照明，使农民出行更加方便，使乡村夜景更加亮堂。

2. 美化

大力推进农村美化、靓化工程。鼓励和发动群众建设乡村文化休闲广场、小游园、小公园等，在满足农民休闲娱乐需求的同时美化村庄环境。进一步推进绿化增量提质工程，在通道绿化的基础上，以房前屋后、村内空地、河道堤岸、公共活动场所等为重点，合理布局、科学搭配，打造绿化景观。由规划部门牵头，设计一批具有湘南民居特点的农村住房设计图，免费发放给村民参考和使用，改变过去农村建房七零八落、五花八门的局面。

3. 净化

按照“村容整洁环境美”的要求，持续抓好改路、改水、改厕、垃圾处理和污水处理等项目整治，巩固提升农村环境卫生综合整治成果，建立农村环境卫生保洁长效机制，行政村所有村组、农户全域全天候常态保洁，村、组道路全面绿化和养护管护，彻底改变农村“脏乱差”的问题。

（三）打造“山、水、花”三个亮点

美丽乡村应“望得见山，看得见水，记得住乡愁”，在美丽乡村建设过程中，要浓妆山水、淡抹村庄、尊重自然、保护生态。

1. 留住青山

必须坚持生态环境资源的保护和有效利用，防止为了发展经济而大量

开采、挖掘矿产资源，对山体造成严重破坏，影响乡村生态环境。同时，按照“谁开采谁治理”“边开采边治理”“边开采边造景”的要求，开展“矿山复绿”行动，采取新造、补植、封育、复绿等措施，彻底消灭裸露山体，优化美化森林景观，形成“绿树村边合，青山郭外斜”的美丽乡村图景。

2. 治理水体

扎实开展河道、水库水环境治理，通过河道清淤、河岸整治、河道漂浮物打捞等专项行动，对农村小溪流、河流、水库、骨干塘的淤泥、杂草、垃圾进行清理，对河道沿岸畜禽养殖户进行关闭搬迁，杜绝污水排入河道，从源头控制污染源，改善农村水体环境。

3. 种植花木

构建整体绿色生态环境空间，充分利用绿廊、农田、庭院、溪水等郊野景观，开辟集种植、旅游、观光休闲产业于一体的农业综合开发项目，规模化种植荷花、油菜花等具有观赏价值和经济价值的农产品，既增加农民收入，又增添靓丽风景线。同时，在乡村主干道栽种桂花、樱花、桃树、李树等各类花木，为美丽乡村“锦上添花”。

（四）做好“吃、住、玩”三篇文章

产业发展是美丽乡村建设的基础和根本，只有大力发展产业才能使农民富起来。在大力推进农业产业化经营的基础上，鼓励、支持和引导农民依托紧靠集镇、紧靠国省道、紧靠市区、紧靠旅游区的优势，利用农村森林景观、田园风光、山水资源和乡村文化，将美丽乡村建设与当地文化旅游资源结合起来，做好“吃、住、玩”三篇文章。发展以农家土菜、民宿短租、赏花摘果、踏青垂钓为重点的乡村体验式旅游，打造集产业展示、休闲观光、人文历史、地域特色于一体的示范带，培育新的市场亮点，吸引城区居民休闲娱乐消费，促进农民创业就业，提升城乡一体发展的经济效益、社会效益和生态效益等综合效益。

五、美丽乡村建设行业现状与市场发展前景趋势分析

美丽乡村建设行业现状与市场发展前景如何？近年来，随着生态文明建设的持续推进，为改善乡村基础设施薄弱、居住环境差的现状，美丽乡村建设正在全国各地持续进行。美丽乡村建设既是美丽中国建设的重要部分，也是城乡协调发展的重要组成部分，不仅关系广大乡村居民的生活条件与生产发展，也关系乡村生态环境和传统文化的保护与传承。美丽乡村建设是社会主义新农村建设的一个升级阶段，核心在于解决乡村经济发展、乡村空间布局、乡村人居环境、乡村生态环境、乡村文化传承的问题。

按照2013年农业部下发的《农业部“美丽乡村”创建目标体系》中的描述，农村公共基础设施完善、布局合理、功能配套，乡村景观设计科学，村容村貌整洁有序，河塘沟渠得到综合治理；生产生活实现分区，主要道路硬化；人畜饮水设施完善、安全达标；生活垃圾、污水处理利用设施完善，处理利用率达到95%以上。与此同时，农业部还公布了支撑美丽乡村建设的10项措施和20项技术。在10项措施中，农村清洁工程每年从财政专项资金中安排1 000万元用于改善农村生产、生活条件，推广节水、节肥等节约型技术，畜禽粪便、污水垃圾等生活废弃物资源化利用技术。而20项技术则关注适用于农村生产、生活的能源利用领域，如户用沼气、省柴节煤灶（炕）、太阳能综合技术、秸秆综合利用技术、小型风力发电技术等。

据中研普华产业研究院出版的《2022—2027年中国美丽乡村建设市场投资策略及前景预测研究报告》统计分析显示：

> 乡村建设是实施乡村振兴战略的重要任务，也是国家现代化建设的重要内容。中央农村工作会议再提建设美丽乡村，提出要一体推进农业现代化和农村现代化，实现乡村由表及里、形神兼备的全面提升，让农民就地过上现代文明生活。要完善党组织领导的自治、法治、德

治相结合的乡村治理体系，让农村既充满活力又稳定有序。2022年5月，中共中央办公厅国务院办公厅也印发了《乡村建设行动实施方案》。

乡村建设的政策支持和要素保障是支撑乡村蓝图建立的基础，强化乡村建设“人、地、钱”要素保障才能推动美丽乡村加速建设。

中国仍处于城市化过程中，人口布局仍将出现较大变化，真正以农业为主的人口规模还将收缩，真正以农业为主业的居民点还会减少，一大批村庄或者转变为新型小城市，或者连片发展为大中城市的一部分。道路、饮水、通信、垃圾和污水处理等基础设施建设都有规模经济。因此，实施乡村振兴战略应分类进行。

在保证教育、医疗、养老、低保等基本公共服务均等化的前提下，道路、饮水、通信、垃圾和污水处理等基础设施建设可优先建在人口比较集中的村镇，从而提高利用效率。在政府财力有限的情况下，可通过创新合作方式，降低准入门槛，引导社会资本投入道路建设、垃圾处理以及教育、医疗、养老等服务产业。

全面推进乡村振兴是新时代建设农业强国的重要任务，人力投入、物力配置、财力保障都要转移到乡村振兴上来。要全面推进产业、人才、文化、生态、组织“五个振兴”，统筹部署、协同推进，抓住重点、补齐短板。

产业振兴是乡村振兴的重中之重，要落实产业帮扶政策，做好“土特产”文章，依托农业农村特色资源，向开发农业多种功能、挖掘乡村多元价值要效益，向第一、二、三产业融合发展要效益，强龙头、补链条、兴业态、树品牌，推动乡村产业全链条升级，增强市场竞争力和可持续发展能力。

党的二十大明确提出，要全面推进乡村振兴，坚持农业农村优先发展，加快建设农业强国。2022年12月中央农村工作会议进一步强调，全面推进乡村振兴是新时代建设农业强国的重要任务。在历史性地消灭了绝对贫困之后，迈向第二个百年奋斗目标的征程中，最艰巨最繁重的任务在农村，最广泛最深厚的基础在农村，最大的潜力和后劲也在农村。全面推进乡村振兴是实现中华民族伟大复兴的前提和基础，也是建设农业强国必须着力解决的重点和难点，需要以永不懈怠的精神状态，脚踏实地奋发有为，奋力将乡村振兴的美好蓝图一步步化为生动的现实。

农村是亿万农民的家园。未来我国城镇化将达到很高水平，但仍会有几亿人在农村就业生活。建设宜居宜业和美乡村是农业强国的应有之义，必须加快实现乡村由表及里、形神兼备的全面提升。

一座座美丽村部是乡村振兴建设的缩影，更是群众幸福生活的缩影。美丽乡村宜居村建设是推动乡村振兴的有力抓手，是提升农村环境形象的重要举措，事关群众的切身利益。

美丽乡村的建设是推进生态文明建设的需要。党的十九大明确提出要“建设美丽中国，为人民创造良好生活环境”。农业农村生态文明建设是生态文明建设的重要内容，开展“美丽乡村”创建活动，重点推进生态农业。

第二章 乡村振兴背景下美丽乡村规划建设

第一节 乡村振兴战略分析

一、乡村振兴战略相关概念

（一）乡村振兴

“振兴”指的是振发兴举，增强活力，使兴盛起来。顾名思义，乡村振兴的意思就是通过增强乡村的活力，使其逐渐兴盛起来。乡村振兴是新农村建设的升级版，对乡村的建设提出了更高的要求，是包含社会发展各个层面的全方位的振兴。乡村振兴是加快农业农村现代化发展、改善农民生活、加快推动我国从农业大国向农业强国转变的战略举措和战略安排。

脱贫攻坚取得全面胜利后，我国推进乡村振兴的相关政策也根据社会发展的现实情况与时俱进地做出了相应调整，乡村发展进入了历史新阶段，发展重心实现历史性转移。习近平总书记在 2021 年的中央农村工作会议上发表重要讲话，为实现乡村的振兴做了整体规划，指明了现在及未来一段时间乡村发展的方向。我们要紧紧围绕习近平系列重要讲话精神，在相关政策、措施的指导下发展农村农业，加快推进乡村发展进程，实现农业的高质高效发展，提高农民群众的生活水平，满足人民群众对物质以及精神方面的追求，提升其生活的幸福感。

（二）乡村振兴战略

2017 年 10 月 18 日，党的十九大报告提出“实施乡村振兴战略”。这是针对新时代乡村现代化发展所提出的新方略，是我国的特有概念。2018 年中央一号文件明确指出了实施乡村振兴战略，是新时代“三农”工作的总抓手。它是我们全面加快乡村建设步伐、实现第二个百年奋斗目标的重要理论支撑。文件对乡村振兴做出了科学规划，提供了一系列法治保障，相应地提出了许多有力措施来不断完善其理论体系。乡村振兴战略已上升到国家战略的高度，且写进了党章。乡村振兴不是单一方面或某些方面的振兴，它是对过去农村战略的升华，是一种符合当前中国发展需要的立体安全性战略，是经济、生态、文化、社会治理等多方面全方位的振兴，是全面振兴的理念。

乡村振兴战略的总要求与2005年10月提出的建设社会主义新农村的要求是一脉相承的关系，但是又根据中国乡村发展的现实情况进行了变动，重点突出了推进“三农”高质量发展的方向。我国的现实情况决定了农业的发展是国民经济发展的基础，切实将乡村的优先发展贯彻落实，将有助于我们实现农业农村现代化的目标。

“产业兴旺”体现了乡村经济社会发展对整个社会发挥的物质保障作用，又比“生产发展”的内涵更加丰富。在农业农村优先发展中，要重视经济的多元化、深化发展，探索新型产业发展方式，延长产业链条，多渠道促进农业发展，保障农民收入增加。“生态宜居”顺应了人民对美好生态环境的需求，对生态服务提出了更高的要求，体现了党对人民美好生活需要的满足。“乡风文明”的内涵更加丰富，要求将坚持农村文化自信与推进农村文化繁荣兴盛结合起来，提升乡村社会的文明度。它是筑牢乡村文化的根基，为乡村的精神文明建设增添美丽色彩，凸显了人民群众对乡村发展精神层面的建设要求。“治理有效”寓意更加深刻，它指的是治理有效率、有效果，更加突出了从重视过程向重视结果的转变，也更加突出了走乡村善治之路的要求，是推进乡村发展的关键。走乡村善治之路，可为我国经济社会的发展奠定基石。“生活富裕”凸显了实现农民群众生活条件的提升是推进乡村发展的最终落脚点，有利于突出实施乡村振兴战略的目标导向。

二、乡村振兴战略的主要内容

随着一系列政策的推进，我国乡村风貌不断向好，但与城市以及发达国家的农村相比，我国的农村发展仍然是建设社会主义现代化强国的短板。2017年，党的十九大认真总结“三农”工作的成就和经验，着眼于粮食安全、农民增收、农村环境等一系列紧迫的现实问题，作出了实施乡村振兴战略的决策部署，提出了“产业兴旺、生态宜居、乡风文明、治理有效、生活富裕”的目标要求，为新时代“三农”的发展方向和路径作出了科学的指引。在两年多的振兴实践中，习近平总书记关于实施乡村振兴战略的相关论述不断丰富完善，2020年3月，习近平总书记在浙江考察时强调，要在推动乡村全面振兴上下更大功夫，推动乡村经济、乡村法治、乡村文化、乡村治理、乡村生态、乡村党建全面强盛起来。乡村振兴战略的内容从五个目标要求向经济、政治、文化、民生、生态、党建六个领域逐渐丰富具体化。

（一）推动乡村经济振兴

关于促进乡村产业振兴的指导意见提出，“产业兴旺是乡村振兴的重要基础，是解决农村一切问题的前提”。经济振兴的基本表现形式就是产业兴旺，即农业市场大活跃，智慧农业规模化生产，农产品高质量发展。但农产品大市场的发展基础在于国家粮食安全，需要合理安排农业种植结构，更多地支持粮农，稳固粮食种植规模。因此，实现产业兴旺，应在保障国家粮食安全的基础上，发展经济作物、林业、畜牧业，推进农业供给侧结构性改革，促进智慧农业和第二、三产业融合发展，构建现代化产业体系。

1. 夯实产业发展基础

食为政首，确保粮食安全自古以来就是治理国家的第一要务，是需要永远探讨的课题。2019年，我国粮食产量达到66 384万吨，粮食产量虽然保持丰收状态，但涨幅不大。2020年，新冠肺炎疫情发生后，我国的一些粮食产区由于农资下乡受阻、农机上路不畅、农民下地受限，延缓了耕田整地、备种备肥、田间管理，致使一些地方备耕春耕春播受到了一定影响。同时鉴于我国人口众多、国外粮食供应趋于紧张、发达国家设置贸易壁垒等其他因素也会带来负面影响，粮食问题始终不能松懈，产业振兴的基础始终是粮食生产。党的十八大以来，面对新的粮食安全形势，党中央高度重视这一问题，深入实施藏粮于地、藏粮于技战略。首先要守好耕地红线，统筹推进疫情防控和粮食生产。因此要指导农民科学施肥，做好农田水利建设，改善农田产能，促进种地与养地相配合，稳定12公顷耕地资源。其次是向科技要粮，运用科学技术提量提质。当前，我国农作物耕种收综合农机化率已达到70%，小麦、水稻、玉米三大主粮机械化率超过80%，农机绿色智能化趋势明显，要持续加强农业科学技术的推广普及，有力调度农机具，继续创新绿色生产研发，助力田间管理，高效有序开展可持续的高质量生产。

在乡村振兴战略总的指导下，整体规划与分类施策相结合，层层压实责任，我国粮食可持续生产能力不断提高，国家粮食安全机制不断完善，但面对依然严峻的粮食安全形势，需要保持政策稳定，继续稳固粮食种植面积、科学改善种植结构、加强现代化农业科技的成果转化，确保国家粮食安全，为产业振兴奠定坚实基础。

除保障粮食有效供给外，城乡居民对其他农产品的消费需求不断升级、农业经营服务与市场机制不对等、农产品品质和价格提升有困难等一系列问题的解决迫切要求变革农业种植结构，深入改造农业生产经营动能，提升农民生产动力。因此，乡村振兴战略在产业兴旺的目标下提出发展现代农作物、养殖业、园林业的要求，建设产学研联合的现代化农业园区，打造发展新格局。根据各地实际情况，充分匹配环境资源，建设特色产业体系，培育农业新业态；以求质为导向，不断提高机械化水平，推动产业升级、融合，构建科学完备的产业链。

2. 深入推进农业供给侧结构性改革

2015 年 11 月，党中央提出推进农业供给侧结构性改革，各类农产品的种植面积得到有效调整，质量上不断得到消费者满意，结构性矛盾持续缓解，但仍存在城乡资源互通性不足、产业融合度不高、规模不大等困境。对此，在乡村振兴战略产业兴旺的总要求中，党中央继续指出“要以农业供给侧结构性改革为主线，坚持质量兴农”。

首先，要巩固和完善农村基本经营制度、深化土地制度改革和集体产权制度改革，扩大对农业的支持保护体系，为经济振兴营造稳定向好的制度环境；其次，科学研判市场发展形势，不断制定完善指导方案，积极引导各类资源要素向农村倾斜，大力创造条件鼓励新型经营主体落地发展，统筹构建农业现代化产业体系，创新农民参与经营的方式，激发农民内生创造力，让乡村经济振兴提质提效。在振兴实践中，需要广泛运用互联网技术大力发展智慧农业，创新开发农产品各类市场，不断完善各类农产品的生产标准、考核评价等一系列制度供给，推进质量兴农，进而以高质量的农产品振兴乡村经济。

（二）推动乡村政治振兴

清明的政治生态是党和政府为人民服务的重要保证，农村基层党组织作为党与农民群众沟通联系的平台，是领导人民落实党和政府方针政策的组织力量，是推动乡村自治、法治、德治联合的引领力量。同时，农村治理作为国家治理体系中的重要一环，创新农村治理方式、推动乡村治理振兴是应有之义。“自治强基，法治固本，德治立行”，乡村振兴战略围绕我国实行基层群众自治制度的政治特色提出将“三治”结合施用，构建现代化的乡村治理机制，为科学解决“三农”问题指明了方向。

1. 完善基层组织建设

“农村工作千头万绪，抓好农村基层组织建设是关键”，习近平总书记一直以来都非常重视农村基层组织建设，要求农村的一切工作都建立在农村党支部上。在党的坚强领导下，中国特色社会主义伟大事业已经取得了巨大成就，乡村振兴工作也在稳步推进，基层党组织发挥了关键作用。因此，乡村振兴战略针对基层党组织建设继续作出要求，创新农村基层组织建设，推进治理体系和治理能力现代化。在领导机制层面，提出建立领导责任制，五级书记紧盯落实工作，汇集各部门的资源支持和制度供给，让基层党组织高效发挥组织引领作用；同时修订颁布《中国共产党农村基层组织工作条例》，用严格的党内法规为振兴乡村政治工作保驾护航。

2. 健全“三治”结合的乡村治理体系

奉法者强则国强，奉法者弱则国弱。法治乡村建设是实施乡村振兴战略、推进国家治理体系和治理能力现代化的内在要求，是“自治、法治、德治相结合的乡村治理体系”的重要组成部分。依法治国是我国运用法律权威治理国家的根本方略，乡村法治作为全面依法治国最基本的一环，需要着力推进乡村依法治理。随着振兴工作的推进，参与“三农”建设的主体和面对的问题挑战会复杂多元，所以，基层治理工作的根本遵循必须是各项法律制度。对此，乡村治理振兴工作要求不断健全基层法治体系，增强党员干部的法治工作能力，在乡村广泛宣传法治思想，提升村民运用法治手段的思维，健全乡村矛盾调理机制，让乡村振兴事业真正走上法制化轨道。2020 年 3 月，中央全面依法治国委员会印发《关于加强法治乡村建设的意见》，为法治乡村建设提供了基本遵循，我国的乡村治理体系在深化乡村法治的新思路中不断完善。

人心纯正则社会安定，一直以来，我国都强调道德对人民的教化作用，基层治理也须发挥好德治的作用。正如费孝通先生在《乡土中国》中所写的，中国社会本质上是一个乡土社会，“是一根根私人联系所构成的网络”，道德要素维持着私人联系，孝、悌维护亲子同胞之爱，忠、信维护朋友之义。

浓厚的乡土人情以无形的道德牵绊约束着农民的行为，把农民紧密联系在一起。在乡村治理体系中，德治自古以来就居于重要地位，但随着人们对物质利益的过度追求，违反仁爱孝悌、忠义守信、邻里团结等中华传统美德的事件屡屡发生，乡村德治逐渐衰微。面对农村社会治理出现的新挑战，乡村振兴战略将提升乡村德治水平作为治理振兴的重要内容，要求坚持社会主义核心价值观的思想引领，传递社会主流价值，挖掘乡贤文化、树立道德典范、注重对农民的精神引领，以美好的思想道德品质感化农民，为基层治理营造文明善治的风尚。

村民自治实践是各村村民通过村民委员会行使民主权利，对村内各种问题进行自主解决治理，有利于在农村凝聚起积极、团结、和善的文明风尚，激发村民对参与乡村振兴事业的动力。随着乡村各类资源要素的开放与流动，社会资本、新的发展模式、文化空间建构等各种新情况、新问题需要发挥村民自治的效用。对此，基层自治工作要求村党组织书记发挥核心领导作用，规范基层党组织的权力，形成廉洁民主的凝聚力，推进自治章程和村规民约的制定，鼓励村民积极参加村级事务的讨论，充分扩展乡村自治的内容，在实践中创新组织活动方式，打造村委便民服务中心，建立村民互助小组，共同推进振兴工作。

（三）推动乡村文化振兴

“文化兴国运兴”，中华文化因5 000年的历史积淀而博大精深，中国因源远流长的中华文化走向伟大复兴。乡土文化作为中华文化的历史根脉，承载着中华民族绵延5 000年发展的历史印记，在振兴乡村工作中，必须重视乡风文明建设，坚持乡村物质文明和精神文明一起抓，使乡村焕发文明新气象。

1. 提高农民思想文化水平

在追求物质财富的快时代中，农民间的宗亲关系、邻里关系、人情关系等逐渐淡漠，红白喜事攀比、漠视教育、打牌赌博等不良风气在农村逐渐泛化，极大地阻碍了农村的建设，振兴文明乡风刻不容缓。习近平总书记在乡村振兴战略规划中提出了提高农民思想文化水平的要求。首先要加强农村思想文化阵地建设。围绕社会主义核心价值观教育引导农民正确树立“三观”，坚定社会主义理想，提高综合素质；大力创设积极进步的文化氛围，持续宣传党的方针政策，营造健康开放的舆论场，引导农民自觉摒弃落后的愚昧思想，转变思想观念，积极投身乡村振兴建设。其次要传承发展农村的优秀传统文化。挖掘特色传统文化中蕴含的思想精髓和精神价值，在创新发展中激发新的生命活力，重建农民的文化自信；宣传文明的家风文化，形成昂扬向上的民风，引导重构亲密的伦理道德风范，不断满足民众的精神需求。

2. 加强乡村公共文化设施建设

随着农民经济收入的逐年提高，民众对文化活动的需求持续增长和乡村公共文化设施建设不足的矛盾充分显现，公共文化软硬件设施作为乡村文化的载体和阵地，振兴乡村文化必须将其作为重要工作之一。2018 年中央一号文件针对“乡风文明”提出“发挥县级公共文化机构辐射作用，推进基层综合性文化服务中心建设，实现乡村两级公共文化服务全覆盖，提升服务效能。深入推进文化惠民，公共文化资源要重点向乡村倾斜，提供更多更好的农村公共文化产品和服务”等要求，在建构乡村公共文化空间和提供乡村公共文化服务的实践中，第一，广泛建设文化大院、图书室、礼堂等文化活动场所，抢救维修家族祠堂、戏台广场等传统文化传播场所，凝聚起特色的文化共识；第二，让先进电影、文艺演出等文化产品向农村流动，立足农民需求精准投入多元的线上文化服务，全面增强乡村文化建设。

（四）推动乡村民生振兴

自农村深化改革开展以来，农村的社会建设取得了有效的成果，但是农村的教育和医疗这两大基本资源长期缺失，使农村民生问题尤为突出。在乡村振兴战略的整体规划中，“生活富裕是根本”，教育、医疗等民生建设关乎农民的基本生活状况，加强乡村民生振兴可谓实现生活富裕的着眼点。当前中小学基础设施落后、教育资源与城市相比严重失衡、对农民的专业教育长期缺位；养老、医疗保险情况不容乐观，农民对社保的认识比较模糊、政府保障资金的投入不足、相关法律体系不健全；村容村貌和人居环境“脏乱差”等诸多困难必须一件一件解决，推动乡村民生振兴。

1. 重视农村教育事业

教育是发展的根本途径，我国始终在努力让每一个人享有公平的高质量教育资源，农村教育作为我国教育事业中的重要一环，在振兴乡村工作中必须着重解决其存在的不平衡问题。在教育振兴这一环，乡村振兴战略指出要加大对农村教育的资源投入，政府加强对偏远山区办学的支持力度，社会组织提供办学资金和教学资源，优秀人才充实乡村教师队伍，各类社会主体深入基层，有力开展中小学阅读工程建设，以先进的科教资源推进民生建设，驱动乡村振兴事业。在乡村振兴战略具体的实施中，除了外部人才的支持，还要不断激发农民自身动力，统筹抓好农村中小学义务教育和学前教育、职业教育，联合推进义务教育，规范对农村儿童的启蒙教育，就地培养新型职业农民，努力构建覆盖所有农民的教育体系；同时要积极发挥社会主义核心价值观及当地乡村文化的影响，让农民群众自我发展、努力奋斗的劲头不断高扬，让农村人才支撑力度不断扩大。

2. 完善农村社会保障体系

现阶段，农村的合作医疗和养老保险体系明显还不健全，起步晚发展慢，农民对参保的意识和积极性都不足，存在日益严重的农村人口老龄化现象和农民被骗保等社会问题，在2020年新冠肺炎疫情防控中也暴露出我国农村地区医疗卫生资源短缺、诊疗水平落后，是突发公共卫生事件防控工作薄弱环节的问题，农民的医疗和养老面临着巨大的挑战，完善农村社会保障体系建设势在必行。对此，乡村振兴战略规划中提出，要逐渐统一城乡居民基本医疗和大病保险制度，做好农民的健康服务；完善农民的最低生活保障，出台各项法案保护农民的利益，根据整体的经济情况和农民的收入情况，构建多层次多方位的农民养老保障体系；医疗和养老关乎农民的生命安全，必须灵活施策保证农村社会保障制度的顺利落实，广泛开展群众性的卫生健康活动，对农民广泛宣传参保的积极作用，尽可能多地吸收农民参与社会保障服务；不断提升乡村医生的服务能力，丰富乡村医疗物资的供应，做好防范各类疫情灾情的准备，统筹推进农村社会民生建设。

3. 整治农村人居环境

人居环境的优劣关系农民的切身感受，直接影响农民的幸福指数，生产生活垃圾和牲畜粪便自然堆放、污水自然排放等污染问题下，农民的生命健康遭到了极大的挑战，农村人居环境问题亟待解决。只有改善人居环境，才能提升民众的生活品质，才能建成美丽健康乡村。2020 年的疫情防控战役也为乡村的卫生建设敲响了警钟，对乡村民生振兴工作提出了更高的要求，需要统筹做好农村新冠肺炎疫情防控工作，将乡村清洁工作常态化。要整治农村人居环境，完善水、电、路等基础服务，加大力度推进厕所革命，制定相关法律法规强化人居环境保护监管；学习研究各地整治工作的先进经验，建立学科专家和科技人员沟通机制，结合实际情况，创新推进垃圾处理和污水治理的科学整治；广泛宣传生态环保知识，营造和谐共治人居环境的良好氛围，积极促进农民自觉参与、自主改造人居环境。

（五）推动乡村生态振兴

“绿水青山就是金山银山”，自 2005 年提出这一理念后，习近平总书记始终强调经济发展与生态环境之间的共生共存关系，对于乡村振兴事业，他强调生态振兴对乡村发展的支撑作用，对农村生态环境保护和修护并举，坚持以绿色和生态为导向发展经济，实现生态美和百姓富的统一。

1. 修复农村生态环境

乡村的发展长时间建立在对自然资源的消耗上，粮食种植造成面源污染蔓延，乡镇企业造成空气、水质污染，山水林田湖系统不断被破坏。2017 年底的中央农村工作会议针对这些问题提出了把山、水、林、田、湖、草作为一个生命共同体、对农村生态环境保护和修护并举的要求，设立从中央到地方市县级的生态管理机构，科学有序开展综合治理，协同提升土壤污染防治和治理修复的水平。以问题为导向完善农村生态法治建设，总结提炼各地的治理经验，出台配套的法律法规，健全生态保护机制，系统推进农村各类污染的防治。同时，农民作为振兴乡村的最大主体，也是直接享有振兴成果的受益人，生态振兴要转换农民“先发展后治理”的思想意识，提高农民的生态文明素养，贴近现实情况、创新方式做好生态文明宣传教育，不断提高农民的环保意识，促使农民自觉融入生态文明建设中。

2. 建立绿色产业体系

“两山理念”的核心在于将生态资源合理转化为可持续的生产力，形成生态平衡和经济发展之间的良性循环，乡村振兴战略提出走绿色发展道路，即遵循“两山”思路，坚持人与自然和谐共生，建立绿色产业体系。2020 年 3 月 30 日，习近平总书记时隔 15 年再次到浙江省安吉县余村考察了解“两山理念”的践行情况，肯定了集民宿、高端旅游综合体、特色小镇于一体的绿色产业。农村的生态资源具有天然优势，我们应探索特色的生态产业，因地制宜发展优质绿色农产品，整合资源发展乡村旅游，将农村发展与生态环保统筹把握，创新产业融合，促进经济发展，推进美丽乡村建设。

（六）推动乡村党建振兴

关于乡村振兴工作，要发挥党管农村工作的优良传统，把乡村振兴作为“一把手”工程，五级书记齐抓共管，使乡村振兴始终处于优先位置。

随着全面建成小康社会进入决胜期，农村小康成为最难攻克的任务，党的建设作为农村工作的基石，需要筑牢基层党建堡垒，破解农村基层治理瓶颈。为做好乡村振兴工作，我们应从改变农民思想观念出发，不断强化党员领导干部在农村工作中的核心引领作用；凝聚全社会力量，营造乡村干事创业的良好氛围；优化农村党员队伍，夯实乡村振兴工作队伍。

1. 发挥党政干部的先锋模范作用

中国共产党向全国人民作出了庄严承诺，振兴乡村，实现农业农村现代化。2019 年 1 月，中共中央修订了 1999 年印发的《中国共产党农村基层组织工作条例》，新增了“乡村治理”和“领导保障”两部分内容，为新时代夯实农村基层组织建设提供了“定海神针”。在乡村振兴的设计中，中央统筹设计，省市领导督促，县乡干部抓好落实，层层压实责任，为农村工作做好政治保障和坚实支撑。每一层级的每一位党政干部都肩负振兴乡村实现共同富裕的历史使命，无数党员干部响应党组织的号召走上乡一线，成为驻村第一书记，让“党心”与“民心”相连相融，带领群众脱贫致富。新时代乡村基层党建的振兴工作，要不断加强对党政干部的监督管理，广泛开展党务干部培训班，使基层党员在思想上、能力上持续提升，发挥先锋模范作用，有力推动我国的乡村发展。

2. 营造乡村振兴良好氛围

乡村振兴战略是一项需要凝聚社会合力的伟大事业，党对“三农”工作的领导包括号召和动员全国人民在乡村振奋精神、干事创业，共同破“三农”之难题、谋“三农”之发展，实现乡村之振兴。

党的十八大以来，各级党委把振兴乡村与党的建设紧密结合，通过党支部密切联系群众，向人民群众宣讲党的方针政策，鼓励广大农民积极行动，同时，农民群众也能向党支部提出建议或要求，形成党的政策反馈体系，让党中央的各项决策聚民意、得民心。2020 年，面对严峻的新冠肺炎疫情，党中央提出“疫情要防住、经济要稳住、发展要安全”的重要要求，中央一号文件提前下发指导农业农村工作，为实施乡村振兴战略提供了稳定的发展环境。新时期，农村深化改革不断取得新成效，基层党建工作也进入了新常态，为保证农村各项工作扎实有效开展，必须发挥好党组织的凝聚力，积极召开党员大会，动员党员干部带头干事创业，组织好各类群众活动，密切联系群众，深入细致做好群众工作；建立村级民主管理制度、议事决策体系，引领群众自觉投身到乡村振兴事业中，努力使党的建设与农村发展有效契合和深度统一。

3. 优化乡村振兴人才队伍支撑

农村人口年龄分布不均，党员年龄也较大，存在对党的新思路新方法理解不彻底不及时的问题，不利于新的农村方针落地开花。在队伍建设层面，乡村振兴战略要求党政领导干部树立“四个意识”、心系“三农”事业，鼓励引导青年党员向贫困农村流动、投身振兴乡村伟大事业中，为基层人才队伍建设作出有效的改革；要求党员干部强化理论学习，能把党的理论方针政策清晰明了地传达给农民群众，能及时有效解决乡村发展面临的现实问题，在工作中锻造出“懂农业、爱农村、爱农民”的人才队伍，凝聚起全党、全社会的奋进力量。

三、乡村振兴战略的重要地位

随着我国经济社会的快速发展，城镇建设特别是城市发展在世界范围内已经走在了前列，城乡之间的差距呈现逐步拉大的趋势，农村已经成为现代化建设的短板。实施乡村振兴战略，客观上成了全面脱贫攻坚胜利之后党和政府的执政施政的重中之重。可以说，当前乡村振兴战略已然是实现中华民族伟大复兴中国梦和建设社会主义现代化强国过程中必须实施好的国家重大发展战略，是做好新时代“三农”工作的总抓手、坚持农业农村优先发展的总方针。

（一）做好新时代“三农”工作的总抓手

自古以来，农业农村农民问题始终是摆在任何政党和执政集团面前的重大问题，解决好了“三农”问题，则国家稳定、社会安定、人民心定。特别是中国共产党成立后，之所以能够在纷繁复杂的形势下，以不到30年的时间取得全国政权，进而团结带领全国各族人民取得如此辉煌的足以彪炳史册的成就，“三农”问题的有力解决起到了至关重要的作用。党的十八大召开以后，随着我国经济、政治、文化、社会、生态各方面的进一步深入发展，“三农”工作进入了新的历史方位，迎来了新的发展机遇，面临着前所未有的大好局面。与此同时，我国农村在不同程度上也存在发展不平衡、不充分的问题，具体表现为人员的大量流失、村庄的逐步空心、良好风俗的不断丢失、微腐败的时有发生等。对此，党中央在治国理政过程中不断加强惠农力度，在精准扶贫、精准脱贫的基础上，在党的十九大上明确提出要实施乡村振兴战略，把乡村振兴战略作为解决好“三农”工作的重要抓手。

（二）坚持农业农村优先发展的总方针

党的十九大报告首次提出“实施乡村振兴战略”以来，习近平总书记多次强调，实施乡村振兴战略，必须坚持农业农村优先发展这个总方针。在他看来，“实施乡村振兴战略没有农业农村现代化，就没有整个国家的现代化”。所以，在坚持农业农村优先发展时，习近平总书记突出强调要重点抓好以下几项工作：一是要坚决打赢脱贫攻坚战。实现全体人民共同富裕是中国共产党革命、建设、改革的奋斗目标。农业农村的优先发展离不开现行标准下全部贫困人口、贫困县的成功脱贫，所以必须把坚决打赢脱贫攻坚战作为关键衡量标准。二是要夯实农业农村基础。基础不牢，地动山摇，农业农村基础工作的扎实有效是农业农村优先发展的前提。所以，党中央高度重视粮食安全和农产品供给，多次强调要通过农田建设、结构调整和技术创新，保障农业生产的稳定，切实解决好“米袋子”和“菜篮子”问题。同时，不断推进乡村建设，重点抓好环境整治、污染治理、生态保护和道路硬化、饮水安全和公共服务等工作。三是要全面激发乡村活力。乡村振兴的重点是人，关键在于激发农民的创造活力。具体来说就是，以深化农村改革为抓手，充分释放出现行农村基本经营制度和土地制度的潜在红利，完善好现行治理机制，增强乡村治理的内生动力，发挥基层党组织和各类组织的重要作用。特别是在改革过程中，尤其应尊重农民意愿和维护农民权益，坚决“不能把农村土地集体所有制改垮了，不能把耕地改少了，不能把生产力改弱了，不能把农民利益损害了”。

（三）实现农业农村现代化的总纲领

党的二十大报告强调，要“全面推进乡村振兴”，明确指出“全面建设社会主义现代化国家，最艰巨最繁重的任务仍然在农村”，因此必须“坚持农业农村优先发展”。这体现了党和政府对解决“三农”问题、推动农业农村更好发展的高度重视、坚定决心和政策导向。实现农业农村现代化这个课题提出后，如何实现农业农村现代化成了习近平总书记格外关注的重要问题。对此，作为具有丰富基层工作经验和长期地方工作经历，特别是经历过知识青年上山下乡、在中国贫困地区穷苦农村劳动生活过的领导人，习近平总书记有着十分清醒的认识和思考。一是对农业农村现代化的地位、内涵和范围进行了正确科学的界定，这是制定实施乡村振兴战略的前提和基础。在习近平总书记看来，农业农村现代化关系我国现代化的成败，“没有农业农村的现代化，就没有整个国家的现代化”，世界各国尤其是落后国家，农业农村发展失调带来国家动荡、发展乏力的经验教训十分深刻。我们在推进农业农村现代化的过程中要覆盖教育、文化、医疗等方方面面，不能只局限在某一个方面。二是要建立健全城乡融合发展的体制机制，这是实行农业农村现代化的关键和途径。重视城乡融合发展在我们党在全国执政以来，一直思考和推进的重大课题，各代领导人都进行了持之以恒、从未放松的探索。习近平认为，推动健全城乡融合发展首先要加强农村基础设施建设，这是当前我国农业的薄弱环节，如果没有过硬的基础设施，一切发展都无从谈起；其次要加快推进农业机械化水平，通过科技进步和技术革新提高我国农产品的国际竞争力和粮食安全；最后要推动人才、资本、土地等要素在城乡双向流动，激发融合发展活动、增强融合发展动力。三是巩固和完善农村基本经营制度，主要就是稳定农村当前以家庭联产承包责任制为主的承包经营制度并保持长期稳定不变，不断推动所有权、承包权、经营权分置和发挥经济效益，保障农民财产权益，壮大集体经济，赋予农民对集体资产股份的占有、收益、有偿退出及抵押、担保、继承权，也强调“现阶段农民持有的集体资产股份有偿退出不得突破集体经济组织的范围”。

简而言之，党的十八大以来，习近平总书记关于乡村振兴战略的重要论述，为我国指明了“三农”工作的前进方向和工作要求，必将推动城乡一体化发展，缩小城乡发展差距，提高农民的收入水平和生活质量，推动社会朝着更加公平、普惠的方向发展。

四、乡村振兴战略与美丽乡村建设的关系

（一）二者同根同源，一脉相承

党的十九大报告作出社会主要矛盾转变的新判断，体现了党中央对社会全局发展认识的巨大进步，就乡村而言，乡村发展中也存在诸如农产品供给不足、市场竞争力不足等不平衡不充分的问题，而美丽乡村建设的目标就是解决这些问题。党的十九大报告提出“产业兴旺、生态宜居、乡风文明、治理有效、生活富裕”这一乡村振兴战略总要求，可见，这与美丽乡村建设的目标是一致的，即“推动中国乡村走上中国特色社会主义乡村振兴道路”。

2013 年，党中央首次提出“美丽乡村”发展战略，而全面推进乡村振兴则是以习近平同志为核心的党中央基于我国农村发展实际而做出的重大战略部署。因此，从发展农村事业层面来说，二者同根同源，是一脉相承的关系，乡村振兴战略是美丽乡村建设的延续和深化，有利于在新时期新阶段背景下促进农业增收和农民增富，加速农业现代化进程，维持农村稳定，实现高质量发展，并且随着乡村振兴战略的提出，新时代的“三农”发展框架也得以基本确立。

（二）二者相互补充，相互促进

2014 年，中共中央、国务院印发的《关于加大改革创新力度加快年工业现代化建设的若干意见》中明确指出“中国要美，农村必须美”。美丽中国的重点在乡村、难点在乡村、关键点也在乡村，可以说“美丽乡村才

是美丽中国的根”。而乡村振兴战略的提出，从某种意义上讲，是对美丽乡村建设的补充和升华，使美丽乡村建设进入一个崭新的阶段。可以说，乡村振兴战略与美丽乡村建设是既相互补充又相互促进的关系，主要表现在以下两点。

第一，“乡村振兴战略是阶段性的战略安排，是战略层面的部署，而美丽乡村建设是长久性的重要内容，是措施层面的抓手”（魏玉栋，2018）。乡村振兴战略是围绕当前农村发展实际，从影响乡村发展的制约因素入手，确立新目标，提出新要求，把内涵和建设内容说得比较明确。美丽乡村建设内容则随着不同阶段的不同问题以及发展的不同需要而做出相应改变。党和国家牢牢围绕乡村振兴战略总要求，出台了一系列具体政策，进一步丰富了美丽乡村建设内容，推动乡村产业特色发展、农民生活质量提升、农村实现安居乐业。

第二，美丽乡村建设是推动乡村振兴战略落地实施的关键抓手，深入推进美丽乡村建设必须服从乡村振兴战略的总体安排。乡村振兴战略的提出为我国推动乡村产业融合与优化升级、实现城乡一体化提供了重要理论指导。立足新发展阶段和新发展格局，为更好地推进美丽乡村建设，要求必须紧密围绕乡村振兴战略总要求制定方针政策，坚持走中国特色社会主义乡村振兴道路，奋力谱写社会主义新农村新篇章。

第二节 乡村振兴背景下美丽乡村规划建设的类型

乡村振兴背景下，中国美丽乡村建设的类型主要有产业发展型、生态保护型、城郊集约型、社会综治型、文化传承型、渔业开发型、草原牧场型、环境整治型、休闲旅游型、高效农业型。

一、产业发展型

产业发展型美丽乡村模式，主要特点是产业特色鲜明、优势明显，农民专业合作社、乡村龙头企业发展基础较好，整体产业化水平高，形成“一村一品”“一镇一业”，实现生产聚集、规模经营的农业产业化，使得农业产业链条不断延伸，带动当地经济整体发展。此模式比较适宜产业优势明显的农村地区。农业要强、农民要富、农村要美，关键在于产业发展，美丽乡村要美得实在、美得鲜活、美得持久，核心也在于产业发展，所以产业是美丽乡村建设的基石，但这并不意味着所有农村都适合选择产业发展型美丽乡村建设模式。这种模式主要是针对经济条件相对较好、产业特色和优势突出的村镇提出的。

示范案例：江苏省张家港市南丰镇永联村

江苏省张家港市南丰镇永联村是全国“美丽乡村”首批创建试点村。改革开放以来，村领导组织村民挖塘养鱼、开办企业，陆续办起了水泥预制品厂、家具厂、枕套厂等个小工厂以及村集体轧钢厂，逐渐让永联村形成了以企带村的发展态势。随着集体经济实力的壮大，永联村不断以工业反哺农业，强化农业产业化经营。

2000 年，永联村里成立了永联苗木公司，将全村 4 700 亩可耕地全部实行流转，对土地进行集约化经营，不仅获得巨大的经济效益，还使大面积的苗木成为村办钢铁企业的绿色防护林和村庄的“绿肺”，带来巨大的生态效益。

近年来，永联村积极发展以农业观光、农事体验、生态休闲、自然景观、农耕文化为主的休闲观光农业。

二、生态保护型

生态保护型美丽乡村模式主要适用于生态优美、环境污染少的地区。其特点是自然条件优越，水资源和森林资源丰富，具有传统的田园风光和乡村特色，生态环境优势明显，把生态环境优势变为经济优势的潜力大，适宜发展生态旅游。

示范案例：浙江省安吉县山川乡高家堂村

基本概况：高家堂村位于全国首个环境优美乡——山川乡境内，全村区域面积 7 平方公里，其中山林面积 9 729 亩，水田面积 386 亩，是一个竹林资源丰富、自然环境保护良好的浙北山区村。

发展核心：高家堂村将自然生态与美丽乡村完美结合，围绕“生态立村——生态经济村”这一核心，在保护生态环境的基础上，充分利用环境优势，把生态环境优势转变为经济优势。

产业规划：全村已形成生态竹产业，即生态观光型高效竹林基地 + 规模型林鸡养殖。此外，农业相关服务业发展富有浓厚乡村气息的农家乐、农家生态旅游等。目前，高家堂村的生态经济对财政的贡献率达到 50% 以上，成为经济增长支柱。

高家堂村把发展重点放在改造和提升笋竹产业，形成特色鲜明、功能突出的高效生态农业产业布局，让农民真正得到实惠。积极拓展和延伸竹产业链，如将竹材经脱氧，防腐处理后应用到住宅的建筑和装修中，开发竹围廊、竹地板、竹层面、竹灯罩、竹栏栅等产品，取得了一定的效益。实现与“竹”相关的第一、二、三产业的融合发展。

生态恢复：从 1998 年开始，高家堂村对 3 000 余亩的山林实施封山育林，禁止砍伐。并于 2003 年投资 130 万元修建了生态水库——仙龙湖，对生态公益林水源涵养起到了很大的作用。此外，还配套建设了休闲健身公园、观景亭、生态文化长廊等休闲观光设施；新建林道 5.2 公里，在方便农民生产、生活的同时，林道又可作为村落的慢行系统，进一步提升生态旅游的体验性。

扶持政策：当地政府及一些机构积极为农户提供信息、技术、流通方面的服务，同时鼓励当地村民利用旅游资源开办农家乐，利用竹林资源进行生态养殖和竹林培育，并且三者之间有相辅相成的作用，可以进行有机地结合，让农民增收。高家堂村尝试开办的农家乐乡村旅店，一经推出就受到了周围大城市游客的欢迎。市场潜力巨大。

三、城郊集约型

城郊集约型美丽乡村模式主要存在于大中城市郊区，其特点是经济条件较好，公共设施和基础设施较为完善，交通便捷，农业集约化、规模化经营水平高，土地产出率高，农民收入水平相对较高，是大中城市重要的“菜篮子”基地。

示范案例：上海市松江区泖港镇

松江区泖港镇地处上海市松江区南部、黄浦江南岸，是松江浦南地区三镇的中心，东北距上海市中心 50 公里，北距松江区中心 10 公里。该镇的发展不倚仗工业，而是依托“气净、水净、土净”的独特资源优势，大力发展环保农业、生态农业、休闲农业，成为上海的“菜篮子”“后花园”，服务于以上海为主的周边大中城市。

该镇注重卫生环境的治理，在新农村建设中，开展村庄改造和基础设施建设，使全镇生态环境和市容卫生状况得到显著改善。2010 年，该镇成功创建国家级卫生镇，2011 年成为上海市第一家创建成功的市级生态镇。

泖港镇作为上海市的“菜篮子”，把工作重点放在发展农业上是极其明智的选择。该镇以创建高产田为抓手，大力发展环保农业；以“三净”品牌为优势，大力发展农副经济；以节能环保为标准，淘汰落后工业产能。此外，泖港镇还鼓励兴办家庭农场。泖港镇 2007 年起走上了以家庭农场为主要经营模式的农业发展道路，如今已基本实现了家庭农场的专业化、规模化经营。具体做法一是规范土地流转，实行家庭农场集中经营。二是完善服务管理，提高家庭农场运行质量。三是推动集约经营，优化家庭农场运行模式。随着家庭农场的集约化、规模化、机械化程度的提高，特别是由此带来的土地产出效益和农民收入的提高，使得农户承办家庭农场的积极性也空前高涨。

四、社会综治型

社会综治型美丽乡村模式主要适用于人数较多、规模较大、居住较集中的村镇。特点是区位条件好,经济基础强,带动作用大,基础设施相对完善。

示范案例:湖南省长沙县浔龙河村

(一)浔龙河优势

1. 独特的区位优势

浔龙河村位于湖南省长沙县,长沙县是我国经济十强县,发展主要依托于长沙市这一国家级历史文化名城。另外,依托国家长株潭城市群自主创新示范区以及长株潭城市群“两型社会”建设试验示范区这两大发展独特优势,发展优势明显。浔龙河小镇处于长沙县经济发展核心地带,交通便利,黄兴大道北延线(东八线)纵贯小镇全境,北横线环绕小镇而过,东西向的宋水线与北京至广东高速交通干线G107相连接,南北向的瞿杨线与湖南省道S207相连接,形成四通八达的网状枢纽,15分钟车程可以直达长沙县城星沙,30分钟车程可至长沙市区、黄花国际机场以及长沙高铁站。同时,小镇内建设有长沙县城综合性大型公交枢纽站,可较为便利地到达长沙县城的各个区域和长沙市区的核心商圈。另外,黄兴大道北段与田汉大道相连接,可便利地由浔龙河艺术小镇直达田汉故居。小镇因此得以闹中取静,又能与外界紧密相连,达成俨然世外桃源般的极致境界。

2. 完美的生态环境

浔龙河村属于典型的江南丘陵地貌,地势北高南低,全村农田、林地和园地分别占10.9%、55.54%和22.63%,常年气候较为温和,四季分明,降雨丰富。同时,该地还有非常充足的日照,保证作物所需热量。该地耕作土壤肥沃且耕作土质层较厚,土质以水稻土和红土为主,森林覆盖率高达70%,植被保护良好,竹林、树林层层叠嶂,山林相间,耕地呈规模化片状分布,适宜农业机械化、产业化生产耕种,同时便于规范化经营管理,为现代生态农业、农事体验、全域旅游、生态农产品产业链的形成和打造提供了保障。

（二）浔龙河建设成果

1. 大力推进传统乡村治理向新兴社区治理转变

一是强化“一核多元、五务合一”治理体系，坚持发挥党的引领作用，突出乡村党建工作，打通村内党建与企业党建的壁垒，以村党支部为总领，充分发挥党员的先锋模范作用，共同建设乡村党支部，共同管理村企党员，共同开展党支部活动，共同发挥党的阵地功能，促进乡村与企业的同步发展。二是坚持党的领导，实现“党务、政务（政务代办与网上代理）、村务、社务（村供销社）、商务”“五合一”的社会治理体系。根据民主集中制原则，针对浔龙河村的重大事项、重大决策实施民主投票制度，村内年满18周岁的村民均可参与投票。目前，已经根据浔龙河村的发展需要共进行过三次大规模的村民民主投票，分别是土地集中流转问题、村民集中居住问题以及乡村相关项目建设问题。三是充分发挥高新科技水平，搭建“党建O2O”服务平台。浔龙河村在湖南省内首创O2O党建服务平台，通过线上与线下双向贯通的方式，为干部与群众之间打通“最后一公里”，实现及时的交流互动。全村上下以1个二级群和25个一级群与90%以上的群众相连接，与群众形成实时互动模式，对于群众反馈意见形成1天内及时有回应，2天内及时有沟通，3天内基本要解决的“123”工作模式。

2. 创新“多方参与，多元投资、多方共赢”的乡村管理模式

多方参与主要是指在乡村建设过程中从政府、企业、村民三方面充分发挥主体功能作用，政府充分发挥引导监督作用、基层组织全方位参与建设；企业发挥其社会效应，加强市场运作，形成浔龙河村市场化管理模式；村民积极参与，发挥主体参与效能，全面保证民本民生。浔龙河村根据自身乡村发展基础，规划建设生态艺术小镇项目，通过对企业进行招商引资，成功引进湖南浔龙河投资控股、嘉兆国际集团、泰禾集团、棕榈股份、星光集团等企业，对当地资源进行整合，实现资源的资产化管理与运用，以

乡村综合产业为发展基点，真正实现“绿水青山”就是“金山银山”。多元投资主要指政府投资公共配套和社会保障、村民（村集体）投资乡村资源、企业进行资本投资的多元投资形式共同参与浔龙河村的治理，促进乡村进一步发展。多方共赢指政府赢民生/区域经济发展/税收多方发展、村民（村集体）生活水平和生活品质同步提升、企业赢投资收益。

3. 形成五大产业综合发展的生态产业综合发展格局

浔龙河村通过集中整合当地资产资源，积极推进乡村综合产业建设，积极发挥教育产业的核心作用，在美丽乡村建设过程中坚持将生态产业作为发展基础，将生态旅游业作为建设抓手，充分发挥文化产业的凝聚力与向心力作用，加强配套产业康养产业的建设，初步形成五大产业综合发展的生态产业综合发展模式。

教育产业方面：高度重视师资教育水平的提高，积极引进北师大附属名校，打造幼儿园、小学、初中一体化、高质量教学模式。同时，同步打造营地教育基地、童勋营中小学国防素质教育基地、职业农民培训基地、基层党建培训等一系列文化教育产业，全方面、多层次地加强村民的知识提升，从基础教育到研学教育再到生产生活各方面的培训教育全面把握，组建综合性教育示范园，构建教育产业一体化模式。

生态产业方面：依托当地生态资源，加强生态产业建设。浔龙河村通过统一流转山地、农田、果园等土地资源，建设了1.2万余亩的蔬菜种植生产基地、花木基地，组建了现代农业基地以及农产品加工厂、浔龙河麦咭农场。

文化产业方面：一方面，依托当地文化特色，加强影视文化建设，以非遗文化产业为龙头，拍摄电视剧《浔龙河》，创作长篇小说《浔龙河传奇》，进一步展示浔龙河村的文化历史，展示湘中民俗风情湖湘文化村落特色。同时，依托浔龙河村优美的生态环境以及浔龙河艺术小镇的打造，与金鹰卡通频道合作，在浔龙河村录制《疯狂的麦咭》《麦咭当厨》《麦咭嘉年华》

等一系列影视文化节目。另一方面，不断深挖文化艺术特色，发挥与田汉故居同步发展的效应，在小镇内筹建田汉大剧院、文化长廊，进一步深入挖掘与宣传田汉文化。

康养产业方面：为进一步为居民的生活提供保障，发挥浔龙河村的生态优势，浔龙河村深入打造“乡村宜居、健康休闲”等康养产品，形成养老、养生以及旅游一体化的康养生态圈。

旅游产业方面：依托教育产业打造研学游旅游产品，依托生态产业打造乡村生态游、农业体验游等旅游产品，依托文化建设打造乡村文化游旅游产品，依托康养产业打造康养游旅游产品。

4.“六个集中”构建生态宜居的美丽家园

“六个集中”分别是生态集中保护、居民集中居住、产业集中发展、资本集中下乡、土地集中流转、公共服务集中推进，这是长沙县在乡村建设过程中提出的发展要求。浔龙河村严格按照这一要求，实行村民集中居住，并进一步完善居民的水、电、路、气、网等一系列生活基础设施建设，完善交通出行网，同步规划商贸综合体，促进乡村经济发展。

集中安置区充分考虑村民生活习惯和长远生计需求，实现“前临街道下有门面，后有院子旁有菜地”，并在集中居住区配套建设农民菜园，解决村民吃菜问题。新房具有土地使用权证和房屋所有权证，可用作抵押贷款，“呆资产”变成了“活资本”，解决了村民融资难的问题。

五、文化传承型

文化传承是一种本质属性，指人类社会发展过程中的创造物在代际之间实现传递和承接的全过程，强调的是文化在此过程中的发展、变化、再创新。文化传承对于世界上任何一个国家、任何一个民族、任何一个历史发展阶段的行为意识和社会制度发展路径选择都具有深远影响。文化传承不仅包含了对具有历史、艺术和科学价值的物质文化遗产的传承，还包含了对以非物质形态存在的各类非物质文化遗产的传承。中华民族五千年源远流长的宝贵文化，经过了漫长的时间考验，沉淀了丰富的精神内涵，是中华民族的重要凝聚力。传承中华文化，有利于增强民族自尊心和自豪感，有利于传统文化的弘扬和发展，有利于提升国家软实力，有利于积极构建社会主义和谐社会。

文化传承型美丽乡村模式适用于具有特殊人文景观，包括古村落、古建筑、古民居以及传统文化的地区，特点是乡村文化资源丰富，具有优秀民俗文化以及非物质文化资源，文化展示和传承的潜力大。

示范案例：浙江省安吉县、山东省沂南县

（一）浙江省安吉县

作为美丽乡村起源地，安吉县坚持完善美丽乡村建设机制，在升级建设具有丰富内涵特色的美丽乡村方面取得显著成效，实现了打造美丽乡村升级版的发展目标。在美丽乡村建设过程中，一是坚持把主动权交到农民手中，将“为我建”变为“我要建”，确保村民拥有绝对的知情权、参与权和监督权，激发村民参与建设的热情。二是注重规划衔接，有序编制各类专项规划，按照“一村一业、一村一品、一村一景”的目标，分不同种类建设各具特色的乡村。三是注重文化的挖掘，将其与乡村氛围很好地结合，以文化来彰显特色、体现内涵，始终贯穿于规划、设计、建设的各阶段。四是体现传承创新，建成1个中心馆和36个地域馆，将安吉独具特色的竹文化、茶文化、孝文化等，通过多种形式予以展示，并培育一大批乡村特色文艺节目，吸引各地游客前来参观。

（二）山东省沂南县

沂南县，隶属山东省临沂市，首批国家级旅游业改革创新先行区，于2014年、2015年连续两年承办了“中国十大最美乡村经验交流会”，经过近些年的发展，逐步走出一条“建立健全城乡融合发展体制机制和政策体系，唤醒本土化资源，坚持绿色可持续发展”的道路。一是在美丽乡村建设的基础上，发展能够凸显当地特色的旅游产业，在原有村落得到保护的基础上，整合利用乡村文化资源，完成向产业优势、经济优势的转化，以实现乡村经济发展。二是确保财政投资投入足够的专项资金，进行“以奖代补”，吸引社会资金、金融资金一同投入，发动村民参与，汇集各方力量共同建设美丽乡村。三是遵循“留住传统、记住乡愁”的理念，围绕打造“一村一景、一村一韵”的原则，聘请专业规划人员进行高标准的规划设计，对文化底蕴深厚的村落进行保护性开发，对基础条件较好的村落进行全面提升，对旅游资源丰富的村落进行产业发展，通过结合实际情况来采取针对性的措施，确保每一类乡村都能得到最好的保护，每一类资源都能得到最合适的开发。

六、渔业开发型

渔业开发型美丽乡村模式主要适用于沿海和水网地区的传统渔区，其特点是产业以渔业为主，通过发展渔业促进就业，增加渔民收入，繁荣农村经济，渔业在农业产业中占主导地位。

示范案例：福建省石狮市祥芝镇祥渔村

石狮市祥芝镇祥渔村位于石狮市东北部的沿海半岛，三面临海，一面靠山。全村海岸线 5 公里，是一个以海洋渔业为产业支柱的典型渔村，拥有全国五大渔港之一的祥芝国家中心渔港和陆岛交通码头等渔业基础设施。2021 年，祥渔村渔业产量 13.218 万吨，渔业产值达 15.68 亿元。自乡村建设“五个美丽”活动开展以来，祥渔村利用独特的渔港风情、渔村渔味的闽南渔村特色，发挥渔港资源优势，依托祥芝斗美宫、东城巡检司古遗址及东大垵天然海滩等人文古迹自然景观，开发休闲渔业观光旅游产业，创造“旅游 + 渔业”特色产业品牌。近年来，祥芝镇通过“四减四加”工作法、投资超 300 万元打造烟墩山观海步道，串联渔村、渔港双景，直接体现“站在渔港看渔村，穿过渔村看渔港”景色。

七、草原牧场型

草原牧场型美丽乡村模式主要适用于中国牧区半牧区县（旗、市），占全国国土面积的 40% 以上。其特点是草原畜牧业是牧区经济发展的基础产业，是牧民收入的主要来源。

示范案例：内蒙古自治区锡林郭勒盟太仆寺旗

太仆寺旗位于内蒙古自治区中部、锡林郭勒盟南端。在美丽乡村建设中，太仆寺旗把农牧区发展、农牧业增效、农牧民增收作为中心工作，依托自然资源、区位优势，调整产业结构，推动农牧产业特色化、规模化、现代化发展。养殖业方面积极推广标准化养殖，引导农牧民转变发展方式，逐步由家庭“作坊式”养殖向规模化、集约化、标准化方向转变。通过项目扶持鼓励和支持农牧民发展“小三养”及特种养殖业。实施优惠政策，每年为养殖户建设标准化棚圈 3 000 多平方米，各苏木乡镇为养殖户无偿划拨土地，并给养殖区通路、通水、通电和平整场地。积极争取国家项目扶持资金，配套推广标准化养殖技术，大力发展特种养殖生产基地。目前，全旗建成标准化奶牛养殖场 26 处，肉牛养殖场 22 处，奶牛和优质肉牛存栏分别达到 4.3 万和 3.97 万头，“小三养”及特种养殖专业合作社 47 家，养殖基地 48 处。与此同时，积极引导农牧民走合作发展之路，加大政策扶持、项目倾斜力度，就重点农牧业建设项目优先安排有条件的合作社实施，为农牧民专业合作社提供全方位管理服务。定期开展业务培训工作，苏木乡镇积极培育先进示范社，全旗每年对 10 个农牧民专业合作示范社进行表彰奖励。创新运作模式，提高经济效益，各类农牧民合作社已发展到 587 家。注册总资金达 4 亿多亿元，覆盖全旗 140 个嘎查村，9 000 多农牧户。

八、环境整治型

环境整治型美丽乡村模式是在以人为本的原则、保护历史风貌和村庄特色资源的前提下，以改善基础设施及其配套服务、绿化美化村容村貌为重点，缩小城乡差距，开发农村地域特色潜力，丰富农民文化娱乐活动，建设宜居新农村。

建设美丽乡村，必然要在生态美、生产美和生活美等方面着力。生态美要求乡村保护生态的自然风光，保护森林生态安全和生物多样性，严禁乡村建设中出现挖掘山体、砍伐树木、填埋水塘等破坏生态环境的行为。生产美要求保护乡村生态环境，是乡村产业发展的前提条件，只注重眼前利益、不管子孙后代生存的乡村经济发展建设是不可取的。生活美不只是景观美化村容村貌，还需做到村民聚居空间舒适合理，配套设施完善，各类环境污染有效处理。从这些要求看，推进村落环境整治是美丽乡村建设落地的关键抓手。只有构建了生态和谐、功能齐全、环境优美的村落环境，美丽乡村建设才算落到实处。

示范案例：江西省新余市农村

为了更好地落实中央关于走中国特色社会主义乡村振兴道路的有关要求部署，推进美丽乡村建设，江西省新余市积极建立健全农村人居环境整治机制体制，整合各方资源，持续改善全市农村人居环境。其整治措施及成果如下。

一是紧扣“整洁美丽、和谐宜居”的目标要求，扎实推进美丽乡村建设。全市 31 个涉农乡镇（办），391 个行政村，4 559 个村组，已开展新农村建设村组 3943 个，宜居村庄整治建设覆盖率达 86.4%，村内主要道路绿化行政村覆盖率达 100%，全市行政村实现村村通公路，村内主要道路硬化行政村覆盖率达 100%，亮化行政村覆盖率达 100%。

二是农村生活垃圾治理深入推进，无害化处理率达 100%，目前已在渝水区全面铺开第三方治理和分类处理试点，分宜县第三方治理工作已完成可研报告和招投标工作，力争年底实现第三方治理。

三是村镇生活污水处理效果初显。全市农村已建成生活污水处理设施 152 座，在建污水处理站有 32 座，污水处理规模达到 12 567 吨 / 天，建成污水管网收集 212.79 公里，建成区农户生活污水收集率达到了 80% 以上省定目标。

四是农村“厕所革命”大力推进。全市累计建成农村公厕 3 623 座，基本实现了每个自然村都有一座水冲式无害化公厕，新改建农村户厕 4 354 座，累计建设无害化卫生户厕 117 521 座（按一宅一厕计算），普及率达 88.5%，力争年底达到 85.6% 的省定目标。

五是村庄规划进一步完善，2019 年上半年对村庄规划进行了新一轮修改完善工作，经过评估确需修编的 1 458 个村庄均已修改完善到位，2 211 个村庄规划获上一级人民政府批准。

六是全市畜禽规模养殖场配套建设粪污贮存处理利用设施比例达 100%，畜禽养殖粪污资源利用率达 90% 以上，超出了省定目标 8 个百分点。渝水区争取中央秸秆综合利用项目试点县资金 484 万元，遴选了一批综合利用企业、收贮运合作社，培育了蘑坊菌业、江西中田、中科国兴等一批秸秆综合利用典型，秸秆利用率达 90%，成为全省循环农业新亮点。

九、休闲旅游型

休闲旅游型美丽乡村模式主要适用于适宜发展乡村旅游的地区，特点是旅游资源丰富，住宿、餐饮、休闲娱乐设施完善齐备，交通便捷，距离城市较近，适合休闲度假，发展乡村旅游潜力大。

示范案例：四川郫都区友爱镇农科村

农科村地处四川成都的腹地，具有十分方便的交通条件。农科村是我国最早开展“农家乐”旅游模式的乡村。20 世纪 80 年代以来，农民充分发挥了川派盆景、苗圃的优势，吸引了广大群众来吃农家饭、看农家风景、住农家屋。目前，农科村景区通过发展升级和更新换代，由“农家乐”转型成了一个综合的休闲旅游型乡村，形成了以农家乐旅游、扬雄文化、盆景文化为主题的乡村旅游胜地。

农科村从 20 世纪 80 年代开始发展花卉苗木产业，以产业吸引游客，打造“农家乐”旅游模式。然后提升当地文化内涵，建立民俗文化馆，把川派盆景苗圃的文化展示给游客。最后通过历史的发掘使农科村乡村旅游的发展更上一层楼。这三个阶段完成了旅游型乡村的转变，既发展了本地的特色产业，又由特色产业衍生出新的发展道路，增加了村民的经济收入，解决了乡村的一系列问题，实现了乡村的振兴。

第一步，发展当地产业。农科村有着悠久的花卉种植历史，是川派盆景的发源地。改革开放以后，村民通过承包村庄土地，成了第一批花木种植的专业户，带动村庄的经济发展和农业结构转型。到20世纪80年代末，全村的花卉苗木种植已经初具规模。

第二步，花卉苗木的种植带动了周边游客的到来，村庄的花卉苗圃改善了农科村的乡村风貌，村民依托产业吸引游客前来参观，形成“农家乐”模式的雏形，并慢慢成为村民的主要收入来源之一。村庄慢慢完善了基础设施，吸引游客再来旅游。

第三步，提高乡村旅游竞争力，打造旅游品牌。农科村的前期成功具有可复制性，引起了各地的纷纷效仿，导致了当地的旅游收入减少，在此前提下农科村逐步完成了村庄面貌提升和村内基础设施的完善，并根据历史发掘当地文化，利用西汉大儒扬雄故里这一名片转变旅游方式，提取历史人文的符号融入相应的景点和配套设施中，完善了景区汉文化设施，建立了“川派盆景之乡展览园”“川西农家民俗收藏馆”等建筑。通过这些措施，农科村的乡村休闲旅游有了一个质的飞跃。

十、高效农业型

高效农业型美丽乡村模式主要适用于中国的农业主产区，其特点是以发展农业作物生产为主，农田水利等农业基础设施相对完善，农产品商品化率和农业机械化水平高，人均耕地资源丰富，农作物秸秆产量大。

示范案例：河南省西峡县

曾经的西峡县，有不少出名的山乡穷村，近年来，逐步实现了神奇的“蝶变”，成为水清民富的“美丽乡村”。这主要得力于西峡县发展高效生态农业的强力支撑。

西峡县以菌、果、药为主的“绿色产业”为支撑，以宜居、宜业、宜游为发展定位，高起点、高标准规划美丽乡村建设，全力改善城乡居民的生存环境和生活质量，致力农业增效、农民增收、农村繁荣，取得了喜人成果。

（一）土地高效流转，串起绿色链条

“土地租给合作社不但有租金，每个月还能领千把块工资，比自己种地划算多了！”在重阳镇半川村猕猴桃标准化种植基地，正在进行猕猴桃越夏管理的村民郑兴广难掩内心的喜悦。为提高土地资源利用率、产出率和机械化水平，该县按照“依法、自愿、有偿”的原则，将零星土地资源进行整合形成“土地银行”，交给企业或种植大户。

华夏联诚果业商贸公司依托猕猴桃专业合作社建立“金桃”种植基地200多公顷，全部采用无公害种植管理，实行统一管理、统一质量、统一品牌、统一包装、统一销售的标准化生产模式。五里桥镇黄狮村242户果农按厂家提供的技术规范进行标准化生产，实行订单销售，果品销售价格比往年提高1.8倍。

（二）致力农游一体，做大观光农业

“从春季赏花，到夏秋摘果，每天前来采摘观光的自驾游游客多则数千人、少则几百人。不但卖了果子，还拉动了村里的餐饮、住宿等产业。”田关乡孙沟村支书马景龙告诉记者。瞄准特色农业观光、旅游配套服务、移民新村建设和民俗农耕文化四大类型，该县重点打造了田关乡孙沟村2 000公顷杏李基地、五里桥镇黄狮村猕猴桃观光园、二郎坪镇栗坪村山茱萸基地、丁河镇木寨村有机草莓采摘园等数十个农业观光旅游专业村。

每到双休日和节假日，西安、郑州、襄樊等地的游客纷至沓来。“能在这山沟沟里办宾馆挣钱，过去真是连做梦都不敢想。”双龙镇化山村村民温小国感慨。

第三节 新时代美丽乡村建设面临的困境

一、新时代美丽乡村建设面临的困境

（一）产业发展特色不够明显

美丽乡村建设离不开乡村产业的发展，产业兴旺关乎乡村振兴战略的成效。据调查反馈，75% 的农村没有重要资源或者特色资源；72% 的村民认为本村不存在特色生态农业；69% 的村民认为本村缺乏品质优良和特色鲜明的优势农产品；53% 的村民认为本村的产业发展基础比较一般，24% 的村民认为本村产业发展基础较差或很差，仅有 23% 的村民认为本村产业发展基础很好或较好；62% 的村民认为本村不太合适或不合适发展乡村旅游，仅有 38% 的村民认为本村比较合适发展乡村旅游。

总体上看，目前我国乡村产业呈现出“生态、休闲观光农业和乡村旅游业快速发展”的崭新局面，伴随农业产业化的不断推进，乡村产业不断加快发展，同时也逐渐暴露出诸如“产品同质化竞争严重、乡村产业发展特色不明显”等问题与困境。对于一些具有优势资源的地区，其产业发展也比较单一。以江西省为例，乡村旅游资源十分丰富，旅游业发展迅速，但旅游资源开发形式单一，开发出来的旅游项目大都千篇一律，导致旅游产品同质化现象严重，表现为旅游策划、旅游资源和旅游商品同质化，主要是依托古村古镇等自然环境资源开展乡村观光、农事休闲和采摘、度假养生等旅游项目，旅游项目活动单一乏味，不利于乡村旅游实现可持续发展。

美丽乡村建设过程中，随着国家不断加大对乡村产业投入扶持的力度，有力提升了农村产业化经营水平，将农业和旅游业相结合，打造了一批批优秀的乡村旅游景点。但调研发现，存在几点问题：一是旅游体验项目单一，综合体验项目少。二是各镇景区景点之间串联度不高。三是农产品存在同质化，精品度不高，市场竞争力不强。大部分村庄的产业呈现极高的相似性，造成“遍地开花，花又相同”的现象。这与我国建设美丽乡村要求发展乡村特色化产业的初衷是相违背的，而乡村产业发展特色不明显导致我国农村产业竞争同质化严重，致使农村经济效益低下。

（二）乡村建设资金投入不足

美丽乡村建设是乡村发展的长期任务，因此必须加大资金投入。如农村人居环境整治工作，需要购置配备垃圾处理、污水处理、管道铺设等基础设施，加上配备人员以及后期运行与维护还需要大量的资金，资金数额庞大。而每年政府财政预算投入有限，单纯依靠政府财政补助资金和拨款专项资金的投入，是远远不能满足农村基础设施建设需要的。

编者分别从东、中、西部抽取部分乡村作为样本，调查结果显示，三个地区在建设美丽乡村的过程中，乡村建设资金都是主要来源于财政投入和当地政府资金投入，占比高达80%以上。而西部地区由于经济实力相对较弱，农村基础设施建设通常存在较大的压力，政府无法提供充足的资金用于农村建设，很多情况下需要农村各个乡镇筹资进行农田水利、道路等设施建设，另外缺少集体资本积累，财政支持力度不足导致西部民族地区农村基础设施建设困难重重。

美丽乡村建设的最终目标是提高农民幸福指数，而要实现这一美好目标的前提是物质基础雄厚。但目前，美丽乡村建设资金投入严重不足是美丽乡村建设存在的最大问题，缺乏足够的资金，即使制定了科学合理的美丽乡村建设发展规划，也不能得到实行。

（三）乡村环境和生态问题比较突出

习近平总书记指出，生态环境是关系民生的重大社会问题。环境优美、生态平衡是美丽乡村建设的应有之义，也是美丽乡村建设首先且必须达成的目标。新中国成立以来，我国的农业生产取得了巨大成就，我国的粮食总产量不断增长，由1949年的11 318万吨，增长到2020年的66 949万吨，中国人民将饭碗牢牢地抓在了自己的手里。与粮食产量不断增长形成鲜明对比的是，我国的耕地面积正持续减少。保证粮食产量对于维护国家安全具有重要意义，但面对我国人多地少的现状，加之客观存在的耕地“非农化”行为，农民不得不过度地“向地要粮”，大量使用化肥、农药、农膜以提高粮食亩产量。化肥农药的大量使用，在提高粮食产量的同时，也带来了严重的水土污染。调查显示，我国目前超过 2 000 万公顷的耕地遭到不同程度的重金属污染，约占 2019 年划定永久基本农田 15.5 亿亩[1]的五分之一，这与化肥农药的过量使用是分不开的。我国的化肥农药使用量虽然连续几年出现负增长，但同发达国家相比，化肥农药的利用率仍有较大差距。我国每公顷农田使用化肥约 318 千克 ，是全球平均水平的 2.5 倍，而化肥有效利用率仅为 35%。除土壤污染以外，我国的耕地面临着水土流失和沙漠化的挑战，根据自生态环境部 2020 年发布的《中国生态环境状况公报》，我国的水土流失面积 271.08 万平方千米。据第五次全国荒漠化和沙化监测结果，全国荒漠化土地面积为 261.16 万平方千米，沙化土地面积为 172.12 万平方千米。

土地污染是传统种植业面临的生态问题之一，与之相伴而生的水污染却鲜有人关注。我国传统种植业带来的污染已经远远超过生活水污染和工业水污染，成为水体的主要污染源。化肥农药的大量使用伴随着传统的大水漫灌式的灌溉，不仅降低了化肥农药的利用效率，更重要的是其残留随着水流进入江河湖海，进入地下水，污染范围不断扩大，伤害水生生态，威胁人类健康。

随着美丽乡村建设中农村厕改、垃圾分类工作的不断推进，我国的农村人居环境不断改善。值得注意的是，全国农村每年约生产 90 亿吨生活污水，2.8 亿吨生活垃圾，垃圾分类、城乡环卫一体化工作稳步推进，但生活污水处理面临较大困难。我国幅员辽阔，自然村居居住分散，生活污水不易收集，污水处理配套设备建设成本高，直接导致了我国乡村污水处理率偏低。

1　1 公顷 =15 亩。

此外，养殖业带来的水污染亦不容小觑。中国自古以来就有家庭养殖的传统，在广大的农村，几乎家家户户都会饲养家禽家畜。家庭养殖无序且分散，大量动物粪便堆积，蚊蝇肆虐，臭气熏天，污染地下水，破坏人居环境，给乡村居民的身体健康带来不利影响。

此外，乡村环境正面临着环境污染“上山下乡”的挑战。由于乡村地域广袤，监管较弱，工业污染由东部向中西部、由城市向农村转移，严重破坏了原有的乡村生态，威胁乡村群众生命健康。

（四）农民主体作用发挥不够

农民既是美丽乡村建设的主力军，也是美丽乡村建设的直接受益者，美丽乡村建设应该充分发挥农民主体地位。但从实际现状看，大多数乡村存在“农民参与度低”这一现实问题，很多农民对美丽乡村建设的“第一责任主体”的认识十分模糊，认为政府才是责任主体，导致政府在制定美丽乡村建设发展规划过程中出现农民不配合以至于乡村建设进程较为缓慢的现象。如邢台市在进行美丽乡村建设过程中，“由于片面强调注重加快建设进度而忽略了农民的主体性作用，未从农民角度出发，一定程度上损害了农民群众的利益”。在实证调查中发现，甘肃省陇南市有一些乡村在美丽乡村建设过程中没有切实落实以人为本的理念，个别乡村的区、镇领导为了政绩，一味注重形象工程建设，忽视农民意愿，甚至一意孤行，虽然有了该有的面子和外形，但是大多数农民表示不认可，认为是一项劳民伤财的形象工程，给美丽乡村建设带来新的困境，不利于陇南地区美丽乡村建设的进一步开展。

在推进美丽乡村建设的过程中，还存在诸多现实矛盾，农民主体作用没有得到充分的发挥，主要表现在：一是农民在决策层面上的参与度不足。各乡镇在根据本地实际制定美丽乡村建设整体发展规划时，往往是当地政府主导参与制定，少部分地区会听取社会意见，即使是广泛征求农民意见和建议，也大都停留在乡镇（街道）和村一级，不能严格落实到村小组甚至是每户居民上，基层农民很难真正参与到美丽乡村建设的决策上来。二是农民在美丽乡村建设资金投入上的贡献度偏低。美丽乡村建设需要投入大量的资金，而大部分乡村都是依靠政府投资和国家财政补助，农民资金很少参与，使美丽乡村建设成果不够明显。三是农民持久参与积极性不强。如在农村人居环境整治工作中，大多数农民仅仅动手参与农房改造建设，除农居之外的整治工作都是由村里出钱请专门人员来完成，甚至少数农民在美丽乡村建设过程中评头论足，阻碍工作开展。四是农民在长效管理上的自觉性较弱。很多村庄乡村治理特别是环境卫生反弹现象普遍存在，建设成果不能长久保持。

（五）相对贫困制约乡村美丽转型

新中国成立 70 年来，我国农村贫困人口大幅减少。到 2021 年，现行标准下 1 亿农村贫困人口全部脱贫。尽管社会主要矛盾发生变化，脱贫攻坚取得重大胜利，但我国的基本国情没有变，即便到 2035 年，我国仍处在社会主义初级阶段，必须认识到我国的反贫困斗争还有很长的路要走。我国消除了绝对贫困，但是相对贫困仍将长期存在。2020 年后现行标准下绝对贫困的消除并不意味着扶贫任务的结束。也就是说，脱贫攻坚的胜利仅仅是脱贫致富的开篇，需要久久为功，不能松懈。完成脱贫攻坚后，我国的扶贫工作重心转移到缓解相对贫困这个新课题中。党的十九届四中全会指出，全面建成小康社会后的相对减贫时期，反贫困的重心将转向解决“相对贫困”问题。

不同国家对贫困的界定标准并不相同，往往与各国生产力发展水平以及经济社会发展目标相一致。党和国家一切工作的出发点和落脚点始终在于最广大人民的根本利益。同样，相对贫困标准的界定以及相对贫困问题的解决也应当以最广大人民的利益为标准，而不单单以收入水平作为核定标准，以提高收入为唯一解决办法。相对合理的相对贫困标准能够精准识别出隐藏贫困人口，是消除乡村相对贫困的重要前提，因此，建立相对贫困标准是今后扶贫工作着力的问题。但目前来看，仅仅有几个省颁布了认定相对贫困的标准，且多以收入状况为主要标准。

我国脱贫地区乡村居民增收长效机制有待加强。以 2018 年的统计局数据为例，在我国贫困地区乡村居民的可支配收入构成中，主要有四个部分，分别为工资净收入、经营性收入、财产净收入和转移净收入，分别占比为 35%、37.5%、1.3% 和 26.2%。同期全国农村平均水平的各项指标为 41%、36.7%、2.3%、20%，其中经营净收入中的一产净收入占比与转移净收入占比均高于全国农村平均水平。这说明贫困地区的乡村群众的收入增长除外出就业渠道外，更依赖于地方产业带动和财政转移支付。

脱贫地区的居民大多依赖于第一产业，外出就业很难接触到非农就业机会，且由于思维观念、语言风俗等原因，很难融入其他地区。此外，外出就业成本较高，也限制了脱贫地区劳动力的外出就业意愿。我国脱贫攻坚中的易地扶贫搬迁是一个伟大创举，将乡村群众从恶劣的自然条件中解放出来。但是由于种种原因，安置后乡村群众就业渠道没有及时打开，居住条件的改善也意味着居住成本的提高，给异地安置的乡村群众带来一定的压力。我国脱贫地区地方产业实力较弱，大多依靠政策扶持，扶贫产业体系尚未成熟，发展资源缺乏，内生动力不足，产业链条脆弱，独立抵御市场风险的能力较弱。一旦相关政策松动，相关资源必定抽离，帮扶力量也会随之减少，返贫风险也会随之加大。

我国的欠发达地区往往也是环境脆弱、需要进行生态保护的地区，面对着摆脱贫困与环境生态修复保护的双重任务，落后地区群众往往也面对着“经济贫困”与“环境贫困”的双重威胁。在工业文明主导下，特别是在资源紧缺的条件下，经济与环境是“零和博弈”，要环境就不能要经济，要经济就不能要环境，是一个两难选择。但若是以生态文明视域对这些欠发达地区进行考察，它们往往是山区等交通不便的地域，也正是交通不便，很多地区没有经历工业文明的洗礼，使得自然风光、人文风貌都很好地保留下来。在这种视角下，生态与经济不再是两难选择，而是可以形成相伴而生、相互促进的全新发展方式。如何将欠发达地区经济环境双重贫困转变为经济生态互赢，实现欠发达地区乡村群众的双重富裕，需要的不仅仅是观念的转变，同时也需要配套设施的建立，这是欠发达地区美丽乡村建设中必须直面加以解决的问题。

（六）文明新风培育后劲不足

众所周知，村容村貌是一个乡村整体的外在表现，而文明乡风才是乡村的内在灵魂。近年来，我国各地全盘发力，深入开展移风易俗活动，注重良好家风、文明乡风、淳朴民风的培育，努力弘扬时代新风，从而进一步提升了农村乡风文明建设水平。然而，通过调研总结以及结合实际发现，我国多年来大力推进乡风文明探索与实践，虽然取得了很好的成效，但是在乡风文明建设过程中仍然存在一些新情况和新问题，其中文明新风培育后劲不足是比较突出的问题之一。

乡风文明建设存在的主要问题有：一是陈规陋习依然存在。现代化的快速发展对传统乡土文化具有一定程度的冲击性，导致一些不合时宜的生活方式和价值观念在农村中普遍传播，如“丧嫁娶习俗，大操大办比排场，严重铺张浪费，彩礼钱水涨船高，攀比之风日益盛行，以及农村封建迷信、赌博之风等不良社会风气屡见不鲜，极大影响了农村居民的价值观”。二是农村矛盾纠纷比较突出。伴随城镇化的快速推进，征地拆迁、土地租赁、贫困户评选等与农民切身利益相关的分配矛盾十分复杂，很难化解，乡村社会邻里矛盾日益激化，对培育良好民风造成不小阻碍。三是农民群众的精神文化生活需求得不到满足。虽然近年来乡村文化设施和活动场所不足的问题明显得到改善，但后期缺乏管理和维护，造成“有硬件、缺内涵、效率低”的问题。另外部分乡村开展文化活动不深入不全面，娱乐文体活动非常缺乏，农民群众空闲时间仍是以打牌、打麻将为主。

另外还有一种情况就是：大部分有文化、有知识的农村青壮年迫于家庭经济压力，都是选择外出务工谋生计，妇女、儿童和老人等则继续留在村里，农村“空心化”现象十分明显，导致农村乡风文明建设缺少主力军。即使经过一段时间的整治，家风民风村风得到一定改善，不过留守人口普遍知识素养薄弱，文明新风培育不能持久，导致后劲明显不足，严重制约农村乡风文明建设。

二、美丽乡村建设问题成因分析

（一）统筹发展规划的科学性不足

由于自然条件差异大，我国各地生态景观旅游等自然资源丰富，发展乡村特色产业具有非常大的挖掘潜力。目前，我国乡村休闲农业和乡村旅游蓬勃发展，乡村产业发展势头良好。然而，随着现代农业产业化的不断推进，“一股乡村旅游潮在广大农村席卷而来，如采摘庄园等农家旅游点以及种植基地等农业观光性质的项目在我国大片农村地区随处可见，各地拥有的产业大同小异，使乡村面临产业同质化竞争现象十分严重、农村经济收益不高等问题”。各地竞相模仿其他地区的成功经验，在发展乡村产业时一味追求经济利益，没有结合当地实际，尽管部分乡村适当发展乡村旅游和生态休闲农业，不过产品大都千篇一律，产业发展特色不鲜明。

造成乡村产业发展特色不够明显的重要原因之一就是缺乏科学合理的统筹发展规划。但是实际上，也有很多好产业快速成长，这成功的背后绝对少不了科学发展规划的作用。如江西的赣南脐橙，不仅拥有独特的气候土壤条件，最重要的是始终做到科学谋划，坚持“因地制宜、发挥优势”的原则。同时，政府出台了一系列措施强力推进产业发展，从引种到试验，从营销到示范，建立了一套完备的产业发展规划体系，为当地脐橙产业发展提供了强有力的制度支撑。四川苍溪的红心猕猴桃，立足农业大县优势，全局谋划，精准一盘棋，从研究到培育，从试验到示范，从加工到推广，充分彰显了科学规划的重要性。许多乡村特色产业经历了从小到大、从弱到强的过程，其取得最终成功的关键原因就是制定了科学合理的产业发展规划，不断做大、做优、做强特色农业产业发展。

要持续开展美丽乡村建设，政府首先必须统筹安排，科学制定整体发展规划，如编制村庄布局规划，特别是乡村产业发展规划。当前各地美丽乡村建设在产业发展中存在同质化严重、特色不明显问题，归根结底是美丽乡村建设发展规划缺失，政府统筹规划不足，导致乡村产业发展类型单一，各地在进行产品打造和规划时缺失市场调研，在制定规划时跟风现象严重，造成产品的同质化，市场竞争力差。

（二）乡村建设资金来源较为单一

建设美丽乡村，大量的资金投入是基本前提和物质保障。一般情况下，大多数村庄建设美丽乡村的资金来源主要有四个：一是政府财政投入，包括各省市县制定的奖补政策资金；二是村民自投资金；三是村集体产业性收入；四是向社会筹集资金，其中政府财政投入是美丽乡村建设的最主要资金来源。根据实地调研结果，以某市S村为例，美丽乡村建设投入总资金大约500万元，其中政府财政投入约400万元，占总资金的80%；村民自投资金约25万元，占比5%；村集体收入约25万元，占比5%，向社会筹资约50万元，占比10%。

从收集的数据来看，大多数村庄美丽乡村建设资金来源主要依靠政府财政投入，村民和社会资本参与贡献度非常低，可以说资金来源形式十分单一。而单纯依靠政府资金投入导致财政压力较大，后续发展支撑较为薄弱。现在很多村集体收入主要来源于土地承包租赁费，村集体产业性收入相对较低，导致村集体经济发展缓慢，农村经济合作组织社等组织尚未发挥作用。凡此种种，美丽乡村建设都避不开一个问题：钱从哪儿来？据调查了解，只有少部分乡村村集体经济较为发达，大部分基层的美丽乡村建设工程都是整合省市县财政下拨的涉农专项资金。总体上看，资金来源单一导致资金投入不足是我国美丽乡村建设的突出问题之一，严重影响了美丽乡村建设中基础设施和工程项目的开展，制约当地美丽乡村的快速成长。

（三）对生态文明教育不够重视

在美丽乡村建设过程中，一些地区对乡村生态文明教育重视程度不够，导致乡村普遍缺乏生态文明教育，村民思维依旧停留在传统的农业思想当中，生态意识比较薄弱。一方面，部分乡村干部受畸形政绩观的影响，重经济轻生态，忽视了乡村生态文明教育的重要性，导致相关生态文明理念和知识得不到有效传播，村民对美丽乡村建设中的生态环境保护认识不到位、不深刻，没有将生态文明知识和理念内化为情感和意志。另一方面，政府的引导与农民生态意识不同步，乡村地区缺乏专门的生态文明宣传教育队伍对农民开展绿色发展知识的有效教育和科普活动。乡村生态文明理念宣传力度大大不够，加之农民自身各种条件的限制，认为事不关己高高挂起，导致农民不能较好践行绿色生活。

（四）农民参与共建意识不强，政府缺乏引导

美丽乡村建设，农民应该是主体，政府只是主导和主要规划者。可以说，缺少农民参与的工程只是“形象工程”，并不能持久，最终造成严重的危害。然而实际情况是，“很多省份地区在建设美丽乡村过程中主体依然是政府，村或镇（街道），而广大农民依然很少参与”（陈昱君，2018）。造成农民主体作用发挥不够的主要原因之一就是政府引导农民参与不够：一是政府过于大包大揽，对农民引导不到位；二是农民素质偏低，缺少主体意识，建设能力不足，影响主体作用发挥。

一方面，美丽乡村建设是一个长期的主题，需要持久和循序渐进来完成，不能一蹴而就。但实际上，我国各地在建设美丽乡村过程中存在着急于求成的现象，政府要求基层在规定的时间段尽快完成相关基础设施建设和社会建设，最终导致了当地乡（镇）政府大包大揽，承担了美丽乡村建设的方方面面，广大农民仅仅参与部分简单性事务。政府大包大揽的行为给引导其他建设主体积极参与带来十分被动的局面，反过来一定程度上影响了美丽乡村建设的效果。

另一方面，农民素质在一定程度上也影响了其主体作用的发挥。当前大部分农民的综合素质偏低，表现为“部分农民行为习惯和环境意识仍然较差、主动改善生活环境的积极性不够”（刘丽丽，2016）。调研发现，绝大多数农民认为美丽乡村建设是政府的责任，不愿意为当地美丽乡村建设贡献一点力量，农民“等靠要”思想还是普遍存在。

（五）乡风文明建设重视不够

一些乡村领导干部受畸形政绩观的影响，片面追求经济的快速发展，重经济轻文明，在建设中注重“面子工程”，忽视了乡风文明建设的重要性。作为乡风文明建设的主导力量，政府的不作为导致基层干部群众对乡风文明建设热情不高、积极性不强，直接影响了美丽乡村建设的发展进程。另外，乡风文明建设的人员不足。随着城镇化建设，越来越多的农民离开乡村到城市工作生活，从事乡村文化建设的专业人才相对匮乏，无法满足乡风文明建设所需的人力资源。这就导致乡村精神文化建设的内容和形式都比较单一，文化交流活动较少。再者，乡村文化活动设施建设缺口较大，乡村的文化活动设施建设相对不足与农民日益增长的美好文化需要之间的矛盾较为突出。

第四节 乡村振兴背景下美丽乡村规划建设路径

一、政府主导，科学规划

一个地区的建设和管理水平，首先取决于该地的规划。自美丽乡村建设提出以来，诸如“美丽乡村怎么建、如何布局谋篇”等问题摆在眼前，亟须解决。经过十多年的探索与努力，美丽乡村建设取得了突出的成绩，涌现出一大批美丽乡村。然而，当前美丽乡村建设仍然存在规划不合理或者说缺乏乡村建设规划、产业发展特色不明显等问题。因此，“必须强化美丽乡村建设规划引领作用，坚持规划先行，优化乡村布局结构”（乔璐、冀楠、李丽娟，2018）。习近平总书记强调指出，“要合理确定村庄布局分类，注重保护传统村落和乡村特色风貌，加强分类指导”。

乡村振兴研究院副院长胡银根曾指出，“乡村振兴，既需要科学规划和精心设计，也需要因地制宜，根据地方特色来规划实施”。美丽乡村建设需要科学、合理的规划和部署。从我国当前美丽乡村建设实际情况来看，主要分三个阶段逐步推进：首先，2013—2020 年是美丽乡村建设的试点探索阶段；其次，2020—2035 年既是美丽乡村建设的基本建成阶段，也是乡村振兴战略的决定性阶段；再次，2035—2050 年是美丽乡村建设的强化阶段。“伴随社会主义现代化国家基本建成，广大农村将会发生翻天覆地的变化，农村真正实现环境美、生态美、产业美、生活美等全面美丽。”（魏玉栋，2018）

二、因地制宜，发展农村特色产业

我国农业旅游资源丰富各异，各地的休闲农业产业如火如荼，缺乏创意模式使得效果不能持久，结合美丽乡村建设实际，坚持按照“因地制宜、统一布局”的原则进行科学可行、切实有效的规划设计，形成有异于其他市场主体的特色品牌。

经济发展是乡村发展的基础，而产业兴旺是经济发展的不竭动力。建设美丽乡村，产业是根基，因地制宜是关键，要突出本地特色，矢志不移地走乡村特色产业发展之路，让乡村因特色而更加美丽、因特色而更具活力。如瑶琳镇阳山畈村在美丽乡村建设过程中，依据其独特的山形地势兴建了占地 1200 亩地休闲桃花谷，充分发挥生态特色，围绕“桃”字做文章，在做强做大蜜桃产业的同时，适时打造“桃源”观光游，为村里带来了丰裕收入，使得村里有实力投资建设生活配套设施，进行村庄环境整治，使之成为名副其实的“桃花源”式的美丽村庄。再如，“江苏省南京市高淳区坚持对村庄产业和生活环境进行个性化塑造和特色化提升，因地制宜发展农村特色产业，实现了村强民富生活美”（董礼敢，2017）。

“产业兴旺是乡村振兴的重点，是实现农民增收、农业发展和农村繁荣的基础”（刘雷、宋吉贤、赖齐贤，2020）。例如，河南省平顶山市宝丰县闹店镇立足区位、文化、资源三大优势，积极推进百亩林果示范园，科学规划餐饮、民宿等乡村旅游项目，杏桃、葫芦等特色产业蓬勃发展。

总的来说，因地制宜选择富民产业是实现乡村振兴的关键举措，在美丽乡村建设过程中，必须充分结合乡村实际，做到因地制宜和突出特色。

三、努力拓宽资金投入渠道

（一）引导社会资本参与

美丽乡村建设涉及内容广泛，不能单靠政府财政资金投入，必须拓宽资金来源渠道，努力激发社会资本参与热情。而社会资本的介入为美丽乡村建设增添了更多新的动能，有效弥补了乡村振兴资源的不足，为美丽乡村建设可持续发展提供了新动力。

美丽乡村建设需要社会资本参与，主要是由以下几点因素决定的：一是政策机遇降低了交易成本。其中，《关于印发政府和社会资本合作模式操作指南（试行）的通知》概括指出了与美丽乡村建设相契合的运营周期。二是乡村整体服务功能地对外延伸。社会资本参与有利于提高美丽乡村建设运营效率，从而提升经济效益。三是企业的逐利需求与社会责任。“企业在政府的扶持下参与乡村建设使得资源使用效率提高，增加项目经济强度，降低风险”（金高峰、张永军，2021）。《社会资本投资农业农村指引（2022年）》提出支持社会资本投资参与农村人居环境整治行动，营造良好环境。社会资本通过转变财政资金的使用方式，既能够有效解决美丽乡村建设资金的供求矛盾，又能够缓解政府财政负担。

当然，各地也有积极探索创新社会资本参与方式的成功案例。如河南省郑州市龙湖镇泰山村，立足区位优势和品牌优势，积极引进国内知名文旅品牌千稼集，打造高效农业产业园，大力发展新型养老产业和培训产业。同时，为了解决美丽乡村建设面临的资金投入不足等问题，泰山村没有完全依靠政府帮助，独创千稼集与泰山村村民合作的经营模式，逐渐形成了以“泰山村”为代表的“村集体与社会资本共同撬动模式”，自力更生，走出了一条中国农村振兴的道路。

（二）鼓励农民资金主动投入

“农村是广大农民群众的生活家园，建设美丽乡村就是为了更好地改善农民群众的居住条件和农业生产、农民生活条件，提高农民群众的整体生活水平”（苏颖，2013）。可以说，农民更希望自己的生活环境能够得到有效改善，人居环境整治、基础设施建设和乡村产业发展等，都是为了保障和维护广大农民群众的根本利益。而在为提高农村环境质量、改善农民生活水平所需要加强农村各项建设等方面，都需要大量的资金投入，由于政府财力有限，不能仅靠财政资金支持。其中，鼓励农民群众利用自有资金参与美丽乡村建设也是解决美丽乡村建设资金不足的有效办法之一，同时又能充分调动农民群众的积极性，真正发挥农民群众建设美丽的主体作用，推动当地美丽乡村建设的深入发展。

我国在推进美丽乡村建设的过程中，鼓励广大农民资金积极参与在全国各地都有成功的案例，“农民自身资金投入参与美丽乡村建设既有效解决美丽乡村建设资金不足，又充分调动了农民积极性，保障农民主体地位，促进美丽乡村建设各项方面更好更快地发展”（魏晓晶，2019）。

四、促进产业融合发展

长期以来，农业所在的第一产业一直处于产业价值链的下游环节，为乡村积聚的财富不多，制约了美丽乡村建设目标的达成。乡村建设若要达到产业兴旺的目标，就必须破除原有的思维桎梏，单纯地用第一产业来限定农业是不可取的，应当推动乡村的第一、二、三产业融合发展。

乡村产业融合发展，首先应从以农业为代表的第一产业内部融合入手，也就是广义农业中的农林牧副渔的内部融合。比如种植业与渔业的结合，形成了稻花鱼产业；种植业与养殖业结合，种植业的生产废弃物便成了养殖业的饲料，而养殖业的生产废弃物成了种植业的肥料。这种第一产业的内部融合实际上就是一种立体循环，应当根据生态承载能力和地方经济发展实力，建立协调机制，促进第一产业内部的融合、循环，提高资源的利用效率，最大限度地减少第一产业发展对环境生态的影响。

乡村第一产业内部融合是其内部价值链提升工程，在夯实内部基础的同时也提高了第一产业的活力，使其更有效率地参与到乡村第一、二、三产业融合的进程中。政府应当加强招商引资或者利用乡镇企业、集体经济在当地加快发展农产品加工业，延长产业价值链。这种模式可以减少物流运输成本，扩充乡村经济实体力量，促进乡村人口就业。利用互联网宣传当地的特色产品，扩大当地特色产品的知名度，扩大需求从而不断扩大再生产，促进乡村经济长期向好。此外，乡村的自然人文风貌不同于城市，应当加强乡村自然文化资源的挖掘，在不影响原有风貌的情况下，完善基础设施建设，发展乡村旅游、医疗养护等特色产业，连接乡村产业的多种价值，促进乡村产业价值链的延长和综合提升，促进乡村资源产业的合理配置。

乡村产业融合发展的动力强度在于参与乡村产业融合的主体意愿。乡村产业融合中规模最大的参与主体是农民，但并不是唯一的参与主体，政府、企业、社会组织都参与其中。在乡村产业融合发展的过程中，各参与主体的利益联结是复杂的，由于除农民外的其他利益主体都拥有丰厚的资源，农民在产业融合中很容易丢失话语权，丧失从产业融合中分享经济利益的权利。因此，必须厘清并完善这种联结机制，明确权责划分，引进现代公司制度，最大程度保障农民的合法利益，让农民能够享受乡村产业融合发展带来的益处，从而更有动力参与到乡村产业融合之中。

五、改善乡村生态环境，实现生态宜居

美丽乡村建设最直接的影响就是乡村人居环境、生态环境的改善。山清水秀、村容整洁是生态宜居的直接体现，是人文风光美与自然风光美的

有机结合。我国的美丽乡村建设已经很好地改善了乡村的生态环境，但是仍有一些薄弱环节需要加以重视，因此，我们应当持之以恒地改善乡村环境，从提高农民的生态意识入手，不断协调以乡村人地关系为主要代表的人与自然之间的关系，持续推进乡村环境整治工作，达到生态宜居之美。

（一）提高农民生态意识

改善乡村生态环境，应当深化乡村居民的环保意识，加强绿色发展理念的宣传。乡村的美丽最直接的体现是自然风光、生态风貌。要保护好、发掘好乡村独特的自然风光，村民的主观能动性必须得到重视，村民的生态意识必须得到加强。

提高农民生态意识，首先应当推动生态教育下乡。乡村群众文化水平偏低，通过常规教育模式向乡村群众普及生态知识，成本极大但收效甚微。因此，可以利用生态讲座、学生下乡实践、新媒体宣传、农民夜校等形式，宣传党和国家关于乡村生态环境保护的一些相关方针政策，调动村民广泛参与，以不断提高农民生态意识。

在乡村生态文明实践中，涵养农民的生态意识。轰轰烈烈的乡村建设运动，与广大乡村农民息息相关，要让农民感受到美丽乡村建设的美好所在，才能让广大农民更加积极主动地接受绿色理念。在人居环境整治工程、垃圾分类等乡村生态文明实践中，应当让乡村群众参与其中，在农业生产过程中，应引导乡村群众减少化肥农药的使用。在“整治—维护—守护”的长期过程中，培育乡村群众的行为习惯，提高农民的生态素质。

此外，应积极引导乡村群众形成绿色消费的习惯，形成良好健康的生产生活习惯，养成低碳节能环保的绿色生产生活方式，减少污染环境和破坏生态的行为，减少浪费，真正将绿色理念内化于心。

（二）协调乡村人地关系

土地是美丽乡村建设的载体，本身是自然的一部分。人与土地的关系是乡村社会人与自然关系的重要体现。我国乡村土地实行的集体所有制，是社会主义公有制在乡村大地的直接体现，这是美丽乡村建设的有力制度保障。新时代社会主要矛盾的变化，决定了美丽乡村建设必须满足人民群众对美好生活的需要，而乡村土地却由于过度耕种而影响了土地生态功能的发挥，因此必须采取措施，协调人地关系，在发挥土地经济功能的同时，开发土地的生态价值。通过推进土地制度改革、规范乡村建设协调乡村人地关系，改善乡村生态环境，推进美丽乡村建设。

推进乡村土地制度改革应当破解机制障碍难题，促进农业生产要素在城乡之间的自由流动，特别要注意激活以乡村“三地”即宅基地、承包地和集体建设用地为主要代表的乡村资产。推进乡村产权制度改革，做好乡村土地的确权登记工作，在“三权分置”的基础之上，加快乡村土地流转，将分散、荒芜的土地集中起来发展现代农业。同时，整理现有的可利用土地资源，积极招商引资，将社会资本合理合法地引入美丽乡村建设中，既利用了闲置土地，又拓宽了美丽乡村建设的融资渠道。

随着乡村常住人口的搬离，闲置乡村宅基地越来越多。我们要建立完善宅基地有偿退出机制和与之相适应的监督机制，促进宅基地合理流转，提高宅基地使用率；要严格规范农村建房，执行宅基地“一户一宅”政策，在新宅基地上建造房屋后必须将原有宅基地房屋拆除，大力推进农村危旧房改造，对危旧房实行连片拆除、连片改造。同时，推进乡村不同用途土地的识别、整理、统计工作，落实耕地保护红线制度，为土地流转创造良好条件；开展土地整治活动，加强对农业用地的整理工作，保护耕地，提高耕地的数量和质量。

此外，严格规范乡村建设，严格遵守乡村建设用地的相关规范，加强农村基础设施建设。乡村基础设施建设直接关系到美丽乡村的整体布局和风貌，应科学制定村庄布局规划和村庄建设规划，保持乡土特色，加强对农户建房的规划引导，提高农户建房的水平和标准。

（三）推进乡村环境整治工作

美丽乡村建设是生产、生活、生态合一的系统性工程，本质在于使乡村变得更加美丽，让农民生活更加美好。“发展经济是为了民生，保护生态环境同样也是为了民生”。建设美丽乡村就要直面乡村存在的污染问题，保护乡村的自然生态环境，促进乡村环境的整体改善。

要全面推进乡村生态振兴，必须牢固树立“两山”理念，尊重自然，顺应自然，保护自然，深化山水林田湖草生命共同体理念，建设人与自然和谐共生的美丽乡村；充分认识生态系统的整体性、系统性、关联性、层次性等基本特征，运用科学的方法开展生态环境修复、整治；充分调查了解不同地域面临的生态环境问题，有针对性地对山、水、林、田、湖、草进行治理修复，建设健康的土地生态，恢复其生态功能，增加生态产品供给，促进人与自然和谐共生可持续发展。

乡村生活垃圾治理也应当继续重视，相关部门应明确不同主体的责任，加大财政资金的支持力度，并加强监督。政策制定部门对乡村聚落形态、分布进行调研，科学地制定乡村生活垃圾处理的相关方案，既方便群众，又考虑经济适用性，建立符合农村实际的垃圾投放、运输、处理机制，实现城乡一体化的垃圾处理体系，最大限度地减少垃圾对乡村的不利影响。此外，应当坚定不移地推广垃圾分类。对乡村而言，垃圾是放错地方的资源。将分类后的垃圾进行不同的处理，对乡村的意义很大。比如将厨余垃圾转化为有机肥，既可以处理垃圾，又能变废为宝，符合绿色农业的要求。

六、重视乡村文化，加强乡风文明建设

（一）促进优秀乡土文化推陈出新

我国的农耕文明是中华优秀传统文化的根，至今仍然能够发挥作用。在繁荣乡土文化、制定相关乡村文化政策的过程中，我们应当尊重地方的文化传统。在此基础上，重视农民的精神文化需求，通过乡村群众易于接受的表达形式，促进地方文化推陈出新，使传统的乡土文化重新焕发生机

与活力，重新唤醒乡村群众对乡土文化的认同。

促进优秀乡土文化推陈出新的首要要求是加强对地方乡土文化资源的挖掘和整合。灌溉农业孕育了灿烂的中华文明，数千年的中国传统社会是基于乡村的。中华文明的本源就是乡土文明，是在乡村大地上孕育而成的，代表了农民和谐的生活方式。乡村遍布中国大地，不同地区的文化差异显著，要尊重文化的多样性，加强对传统中原文化保护的同时，也要保护少数民族文化。应当对乡村社会中承载文化的建筑进行保护，对传统节日进行文化解读，对传统工艺进行保护性传承。此外，对乡土社会中流传的传说、名人故事、谚语等进行搜集，并以此为基础形成乡土教材，传承乡土文化。

乡贤对传统乡村社会至关重要，在传统社会中成了乡村社会治理的主体。虽然乡贤群体中有土豪劣绅的存在，但不可否认的是，在传统社会中，乡贤在乡村建设、弥合矛盾、引领乡风等方面发挥了不可替代的作用。在当代，乡贤的定义已不同于过去，对社会发展的作用机理也发生了重大改变，但其在地方文化塑造中的作用依然非常重要。因此，应当发挥乡贤对新时代乡土文化塑造的作用。要在乡村建设中寻找乡土社会中德高望重并有意参与乡村建设的积极分子，在现有框架中，在党的领导下，鼓励他们参与基层民主实践，处理乡村公共事务。发挥乡贤文化的教化作用，在乡村社会中溯本清源，重新树立乡土文化对乡村社会的指引作用，在乡村社会中形成正确的价值取向。农民是美丽乡村建设的主体，同样也是繁荣乡土文化的主体。因此，应当调动农民的“主人翁”意识，发挥其主动性，才能保证传统乡土文化实现创造性、创新性发展。应当尊重农民的主体地位，加大政策、资金支持，保障其参与乡土文化发展传承的积极性。只有农民才真正了解乡村的需要，因此在繁荣乡土文化的过程中，应当俯身倾听农民的声音，认真做好乡野调查，确保乡土文化繁荣目标的实现。

（二）加强乡村文化供给

新时代乡土文化的培育是一种治理行为，是从属并服务于国家建设的。

在工业文明的视角下，传统的乡土文化应该被摒弃，随之出现的乡村社会文化空白应该用城市文明来弥补，这种思想是极不科学的，且不能适应我国社会的发展。即便如此，乡村社会也仍然出现了文化空白。因此，国家应当重视乡村文化，积极介入，并对乡村文化进行治理，以发展乡村文化事业、繁荣乡村文化产业为抓手，加强乡村文化供给，保护、发展乡土文化。

乡村文化事业是在乡村传播先进文化的主阵地，对于破除封建迷信、邪教异端，满足乡村群众文化需求具有独特作用。发展乡村文化事业应当加强乡村文化硬件建设，通过多种方式筹措资金，建设乡村图书馆、文化馆、体育馆等文体设施，推动乡村互联网建设。同样，软件建设也不能忽视，应当依托新时代乡风文明建设行动，创新文化服务方式，开展相应的文化培训，送文化下乡，提高村民的整体素质。开展多种形式多种内容的乡村竞赛，组织广场舞、太极拳等多种文艺队伍，强身健体的同时弥补乡村群众的文化生活空白。

发展文化产业也是繁荣乡土文化的一个重要手段，与文化事业的公益属性不同，文化产业更侧重于经济属性。因此，在乡村社会中发展文化产业，应当发挥市场机制的作用，高效率地对乡村文化资源进行配置，弥补文化事业的不足，创新文化供给，以满足乡村群众对美好生活中文化层面的需要。乡村文化产业应当立足于当地的自然、人文资源禀赋，发掘当地特色，并以此为着力点，打造具有浓厚地方色彩的文化产品供给，服务于大众。文化产业虽然侧重于经济属性，但社会属性依然是存在的，我们应当注意避免文化产业的异化，处理好其经济属性与社会属性的关系，促进乡村文化产业的可持续发展。

七、充分发挥农民的力量，调动其参与积极性

习近平总书记指出，“人民是历史的创造者，是决定党和国家前途命运的根本力量”“要依靠人民创造历史伟业”。农民是建设美丽乡村的主体，解决乡村存在的种种问题，离不开农民的参与。中国革命、建设和改革历

程中的无数经验表明，群众的力量是伟大的，只有充分调动广大人民群众的积极性，才能把事情办成办好。因此，在美丽乡村建设中，要充分发挥农民的力量，调动农民群众参与美丽乡村建设的积极性，才能保证美丽乡村建设的稳步推进、长期向好。

首先，应当培育农民的主人翁意识。在美丽乡村建设过程中，应当加大宣传，令乡村群众知晓美丽乡村建设的目的是满足农民对美好生活的需求，有利于农民生活水平提高，促使农民思想的觉醒，使其在认识到自身对美丽乡村建设的重要作用后，投入到美丽乡村建设中来。

其次，应当创造条件，将有意愿参与美丽乡村建设、参与乡村治理的群众纳入现有框架之中。应当在农村完善民意表达机制，推进村务公开，作为基层民主自治的有益辅助，保障农民的知情权、监督权。乡村基层组织干部要多多倾听农民的意见，发现农民的需求，尊重农民的创造性，将乡村群众的意见纳入日常工作的重点中去。

最后，应注重维护农民的自身权益。将农民有效组织起来是美丽乡村建设的重要推手，而保障农民的合法权益不受侵犯是将农民组织起来的前提。在美丽乡村建设过程中，应当着力维护农民的权益，保障农民群众在美丽乡村建设中的获得感、幸福感。通过建立健全村规民约，明确村民的权利义务，保障村民平等参与美丽乡村建设的权利。破除影响农民参与的阻碍，切实提高乡村群众的积极性、主动性，在乡村社会形成农民参与的合力，增强美丽乡村建设的动力。

第三章 美丽乡村建设中农村人才支撑体系

第一节 人才支撑体系概述

一、人才支撑体系的概念

明确体系的含义是阐释人才支撑体系概念的首要内容。“体系”这个概念的专业解释是若干有关事物互相联系而构成的一个整体。基于此，支撑体系可以理解为在开展实际活动中由对活动对象产生实际影响的彼此相互制衡的要素所构成的整体。关于人才支撑体系概念的阐释，基于学界对此的研究成果，主要可归结为三类观点：一是平台说，国内学者方建中与周建波认为人才支撑体系即孵化、提高、加强、分配人才的环境平台。二是整体上说，陈崇阳认为人才支撑体系指由不同系统有机组合而成的服务于人才发展，让人才迸发创造性劳动能力的整体。余雅洁认为人才支撑体系是旨在通过相关政策实现人才的引进、培养、使用与柔性流动的有机整体。三是系统说，杨小芳通过研究科技特派行动人才支撑体系，认为人才支撑体系是通过合理调配相关要素资源实现人才资源最优配置目的动态完整的社会系统。甄晓焕认为人才支撑体系包括宏观与微观环境两个层面，是引进与留用人才，服务于人才未来发展的一种系统性的体系。综合以上观点，编者认为人才支撑体系是围绕人才资源，具体通过采取教育培训、环境服务、资金政策、激励保障等一系列措施建立起来的科学的研究、引进、培育与使用人才的支撑体系。

二、美丽乡村建设视域下的人才支撑体系内涵

（一）人才支撑体系蕴含的核心理念

核心理念是美丽乡村建设人才支撑体系内涵的集中表现。一是以人为本理念。以人为本作为一种现代管理理念，指任何管理行为都要从人的需求与利益满足出发，把调动人才服务美丽乡村建设实践的自觉性与创造性摆在首位，而美丽乡村建设人才支撑体系正是这样一种主动研究人才，时刻围绕人才资源的开发与利用而形成的系统体系。二是整体协调理念。美丽乡村建设人才支撑体系以实现其内部各子系统的顺畅交流为目标，从而达到整体系统功能的完整呈现。同时，美丽乡村建设人才支撑体系也是乡村振兴战略体系中的一个子系统，与乡村振兴战略体系中其他方面的子系统需要分工合作，协调运转。三是重视实操性的理念。美丽乡村建设人才支撑体系归根到底是指向乡村振兴实践的，这也是其存在的内在价值逻辑，因此其含有明显的预设目标实现要求，从而体现出重视实操性的理念。

（二）人才支撑体系的构成要素

构成要素集中展现了美丽乡村建设人才支撑体系的内部结构。人才支撑体系主要分为内部与外部双层支撑体系。内部支撑体系主要由乡土人才的引入与培训、评价与留用、退出机制等方面组成。外部支撑体系主要由相关组织结构、政策法规、资金与服务支持、外部环境等方面组成。内部支撑体系与外部支撑体系之间的双向互动确保了美丽乡村建设人才支撑体系结构的灵活性与完整性。

（三）人才支撑体系的主体力量

美丽乡村建设人才支撑体系主要由新型职业农民、乡村专业人才、返乡创业农民工、科技人才以及社会各界等主体力量组成。理顺这五类人才在美丽乡村建设人才支撑体系中的地位与作用及其相互之间的关系尤为重要，这是理解美丽乡村建设人才支撑体系的密钥，同时也关系到能否形成全社会力量参与美丽乡村建设的实践合力。具体而言，新型职业农民是构

成人才支撑体系最基本的核心主体力量，掌握着全中国人民的“饭碗”，也是发展乡村振兴基础性产业——农业的中坚力量。乡村专业人才是构成人才支撑体系的专业性主体力量，能为乡村全面振兴提供新动能，是促进乡村发展的经济领路人、文化传承者、秩序维护者与生态守护者。返乡创业农民工是构成人才支撑体系的鲜活主体力量，有利于为乡村不同产业融合提供新的理念，激活城乡各类生产要素。科技人才是构成美丽乡村建设人才体系的支撑性主体力量，能为乡村现代农业发展提供现代科学技术支持，提升农业发展质量与乡村第一产业收益。社会各界是构成美丽乡村建设人才支撑体系的建设性主体力量，能为美丽乡村建设提供源源不断的资金、市场与其他资源。人才支撑体系中的这五类人有各自的特长与功用，他们之间是相互协调与合作的共生关系，共同为建设美丽乡村，从而为“实现乡村振兴”这一目标而发挥应有作用。

（四）人才支撑体系的现实功能

一是开发人力资本，造就乡土人才。美丽乡村建设人才支撑体系首要的功能就是从全社会人口资源中筛选出符合乡村发展需要的人力资源，并通过挖掘、利用其中的人才资源，不断促进适合在乡村发展的人才资源向乡村人才资本转化，造就一批好用、能留的乡土人才队伍。二是构建美丽乡村建设实施的人力要素支撑。美丽乡村建设涵盖乡村发展所涉及的各个领域，没有一支数量足、结构强、素质高的人才队伍作为支撑，很难取得重大进展。美丽乡村建设人才支撑体系通过合理配置不同类别人力要素在建设实践中发挥最大效用，从而具有凝聚全社会力量参与美丽乡村建设实践的重要功能。三是促进脱贫攻坚与美丽乡村建设有效衔接。脱贫并持续巩固扩大脱贫攻坚成果是后脱贫时代实施美丽乡村建设需要重点考量的现实问题，而无论是持续稳定脱贫还是进一步推进美丽乡村建设进程，均需要大批乡土人才来实践，因而解决这一问题的关键在人才培养。美丽乡村建设人才支撑体系能通过提供一系列的内部环境与外部支持来发挥人才培养的功能。

第二节 人才支撑体系建设的基本内容

一、培育新型职业农民

新型职业农民是新时代中国特色社会主义新农村建设的重要主体力量，大力培育新型职业农民是我国实现乡村振兴的内在要求，是缩小城乡差距、转变乡村发展方式的现实渠道，是实现中华民族伟大复兴的有效举措。因此，2017年2月，农业农村部印发《“十三五”全国新型职业农民培育发展规划》全面指导新型职业农民培育工作，并强调大力培育新型职业农民，具有深刻的战略意义，具体表现为以下几点。

第一，培育新型职业农民是现代职业属性的客观要求。根据中国职业规划师协会定义，“职业”是“职能”与“行业”的有机结合。新型职业农民具备现代社会的职业属性，因此在对新型职业农民的培育上应当与过去传统农民的零散性和自发性成长有所区别。要想培育现代社会的“职业”农民，必然要求根据农业发展和乡村岗位所需的素质要求，形成有效和规范的职业能力培养系统，促进传统培养模式向现代职业技术培训转移。让现代新型职业农民的职业身份属性更具有归属感，使新型农民在现代化社会职业分类标准中更具科学性。要使农民回归到职业体系中来，就要淡化其身份标签，拓宽收入来源，享受更为平等的城乡发展统筹下的公共服务，激发群众的创造热情，推动劳动力资源在更大范围内优化配置，促进农业的可持续化发展。因此，在我国乡村，亟须根据生产经营型、专业技能型和社会服务型的主要岗位类型，建立涵盖职业素质和知识能力要求的职业岗位需要的目标体系，逐步建立和完善以职业素养为依托、以职业知识能力培育为重点、以社会需求为引导的现代化职业培育体系。

第二，培育新型职业农民是推进城乡融合发展的重要举措。改革开放以来，由于政策的推动和政府导向，我国的劳动力、资金投入等要素向城市倾斜，导致我国城乡发展出现失衡。由于城市在教育、医疗、就业等多个方面存在着显而易见的优势，大量乡村年轻劳动力从乡村流向城镇。人才的短缺直接制约了乡村振兴战略的实施，中国特色社会主义新农村建设的步伐受到了钳制。因此，推动城乡融合发展，首先就是完善劳动力统筹，而有效地进行劳动力统筹，就应当实现城乡公共资源的均衡和要素的平等。这就需要加快新型农民的培育，通过建设现代农业，切实转变农业发展方式，提高农民的科学文化素质和生产经营能力，吸引高素质的乡村劳动力反向流动。使其利用个人先进的技术与经验，获得在乡村发光发热的成就感和价值感，也让乡村经济在新时代下焕发勃勃生机，进一步缩小城乡差距，推动乡村振兴战略的实施。

第三，培育新型职业农民是解决“三农”问题的有效途径。农业、农村和农民问题互为相关，最为核心的因素是农民。培育新型职业农民，就是在提高农民的综合素质，就是抓住了解决我国“三农”问题的根本。这不仅使农民从传统落后的发展理念中解放出来，掌握适应时代发展的创新能力和学习精神，还能够提升农业整体的生产效率，提高农业的产业附加值，提升乡村在政治、经济、文化、社会、生态等多个领域的全面改革。

第四，培育新型职业农民是农业现代化的必然要求。相对于传统农业而言，现代农业在规模、技术、自动化、专业化、管理、效益等方面均具有很高的要求，不再像传统农业那样实行粗放经营或小规模、低层次的集约经营。与传统农业的区别在于，现代农业是一种人才、技术、资本等要素高度密集的产业，农民综合素质的高低密切关系着农业现代化发展水平。而现代农业的发展关键在于人力资本，培育新型职业农民在一定程度上就是在塑造中国农业发展的未来走向。在传统自给自足的封闭性生产方式向社会化大生产的转变形势下，培育掌握现代农业技术知识、熟练使用现代化机械设备、具有市场前瞻意识和化解市场风险能力、具有市场营销与经营管理水平的新型职业农民迫在眉睫。

第五，培育新型职业农民是全面建成小康社会的重要保障。全面建成小康社会的关键点是中国特色社会主义新农村建设，而其中的主要矛盾是新型职业农民的培养，促进农民的持续增收成为培育新型职业农民的主要动力。目前，农民增收渠道有限，面对风险的防御机制还不完善。培育新型职业农民，可以发挥其先锋示范作用，将技术和技能进行普遍推广，进而探索和扩大农民的增收渠道，实现全民奔小康的目标；可以进一步推动乡村产业结构转型升级，推动城市劳动力向乡村回流，吸引农业人才反向流动，最终实现劳动力的城乡统筹，缩小城乡差距，构建新时代乡村的新面貌。

二、加强乡村专业人才队伍建设

（一）乡村专业人才

乡村专业人才是乡村人才队伍中的骨干力量，是乡村人才振兴的“活化剂”。2016 年 7 月，人力资源和社会保障部指出要积极引导人才向乡村基层一线流动，有力推动乡村专业人才队伍的形成与发展。根据中央一号文件对加强乡村专业人才队伍建设的指示，可将乡村专业人才概念解释为在乡镇（村）工作的各类事业单位中的专业技术人员、乡镇或村办企业以及乡村非公有制经济中的管理与技术人员，在农业农村工作中表现突出的各类乡村实用人才，活跃于乡村与农民生活中的民间文体艺术类人才，等等。

乡村专业人才更强调乡村人才在某一行业领域内所体现出来的专业性和专门性，具有较低的功能替代性，能针对乡村经济社会发展的实际问题提供专业化服务。其中，乡村实用人才与乡村专业人才紧密联系，是构成乡村专业人才的重要内容。乡村实用人才指的是具有一定知识和技能，为乡村经济和科技、教育、文化、卫生等各项事业发展提供服务、作出贡献、起到示范和带动作用的乡村劳动者。与乡村专业人才相比，乡村实用人才的主要特征是具有一定的知识或技能，能够起到模范带动作用以及对本地农业和乡村经济发展作出贡献。可见，乡村实用人才更强调一种普遍性和实用性，对于乡村实用人才技能的专业化程度并不做硬性标准规定。同时，从更为深远的经济价值和社会意义来说，乡村实用人才以其技术和管理经验带来的示范作用，带动广大农民更好地整合和利用政策优势，以自身的发展更好地带动乡村全面协调可持续发展。

（二）乡村专业人才的类型

乡村专业人才是新时代“三农”工作队伍中的主力军。从创造领域不同的角度进行划分，乡村专业人才具体来说可分为技能型、生产经营型和社会服务型。

第一，技能型专业人才。技能型专业人才是指具备某一领域的知识专长，可以是具有高度专业性农业管理与经营技能的人才，也可以是专门从事农业生产与经营的农业职业人才。技能型专业人才范围较广，在现代化社会发展中，在城市中积累了一定的工作经验、获得了较高水平的生产经营、管理技术理念的返乡务工人员，从事乡村生产经营活动的高校农林相关专业的大学生，一批有能力的乡村工匠等，都属于这一类型。

第二，生产经营型专业人才。生产经营型专业人才是指以家庭生产经营为基本单元，充分依靠乡村社会化服务，开展规模化、集约化、专业化和组织化生产的新型生产经营主体。生产经营型专业人才主要包括专业大户、家庭农场主、专业合作社带头人、种养殖加工人才、“田秀才”、“土专家”、农业企业经营者、经纪人等等。

第三，社会服务型专业人才。社会服务型专业人才主要是指为了更好地促进农业生产与乡村社会发展，在农业活动组织中承担农业专业服务工作的工作人员。他们掌握着专业的知识与技能，具有为农业服务的职业精神，为农业生产与经营作出重要贡献，是现代农业社会发展不可缺失的力量。例如农业信息员、机械化修理员、动植物科技员等。而在乡村教育、文化、卫生等社会事业领域中承担相关专业服务的工作人员，会利用自身的专业力量为农民生活水平提升作出重要贡献。例如，乡村教师、非遗传承人、文化能人等。

第三节 人才支撑体系建设的实践路径

一、实施新型职业农民培育工程

随着城市化进程不断加快，呈现出了大量乡村青壮年劳动力从乡村向城镇、从农业向非农业的转移，乡村劳动力的老龄化和低技能化是农业发展面临的主要问题。为此，国家对培育新型职业农民问题做出积极的战略部署。2012年，农业农村部在全国100个县启动新型职业农民培育试点工作，主要任务是探索新型职业农民教育培养模式，制定认定办法和建立政策支持体系。2014年7月，农业农村部正式启动新型职业农民培育工程，以家庭农场、农民合作社、农业企业及社会化服务组织等新型农业生产经营主体的骨干农民为重点对象，构建教育培养、认定管理和政策扶持“三位一体”的培育制度，旨在为现代农业建设发展提供有力的人才支撑。2016年11月，国务院印发《国务院关于激发重点群体活力带动城乡居民增收的实施意见》，指出要将新型职业农民培育纳入教育培训发展相关规划，继续实施新型职业农民培育工程。2017年2月，农业农村部印发《“十三五”全国新型职业农民培育发展规划》，指出具有中国特色的新型职业农民培育制度已基本确立，“一主多元”的新型职业农民培育体系初步形成，为促进城乡一体化发展，全面建成小康社会，要坚持政府主导、市场机制、立足产业、精准培育的基本原则，不断提高新型职业农民培育的针对性、有效性、规范性，提高新型职业农民的发展能力，提升新型职业农民培育的保障能力。加快实施新型职业农民培育工程，重点实施新型农业经营主体带头人轮训计划、现代青年农场主培养计划、乡村实用人才带头人培训计划，建立一支优良的新型职业农民队伍。2018年6月，农业农村部办公厅印发《农业农村部办公厅关于做好2018年新型职业农民培育工作的通知》，指出要准确把握乡村振兴战略新要求、聚焦乡村振兴人才需求、狠抓管理机制创新，从而明确新型职业农民培育的目标任务，切实提高新型职业农民培育的针对性、规范性与有效性，确保新型职业农民培育工作要求落实。2020年6月，农业农村部办公厅印发《农业农村部关于做好2020年高素质农民培育工作的通知》，指出要结合乡村振兴人才需求的实际情况，进一步强化技能培训，培育现代农业带头人，提升农民学历教育质量，健全完善教育培训体系，拓宽高素质农民发展路径。

可见，新型职业农民培育工程是一项带动农业农村发展，提升农民生产、经营技能，助力乡村振兴的系统性工程。在乡村振兴战略实施过程中，为进一步提升培育效果，需要从职业观念、培训内容、培育模式、跟踪服务模式等四个层面构建"四位一体"的新型职业农民培育工程体系，将新型职业农民发展成乡村振兴的中坚力量。

第一，转变职业观念，更新新型农民职业观。职业价值观是人们对职业的总体观点和看法，树立科学的新型职业农民职业观是有效开展新型职业农民培育工程的前提和基础。加强新型职业农民职业观的培育，一是要培养新型职业农民的职业荣誉感，增强其职业认可，激发其职业热情。二是要培养新型职业农民的社会责任感。作为一个农业大国，农业在我国一直居于基础性的战略地位，要通过开展职业教育培训，培育新型职业农民的尚农精神，提升职业的社会价值。三是要强化新型职业农民的法制观念。通过法制宣传和法制教育活动，提高新型职业农民的思想道德水平和法律素养，把新型职业农民培育成支撑乡村建设的骨干力量。

第二，丰富培训课程内容和途径，促进新型职业农民的专职化发展。一是对标课程设置，完善培育内容。依照课程设置，将有关思想素质、农业科技、文化知识等课程交叉安排，制定科学合理的课程计划和方案，最大程度实现课程内容的完整性和科学性。二是深入开展调研，整改培育内容。通过实地走访、调查问卷、数据分析、课堂调查等多种形式，了解农民在生产中的实际理论需求，从而编订适合当地新型职业农民培育的配套书籍教材，有针对性地补充和改善培训内容，提升培训内容的时效性和针对性。

第三，创新培养机制，完善新型职业农民培育模式。新型职业农民培育工程的精细化、专业化发展，需要分层次建构和完善新型职业农民培育模式。一是建构和完善农民田间学校培训模式。坚持理论与实践相贯通的原则，通过有组织的运用实验性学习模式增加对农民实操技能的体验，提升农民的专业技能。二是建构和完善现场传导型培训模式。通过在工厂车间、工程建设基地、田间地头等现场，对从事农业生产的一线人员，进行专业讲解、示范、技术指导等活动，促进生产和工作中的问题得到顺利解决与新技术不断推广和运用。三是建构和完善典型示范型培训模式。大力发挥政府、高校或企业等主体构建典型示范型培训基地的作用，通过创建农业科技成果转化平台等农业科技培训基地，选出农业科技发展的示范典型，为提升广大农民的科技水平搭建良好的平台。四是建构和完善项目推动型培训模式。采用课堂教学、参观考察、现场指导等多样化的培训方式，依托有开发价值的农业科技项目进行培训，实现提升农民科技水平、促进科技成果转化和农民增收致富的培训目的。五是建构和完善媒体传播型培训模式。充分依托电子媒体、印刷媒体和现代网络媒体等多元化媒体传播平台，对农民进行农业科学技术培训，充分利用媒体平台便捷性和高效性的特点，提升新型职业农民的培育效果。

第四，建立和完善培育后跟踪服务模式，夯实培育效果。新型职业农民培育的后续跟踪服务是新型职业农民培育工程的重要环节。建立和完善培育后跟踪服务模式，一是建立和完善定期跟踪回访工作机制。通过定期跟踪回访工作，及时了解培训工作的后续跟进实施情况，为做好后续的指导和服务工作奠定基础。二是建立和完善跟踪服务平台。通过打造微信交流平台、QQ 交流平台、电话交流平台等跟踪服务平台，加强新型职业农民之间、上级培训部门与新型职业农民之间的交流，及时为他们排忧解难。三是建立和完善农技人员跟踪服务机制。通过打造新型职业农民培育项目与基层农技推广体系建设项目相融合的理念，基层农技人员通过分类指导，开展上门服务等方式，对农技人员进行对口指导等跟踪服务，培育精干、专能的新型职业农民队伍。

二、实施扶贫创业致富带头人培训工程

2015年8月26日，为深入贯彻落实中央精准扶贫精准脱贫基本方略和国务院扶贫办精准扶贫重点工程战略部署，国务院扶贫办行政人事司印发了《关于组织实施扶贫创业致富带头人培训工程的通知》，决定全面组织实施扶贫创业致富带头人培训工程，先后在“闽甘宁”“粤桂”贫困村开展致富带头人试点工作。

2018年4月，国务院扶贫办、科学技术部等部门联合印发《关于培育贫困村创业致富带头人的实施意见》，指出要从选好选准致富带头人、加大致富带头人培训力度、建立致富带头人创业项目减贫带贫机制、强化相关激励措施、落实致富带头人工作要求等方面，培育、提升致富带头人创业致富能力。总体来讲，扶贫创业致富带头人培训工程是加强乡村专业人才队伍建设的重要内容和途径，是针对贫困地区有创业意向或已从事创业活动的人员开展有关创业意识、创业能力、扶贫带动能力等系列培训的政策。扶贫创业致富带头人培训工程的开展和实施，有利于增强带头人积聚创业带贫的内生动力，恢复贫困地区的“造血功能”，发挥带头人创业带贫的作用。2020年6月29日，国务院扶贫办召开“全国贫困村创业致富带头人培育工作”视频会议，指出为继续巩固脱贫攻坚成果，接下来的培育工作要立足现有产业基础、人才队伍、政策，以及下足绣花功夫，完善信息录入工作，讲好典型故事，进一步提升培育工作质量。具体而言，需要重点做到以下几点内容。

第一，不断创新创业带贫模式。梳理和总结已有创业带贫模式，设计和引导贫困户参与创业劳动过程，增强贫困户的实践体验，通过实践培训和指导，强化贫困户的自我发展能力，激发精准脱贫的内生动能。根据分

类管理、层级指导的原则，增强带贫效果，促进国家减贫政策、金融扶贫措施相融合，充分发挥自立互助组织、产业协作组织的作用，建立贫困户诚信评价体系，壮大带贫规模，促进创新创业带贫模式的长效发展。

第二，不断开发创业产业项目。深化农业供给侧结构性改革，充分开发贫困地区市场、管理、技术和产业等优势，提升贫困地区引进和发展项目的能力，优化项目发展结构。通过优势项目的规模化发展，促进贫困地区长效增收，实现早日脱贫摘帽。

第三，不断完善创业孵化体系建设。创业孵化体系是通过加强对创业带头人的培训和指导，加强和完善创业跟踪指导服务，以孵化体系评价结果为根据，重新定位创业孵化的方向和内容，提升再培训、再孵化的针对性和实践效果，提升创业孵化成效。因此要充分发挥贫困地区资源优势，创业带头人最大化争取项目的政策支持、资金支持、产业支持，通过发挥优势资源的合力作用，形成创业项目的品牌效应，提升创业项目的核心竞争力。

第四，不断改善创业发展环境。良好的创业发展环境是促进贫困地区脱贫致富、发挥创业致富带头人作用的重要因素。改善创业发展环境，首先要创建良好的金融扶贫环境。通过成立创业致富带头人专项培育资金和贷款担保资金，为创业致富带头人、贫困地区和贫困户创业发展营造良好的金融扶贫环境。其次要完善保险保障机制。通过加强创业致富项目与保险机构的合作，通过银行保险分担，降低创业风险系数。再次要完善用地供给和保障机制，确保创业带贫项目用地落实。通过合理制定项目发展规划，实现创业项目的规模化发展，充分发挥集群优势，保障项目的用地供给，建立和完善创业带贫扶持政策，提高带头人创业带贫积极性，为贫困地区营造良好的创业环境。

三、实施高校毕业生基层成长计划

高校毕业生就业问题一直受到各界的普遍关注。从 2003 年开始，中央组织部、财政部等多部门开始全面发展、积极推进大学生到乡村基层任职工作，并印发《关于选聘高校毕业生到村任职工作的意见（试行）》（2008）、《关于进一步加强大学生村官工作的意见》（2012）等文件，鼓励、引导高校毕业生到基层锻炼成长。在2012、2013、2014年度教育部印发的关于做好全国普通高等学校毕业生就业创业工作的通知中，则进一步强调要引导和鼓励高校毕业生到城乡基层、中小企业、中西部地区和艰苦边远地区就业，加大力度实施好各类基层就业项目。会同有关部门继续组织实施好“农村教师特岗计划”“西部计划”“大学生村官”“三支一扶”等各类基层服务项目，通过定期走访、跟踪培养等方式关心毕业生的工作、成长和发展。

2016年12月，中共中央办公厅、国务院办公厅印发了《关于进一步引导和鼓励高校毕业生到基层工作的意见》，强调要引导高校毕业生投身扶贫开发和农业现代化建设，引导高校毕业生到中西部地区、东北地区和艰苦边远地区工作，鼓励高校毕业生到基层机关事业单位工作，鼓励高校毕业生到中小微企业就业，支持高校毕业生到基层创新创业。2017年，中共中央下发《中共中央组织部人力资源社会保障部等五部门关于印发高校毕业生基层成长计划的通知》，决定实施“高校毕业生基层成长计划”。通知中指出，高校毕业生基层成长计划主要面向以各种形式在基层服务工作的高校毕业生，力争用10年左右的时间，通过强化教育培训、实践锻炼、职业发展、管理服务等全链条的扶持措施，建设一支结构合理、素质优良、作风过硬的基层青年人才队伍。通过建立分层次、多渠道的基层优秀青年后备人才选拔体系，有计划、有重点地遴选一批具有坚定政治信念、现代管理理念和管理能力的基层管理人才，一批具有钻研精神、专业知识水准和实践经验的基层专业技术人才，一批具有创新精神、市场意识和经营管理能力的基层创新创业人才。2017年12月，教育部印发《教育部关于做好2018届全国普通高等学校毕业生就业创业工作的通知》，指出要继续实施高校毕业生基层成长计划，引导毕业生到基层就业。为服务乡村振兴战略，引导毕业生到现代种业、农产品加工、乡村电子商务等产业领域进行就业与创业。《教育部关于应对新冠肺炎疫情做好2020届全国普通高等学校毕业生就业创业工作的通知》进一步指出，各地高校要配合有关部门组织好毕业生参与基层项目和到中西部地区、东北地区、艰苦边远地区基层就业创业，助力服务脱贫攻坚和乡村振兴战略。

为了构筑实施乡村振兴战略的人才支撑，充分发挥高校毕业生基层成长计划与“三支一扶”计划等短期服务项目相互形成长期与短期相衔接、服务与工作相配套的政策合力作用，在新时代需要加快构建和完善基层人才队伍建设的长效机制。

第一，拓宽基层岗位开发渠道。基层是毕业生成长成才的重要平台，以基层人才需求为出发点，结合政府公共管理和社会服务发展开发更多岗位。通过开发基层中小微企业的管理和技术岗、开辟大学生参军入伍“绿色通道”、实施“西部计划”等多种渠道和形式，打造基层就业发展的新形态，为高校毕业生搭建广阔的就业平台。

第二，创造充足的职业成长空间。职业成长问题是影响高校毕业生就业的重要问题。只有创造充足的职业成长空间，才能吸引和鼓励广大高校毕业生走向基层。只有加大教育培训力度，建立健全多层次、全方位的培训体系，拓宽晋升渠道，优化基层单位岗位职称、技术评审制度，全方位打造和优化基层职业成长环境，才能更好地培养基层人才，留住基层人才。

第三，完善激励保障措施。推动高校毕业生扎根基层的一个重要途径和方式就是建立健全工作保障机制。在基层毕业生转正定级、职称评聘、津贴补贴等方面实行适当政策倾斜，坚持物质鼓励和精神鼓励相结合的激励机制，充分保障基层毕业生在生活、工作各方面的权益，让高校毕业生真正做到无后顾之忧，安心工作，在基层撸起袖子加油干。

第四章 美丽乡村建设中县域经济绿色发展研究

第一节 合理设置产业分区

县域经济是一个县域范围内的经济。党的十六大首次提出“壮大县域经济”的要求，近年来县域经济发展得到各级政府的高度重视，出台了一系列相关政策措施，以促进和推动县域经济发展。县域经济发展是一个老话题、老命题。虽然改革开放以来，我国县域经济发展取得了一定的成效，但就整体而言，县域经济发展至今尚未完全破题。其重要原因之一在于对县域经济的内涵、特征及其内在规律的认识仍然不够清晰。发展县域经济还需要对县域经济进行再认识。

一、县域经济的界定

县域经济是一种典型的区域经济，以县级行政区划为地理空间，以农业和农村经济为基础，以第一、二、三产业融合发展为方向，是国民经济的重要基础和基本单元。截至 2022 年 7 月 28 日，县及县级市数量分别为 1 492 个和 394 个，占全国县级行政区划数量的三分之二。

县域经济不同于城市经济，它依托县域的区位、资源和产业基础而展开，具有鲜明的农村性、地域性、综合性、发展不平衡等特征。在新时代背景下，县域经济高质量发展具有重大意义。

县域经济是我国经济高质量发展的新型引擎。我国经济已由高速增长阶段转向高质量发展阶段，正处在转变发展方式、优化经济结构、转换增长动力的攻关期。县域提供了承接产业梯度转移的空间。与此同时，县域人口基数大，消费市场有待进一步开发。随着消费不断升级，县域将成为国内最大的市场。

县域经济是培育新型产业生态的孵化基地。科技发展到一定水平后，新型业态主要表现在生产及运营模式上的创新。相较于大中型城市，县域经济具有特色产业及产业形态。县域经济的特色产业外延不仅促进了产业的升级和集群，也衍生出许多新型业态，拥有更多创新的可能，使得县域为孵化新型业态提供了基础。

县域经济是实施乡村振兴战略的重要抓手。实施乡村振兴战略是新时代“三农”工作重心，应逐步将政策重心放到县域级别上。县域是乡村振兴战略实施的重要抓手，只有县域经济高质量发展，才能全面推动农业升级、农村进步、农民发展，提升县域综合实力，实现县域发展带动乡村振兴的目标。

二、县域经济不等同于县级经济

县域经济是一个县域范围内的经济，属于行政区经济。在我国，地方行政区划分主要有地域型和城市型两种基本类型。

地域型行政区包括省和县，其特点是城乡合治，既有城镇，也包括大量的乡村地域。县属于地域型行政区，它是一种城乡混合、带有浓厚乡村色彩的行政地域。在县域范围内，乡村用地占 80% 以上，人口密度较低，城镇化率大多在 40% 以下。县域经济既包括具有一定城市经济属性的城镇经济，也包括具有乡村经济属性的集镇经济和乡村经济，第一产业就业人口比重高。尽管第一产业在县域经济中的比重已经不高，但在为社会提供农副产品、为广大乡村居民提供就业、保障基本生活需求、促进社会稳定等方面仍然发挥着重要作用。以四川省为例，2016 年在全省 115 个县中，城镇化率低于 40% 的有 92 个，占总数的 80%；第一产业就业人口比重高于 40% 的有 84 个，占总数的 73%。

城市型行政区包括市和市辖区。在我国，市与市辖区虽然仍实行城乡合治，也包括一定的乡村地域，但城市规模较大，城市发展达到较高水平，人口密度和城镇化水平高。经济社会发展以城市地域为主体，整个行政区更多地展现出城市的属性特征，其经济性质也更多地符合城市经济的属性，第二、三产业在国民经济中占有绝对的主体地位。经济活动具有城市经济的特点，遵从城市经济的发展规律。以四川省为例，2016 年在全省 52 个市辖区中，城镇化率高于 50% 的有 37 个，占总数的 71.2%；第一产业就业人口比重低于 40% 的有 42 个，占总数的 80%。特别是城市地域具有支撑现代经济，尤其是现代大工业发展所需要的完备基础设施和强大的服务功能，如交通、信息、能源等，还包括金融、商贸、科技、教育等服务。市辖区、县级市的经济发展更多地需要放在构建现代城市经济体系、提高城市经济综合实力和市场竞争力上。其经济发展的内涵、方式和路径与县域有着很大的区别。

市辖区（县级）、县级市从行政等级上虽然都属于县级行政区，但在经济形态上则属于城市经济的范畴，不属于县域经济的范畴。尽管目前我国有相当一部分市辖区（特别是独立型和飞地型市辖区）、县级市在地域构成、人口结构以及经济形态上与县几乎没有太大的区别，但并不能改变城市型行政区的基本属性特征。因此，县域经济不等同于县级经济。只有将市辖区、县级市从县域中分离出来，将城市经济与县域经济区别开来，才有助于真正认识和把握县域经济发展的内在特点和规律，才能探索和找到县域经济发展的路径。

三、县域经济要走特色发展道路

县从行政管理角度上说是一致或相似的，但从自然地理、地理区位、资源条件角度来说则是类型多样、千差万别。

从地形地貌上看，有平原县、丘陵县、山区县，在草原、高原、河谷、盆地等不同自然地理区域，县所在的位置也有海拔高度的不同、纬度的不同。有的县内地形地貌差异不大，有的则很大。截至 2018 年，我国共有平原县 646 个、丘陵县 532 个、山区县 901 个，三者分别占总数的 31.1%、25.6%

和43.3%。地形地貌对县域经济的发展方向、发展路径、发展模式都有着重要的影响。由于地形地貌的差异，各类县域经济的发展路径也有所不同。一般而言，平原县在发展工农业方面比较有优势。丘陵县适合种植水果、饲养家禽家兽、发展农产品加工工业。山区县地域面积较大，山区地貌所占比例高，交通条件相对较差，对外交通联系不畅，基础设施建设难度大，耕地多属坡地，不适宜机械化耕作，大多远离城市、远离市场中心，其发展方式和路径与平原县、丘陵县有很大的区别，多以林业、矿产资源开采及粗加工、旅游业为主。

从区位条件来看，有的县靠近城市、有的则远离城市；有的靠海、靠江、靠湖；有的沿边、有的靠近交通枢纽。这种地理区位条件的差异性也会导致县域经济呈现不同的方式。地理上靠近大中城市的县，更容易接受中心城市的直接辐射和近域扩散，具有一定的区位优势。由于处于都市影响区范围内，人流、物流、信息流同都市沟通顺畅，在文化、风俗习惯、生活方式等方面与城市比较一致。这类县域经济的独立性比较弱，对城市的依附性更强，在一定程度上成为城市经济的重要组成部分。远离大中城市的县，不容易接受中心城市的辐射和扩散，其经济发展相对独立，自成体系。

从资源条件来看，有的县资源丰裕，有的则资源匮乏。县域经济是带有一定程度的县域自然资源痕迹的经济，由此也形成了资源型县域经济、资源加工型县域经济和加工型县域经济等不同类型。对资源型县域经济而言，某些自然资源特别丰富，或者资源组合状况较好，进而使其有条件形成以向外输出自然资源产品或者资源含量高的材料工业产品和重化工业产品为主的专业化发展路径。对资源加工型县域经济而言，虽然具有部分资源，但资源组合不合理，仍需要从县域外输入其他自然资源，才能保持县域产业的发展。对于加工型县域经济而言，自然资源相对匮乏，主要依靠从县域外输入资源，然后进行各种层次的加工后再向外输出加工产品。

因此，县域是类型极为复杂多样的地域单元，县域经济的发展方式、发展路径各有不同，不能简单照搬。试图给县域经济发展找到一条共同而具有普适意义的发展道路是不可能的。县域经济必须立足于自身的特点和优势走特色发展之路。

四、县域经济发展的重要性

（一）县域经济是国民经济发展的重要组成部分

在整个国民经济发展过程中，县域经济是相对独立完整的经济运作区域，担当国民经济相对独立性、交叉性、综合性的基本运行单元功能，在整个国民经济发展中占据十分重要的地位和作用。在新时代，县域经济应拓展发展空间，依托独特的地理位置，在我国区域经济发展中扮演重要的角色，是我国区域经济实现协同发展的推进器。

（二）县域经济发展对整个民生经济发展和当地居民生活水平提高有重要的影响

县域经济发展能够有效承载乡村劳动力，为当地劳动力提供就业机会和就业平台，避免农村劳动力大范围转移到大城市，有效缓解了大城市的人员就业压力和社会管理压力。随着农村劳动力不断融入县域，为县域经济高质量发展带来劳动红利，能够有效提升县域经济发展效益，从而全面提升县域居民生活水平。

（三）县域经济是我国未来经济发展的重要载体

县域经济有效连接了城市经济与乡村经济，随着城市的不断扩张，其地价不断攀升、劳动力成本不断上升，随之带来的企业成本不断增加，越来越多的企业不断向城市边缘的地域进行转移和布局，这为县域承接城市转移带来新的发展契机。县域拥有丰富的劳动力资源，越来越多的农村人重视孩子的教育和医疗问题，会选择离家较近的县域工作。县域既能有效缓解大城市企业的地价问题，又可以为劳动力提供就业机会，提升县域居民收入。

（四）县域经济具有庞大的消费空间

县域经济是城市经济、城市居民消费向乡村渗透的平台，可有效拉动消费需求，加快融合城市经济与乡村经济。县域具有广阔的农村地域和农村人口，决定了县域拥有强大的消费市场和消费空间。随着社会经济的不断发展，县域居民可支配收入不断增加，农村消费潜力也不断爆发。这一强大的消费潜力，势必随之成为县域经济发展的重要动力，依托电商、直播等数字互联网经济，为县域经济发展提供新动能，也为县域经济发展拓展空间。

（五）县域经济高质量发展可以有效解决“三农”问题

“三农”问题一直是社会主义建设过程中的重要问题，是党和国家重点关注的问题，也是县域经济发展的中心问题。寻求“三农”问题解决的途径，从某种意义上看，县域可利用资源禀赋，调整产业结构，推动产业转型升级，促进县域经济高质量发展，进而从根本上解决“三农”问题。

五、合理设置产业分区

要想合理设置产业分区，促进县域经济有序发展，县级政府必须综合考虑经济建设需求和县域生态结构，按照产业类型及特点设立不同的功能分区，使各产业在各自区域内合理发展，避免产业区与生活区及自然空间的混乱分布和交叉，从而减轻对生态的破坏。与此同时，合理的产业功能分区也便于各产业就近活动，生产所需的各种资源，更便于集中管理和形成完整的产业链条，从而实现规模化、集约化发展，有助于壮大县域经济实力。

（一）问题的提出

县域经济作为统筹城乡经济发展和解决“三农”问题的重要平台，直接关系到中国工业化、城镇化以及全面建成小康社会的总体进程。所以，如何发展、壮大县域经济就成为中国各级政府部门和学者们关注的重点之一。

宏观层面，学者们从经济发展战略的高度提出了县域经济发展的战略思想。比较有代表性的是王传民的协同发展战略和刘国斌的“亚核心”发展战略。前者认为协同发展战略符合社会综合效益原则，是县域经济非均衡、协调、可持续发展的必由之路。后者认为县域经济的本质是县行政区划下、有限资源条件下、在政策主导下的边缘区域经济，“亚核心”发展战略主张在区域核心区外围的局部边缘区内以县域中心镇为依托，建立次级核心，通过极化作用聚集周边地区的资源，形成产业集聚，实现县域经济更快更好的发展。

中观层面，学者们关注、总结县域经济发展的模式，尤其是发展比较好的县域经济，以寻求成功的经验，提供发展思路的借鉴。应新杰、赵媛根据不同县域自身资源禀赋不同，所处区位环境不同，经历发展阶段不同，构建产业结构不同，将其概括为资源主导型、区位主导型、产业发展型、企业带动型和综合发展型。青理东从中观、微观的角度分析认为县域经济发展模式主要有节庆营销模式、股份合作模式、民营企业模式、自主创新模式和复合产业模式。还对成功的县域经济发展道路进行概括，以其县域空间名称命名的模式，如苏南模式、温州模式、珠江模式、寿光蓬莱模式等。但是，这种模式的推广和借鉴导致县域经济发展中出现产品结构、企业类型、服务市场等雷同的问题。

微观层面，学者们的研究主要集中在县域经济主导产业选择和县域经济产业竞争力两个方面。县域主导产业选择以主导产业的强关联性为指导思想，从县域资源的禀赋差异，产业发展状况、经济基础、交通条件等方面出发，依据主导产业选择理论和基本选择基准，构建主导产业评价指标体系，选择评价方法，进而收集数据、综合计算得分来分析县域经济应发展的主导产业。但由于具体县域的情况不同，主导产业的选择没有一个完美的模式。加之评价指标选择等方面的人为主观性，使得县域经济在选择主导产业中出现了政府主导、与实际情况不符、缺位、过多等问题。县域经济产业竞争力方面的研究相对较少，研究思路是借鉴国际产业竞争力、区域产业竞争力等研究的评价体系，选取构成产业竞争力的指标及其子指标，构建一个合理的指标体系，再按照对产业竞争力影响大小的程度给各层次的指标分配权重，打分、计算，进而得出综合量化的评价结果。但其研究环节中的指标选择的视角、权重系数的确定、打分规范等也存在一定的主观性。

总之，县域经济发展的载体是产业，县域经济发展的内在动力在于其产业的竞争力。已有产业竞争力的分析方法都属于多因素综合评价法的范畴，除了这些方法自身的"主观缺陷"外，这类研究方法都忽视了竞争中的对比性、相对性和动态性。所以，选择具有实践可操作性，能够客观评价县域经济产业发展现状、趋势、竞争力的方法显得更有理论和实践价值。

（二）县域经济产业分区对策

1. 做细做实主体功能区规划，优化县域产业布局

《全国主体功能区规划》于 2011 年正式颁布，将我国 960 万平方公里国土空间划分为优化开发、重点开发、限制开发和禁止开发四大类主体功能区。因此，提升县域经济产业竞争力也需要根据县域人文传统与资源禀赋不同，统筹安排产业布局，做细做实县域主体功能区规划：将山区县或农业县划为限制开发或禁止开发区域，重点发展旅游休闲生态农业等产业；将产业基础较好、交通区位优势明显的县域作为重点开发区，着力打造上下游完整产业链的产业集群式园区；将空间容量有限、通行成本增加的中心城区划为优化开发区，争取在新型工业化和现代服务业方面形成集中连片发展。另外，还要对承担重要生态职能而在发展工业经济方面受到制约的县（市）或乡镇、村等，探索建立生态补偿机制，鼓励有条件的县市创建"全国生态县"等。

2. 建设特色产业园区建设，优势产业集群崛起

实践证明，产业园区已成为发展经济、吸引投资的关键平台，而园区内产业的集群式发展逐渐成为世界经济发展的新趋势。除经济较发展地区外，许多县域经济的园区建设往往存在产业结构雷同、经济功能相似、规

模普遍偏小等问题，同处于产业链上游的企业之间恶性竞争还相当残酷，致使产业无法实现集群式发展。针对此类问题，可从以下几方面入手，一是以生态文明理念搞好园区规划。园区规划需要重新定位，不能再走“先污染后治理”的老路，应将生态理念融入园区规划与建设中，从生产、流通、消费全过程探索园区生态转型之路。二是园区要成立由领导带队、企业参与、以专业招商人员为主的专业化服务团队。为吸引优质投资商，必须打造相关产业的专业化招商团队。例如，昆山开发区根据其主导产业分别成立了电子信息、精密机械等专业化招商队伍，对招商人员进行专业知识培训后“持证上岗”。这种专业化运作强有力地提升了其招商成功率和县域产业竞争力。三是创建产业技术创新战略联盟。未来有竞争力园区的发展趋势都要形成上下游紧密衔接的产业链，共同的利益诉求有利于搭建产业技术创新战略联盟，吸引相关企业共同投入解决技术、市场、资本、知识产权、品牌等共性问题，这种战略联盟不仅能提升产业创新能力，增强产业集群的联动效应，还能使园区获得持续发展的强大动力。

3. 培育企业家精神，增强产业发展活力

提升县域经济产业核心竞争力的核心和关键是企业家精神。因传统人文地理差异，相比经济先行地区，内陆地区多数企业主普遍存在着“小富即满”“小富即安”的心态，缺乏“敢攀登、争一流”的企业家精气神，敢冒风险永不言败的企业家精神还远未形成，亟须地方政府出台扶持政策，培育企业家精神。

一是为企业家成长“搭桥铺路”，鼓励企业家勇攀高峰。充分发挥地方政府组织协调能力，将企业家培训纳入各级政府培训计划，帮助企业家开阔视野、增强企业做大做强的信心。还可以对不同企业分类指导，帮助他们制定“跳一跳、够得着”的发展规划，形成重点企业集团一马当先、中小企业万马奔腾的竞相发展局面。二是大力宣传、表彰优秀企业家，营造企业家光荣的浓厚社会氛围。对投资大、提供就业岗位和纳税多的企业经营者在经济上给予奖励，在政治上给予应有的地位和荣誉，吸收有突出贡献的企业家进入机关事业单位发挥更大作用。三是激发民众创业激情，打造企业家梯队。成立“全民创业扶助基金”，真正激发民众的创业激情，以涌现出一批支撑县域经济竞相发展的支柱产业；制定实施“小巨人成长工程”，定期筛选具有发展潜力的中小企业重点扶持，培育一批、成长一批、成熟一批，并形成梯次发展。

4. 搭建多元融资平台，创新产业发展投融资机制

县域产业发展往往层次较低、实力较弱、规模较小，在谋求转型升级时多数遭遇融资瓶颈，因此，县域产业亟须政府出面牵线搭桥，帮助搭建多层次融资平台。一是设立县域产业发展专项资金。明确安排财政性资金用于促进县域产业发展，重点支持优势特色产业、战略性新兴产业、重点项目推进、引进高层次人才等。二是创建企业信用信息中心，拓宽社会资本投资渠道。从税务、海关、社保、银行、司法等多方面采集企业信用信息并向社会无偿提供，畅通资金供求渠道，不仅能解决企业融资“瓶颈”，还能拓宽社会投资渠道。三是充分发挥商会、行会、工商联等社会团体作用，成立企业之间的互助基金会，创建各种形式的企业家联谊会，相互交流信息，形成良好的信任机制等。四是借鉴北京等地的做法，成立再担保机构，放大资金使用额度，解决企业融资难题。当担保机构不能独立承担担保责任时，再担保机构将按合同约定比例承担相应责任，通过再担保公司，担保公司可将放大倍数从 3 ~ 5 倍提高到 8 ~ 10 倍。

当前，实现“两个一百年”和“中国梦”的奋斗目标成为凝聚中华民族伟大力量的坚强纽带，然而，“小康不小康，还要看老乡”，县域一头连着城市一头连着农村，必须扭住县域经济产业竞争力这一核心，才能为全面建成小康社会并最终实现中国梦奠定坚实的基础。

六、县域经济核心竞争力构建

（一）发挥政府职能

第一，优化政府行为，为县域经济的发展营造宽松环境，以便更好地应对市场竞争，获得更多竞争优势，为投融资打下坚实基础。第二，完善金融资本体系，深化金融体制改革，拓展经济发展中的融资渠道，及时解决发展资金不足的问题。政府要和企业加强沟通，提升服务能力，为企业贷款提供便利。第三，改善软件和硬件环境，通过招商引资，吸引更多优质企业和资本，逐渐形成产业集群；引进先进的管理经验，推动县域经济发展。第四，从科技创新领域入手，将创新作为经济发展的新动力，结合县域的资源要素，实现资源优化配置，提高资源利用效率。

（二）产业全面建设

一是农业产业化。基于市场经济下，对农业生产环节进行紧密结合，通过深层次加工，延长产业链和价值链，形成生产、供应、流通一体化模式，切实增加农民的收入。二是工业化。农业要想长远发展，必须实现农产品的工业化，将农业资源转变为经济资源，利用产业化推动工业化，促进县域经济快速发展。三是城镇化。加快农村城镇化建设步伐，通过产业聚集、人口聚集，发挥出县域经济的辐射效应。不断拓展农村地区的发展空间，采用多元化的发展思路，促使县域经济在发展过程中形成核心竞争力。

（三）提高产业竞争力

县域产业的竞争力，具有突出优势，例如成本更低、质量更好、综合效益更强等。在市场经济背景下，各个经济主体的竞争更加激烈，要提高产业竞争力，就要政府和企业准确预测市场方向，分析市场需求，走创新发展的道路。具体操作为，一方面要优化产业结构，要结合县域的各个资源要素，确定主导产业，而不是盲目跟风，避免和其他县域的产业趋同。另一方面，加快产业集群建设，完善上下游配套产业，形成技术密集型的产业群，既能降低生产成本，又能提高竞争力。

（四）注重人才培养

当前，我国已进入知识经济时代，经济发展离不开高素质的人才资源，构建县域经济的核心竞争力，应该注重人才培养。对此，首先应该发挥出政府的职能作用，实施科教兴县战略，对县域的教育结构进行调整，集中力量发展职业教育，提高人才的综合素质。另外，对于现有的技术人员，应该落实培训教育，不断学习新知识、掌握新技术，适应新形势下的经济发展需求。最后，优化县域经济环境，提高对优质人才的吸引力，配合完善的考核和激励机制，切实留住人才，发挥出人才的作用。

第二节 加快产业转型升级

一、关于什么是县域经济转型升级

吴金明（2011）从经济转型到经济转型发展，再到县域经济转型发展，层层递进地进行了概念界定。他认为县域经济发展一般要经历三个发展阶段，有两次关键的转型发展：一次是由资源依赖型经济增长转向资源依赖与技术依附型发展，另一次是由资源依赖与技术依附型增长转向创新型发展轨道。除此之外，研究者多是将国民经济转型升级概念内涵延伸到县域经济转型升级的研究上。李伟（2014）认为，狭义上的经济转型升级主要涉及经济结构的优化；广义上的经济转型还涉及经济体制的转轨，从广义上理解经济转型升级，更符合我国经济社会发展的现实需要。曹立（2014）认为，经济学范畴中的“转型升级”至少包括企业、产业、区域经济三个维度。转型升级的“企业版”是微观基础，主要是指企业传统生产经营方式的实质性突破，面对新的技术环境、市场环境确立新的生产方式与新的经营方式。“产业版”是中观体现，主要是指产业结构（包括行业结构）的战略性调整，基本形成顺应产业技术发展方向和符合更高级经济发展阶段要求的产业结构。“区域版”是宏观表现，主要是指区域经济发展方式的根本性转变，形成更具竞争优势或比较优势的区域经济结构和与之相适应的体制。刘志彪（2014）认为转型升级是两个词复合而成的概念，“转型”有两层意思：一是经济体制转型，即把资源配置由政府主导转变为由市场决定；二是经济发展方式转型，即把粗放发展方式转变为科学发展和集约化发展。“升级”主要是微观尤其是产业经济层面的内容，有四个层次的理解：一是产品升级，二是工艺升级，三是功能升级，四是链的升级。无论是“转型”还是“升级”，核心和关键是要正确处理好政府与市场的关系，让市场在资源配置中起决定性作用。

二、关于县域经济为什么要转型升级

学界主要从国内外环境变化和县域经济自身持续健康快速发展的角度进行了分析探讨。殷荣林（2009）认为实现经济又好又快发展、产业转型升级、企业做强做优做大，推动县域经济转型升级是根本途径。黄勇等（2013）认为，随着经济社会发展进入新阶段，县域经济的先天局限性逐步显现，主要表现在资源整合能力有限、行政分割造成资源浪费严重、公共资源共享性较差等方面，无论是提升企业竞争力、加快产业转型升级，还是优化空间布局、促进区域协调发展，都需要推动县域经济转型。薛维海（2013）认为，随着经济全球化和区域竞争的加剧，县域经济由于存在产业发展集聚不够、创新要素内生供给不足、产业链整合与培育能力有限、环境承载压力较大等局限性，已无法适应创新驱动战略下资源和生产要素优化配置的要求。

三、关于县域经济转型升级成什么样

县域经济转型升级应该以优化资源配置为出发点和落脚点，理论界对此并无分歧，但不同学者的视角和侧重点不同，从而提出了不同的转型升级的目标路径。大体上有三个基本视角：（1）转型升级的系统性视角。吴金明（2011）立足县域经济发展的基本特征，主张从发展动力、发展路径、发展区域与平台、重点任务和机制建设五个方面推进县域经济转型发展。发展动力，从政府投资及县域资源性产品供给推动转向民间投资及县域加工性产品供给与社会需求拉动上来；发展路径，从资源依赖、数量型与粗放式增长转向发挥资源禀赋优势与技术引进相结合的增长轨道上，推进经济的集聚、集约与质量效益型增长；发展区域与平台，从家家点火、户户冒烟式的“散、小、乱”布局向工业园区化、农业片区（或基地）化、城镇集中化转变；发展的重点任务，从完成区域资本原始积累和选定县域主导产业阶段迈向培植主导产业市场势力，打造县域自生能力和推进城乡统筹等；发展的机制建设，要从“唯 GDP 论”转向发展的质量与效益，转向绿色发展与循环发展。（2）转型升级的过程视角。战炤磊（2010）在县域经济发展模式的分类特征与适应性分析的基础上，提出两条县域经济发展模式创新演进的共性路径：一是基于横向视角的特色化发展道路；二是基于纵向视角的可持续发展道路。刘志彪（2014）认为，应以“提高生产率”为政策标准和主线推进经济转型升级，既包含吸引要素流入高端服务业，实现三次产业间资源配置的优化，也包括在制造业内部实现本地化升级、存量调整升级和现有产业的技术改造升级。（3）转型升级的目标形态视角。这是浙江县域经济转型升级研究的特色、亮点与显著成就。王祖强、应武波（2010）较早研究浙江经济空间结构的转型升级，提出从强县经济到都市圈经济转型的路径思路。与之相类似的是，袁涌波（2013）提出浙江经济空间布局要从县域经济转向都市圈经济。柳博隽（2011）提出通过经济空间集聚发展、现代产业高效发展、科技创新动力支撑、城乡资源统筹配置，推进县域向城市经济转变。黄勇（2013）则提出“县域经济”向“都市区经济”转型的意义与构想。

四、推进县域经济转型升级途径

殷荣林（2009）主张从四个方面长兴县域经济转型升级：一是协调好政府与企业的关系，形成产业升级的良性互动；二是强化产业政策导向，增强产业集聚效应；三是强化自主创新，不断提升产业层次；四是优化投资结构，促进发展方式转变和经济转型升级。吴金明（2011）认为要推进县域经济转型升级，须从推进行政体制改革、培育产业自生能力、推进新型城镇化、促进农民增收等方面下功夫。黄勇（2013）认为县域经济向都市区经济转型，要以都市区形态组织优化国土空间布局、进一步提升中心城市的集聚辐射能力、加快构建便捷交通网络、着力强化产业分工合作、合理配置公共服务资源，要通过试点先行、规划先导、改革先为来推进转型。薛维海（2013）认为要推进县域经济向城市经济转型，要从以下四个方面着力：一是以产城融合为导向，促进区域经济科学发展；二是以科技创新为动力，促进区域经济可持续发展；三是以新型城市经济为重点，促进区域经济转型发展；四是以人才培养和引进为支撑，促进区域经济跨越发展。赵红、贾夫军（2014）从科学规划产业布局、加快产业转型升级步伐、提高科技创新能力、提高可持续发展能力、推进城镇化建设、创新体制机制等六个方面，提出加快推进新泰市经济转型升级的对策建议。

（一）要与脱贫攻坚、乡村振兴有机结合

县域的一个重要特点是“农村包围城市”，农业和农村经济是县域经济的重要构成部分。无论是高质量发展还是乡村振兴，摆脱贫困是前提。摆在贫困县面前的首要任务是“摘帽”，因此县域经济高质量发展要与脱贫攻坚、乡村振兴同步思考、同步规划、同步部署。乡村振兴的目标是要实现产业兴旺、生态宜居、乡风文明、治理有效、生活富裕，这其实就是县域经济高质量发展的重要体现。无论是脱贫攻坚还是乡村振兴，产业发展是关键，产业发展应做到宜农则农、宜工则工、宜商则商、宜休闲旅游则休闲旅游、宜康养则康养，不能千篇一律，同时在基础设施、公共服务、社会保障和社会治理等方面实现城乡融合。

（二）实现外生助力和内生动力有机统一

政府投资、政策、出口等是县域经济发展的外生助力，民间投资、居民消费、技术、观念意识等则是县域经济发展的内生动力。我国县域经济发展很长一段时间是靠政府投资和政策推动，具有很强的外生性，造成了粗放式增长、资源浪费和环境破坏。在进入高质量发展的新时代后，县域经济发展需要外生助力，更需要私人投资、需求拉动的内生动力。就投资来看，目前四川省县域经济发展已经形成了依靠政府投资和民间投资共同驱动的局面。就消费而言，县域居民对消费的数量和质量要求都有了明显提升，形成了外生需求和内生需求共同拉动的局面。但是，目前制约四川省县域经济高质量发展的主要因素有资源碎片化分布和农村资源运作能力有限、县域内居民尤其是农村居民对高质量发展的内涵、重要性、紧迫性认识不足，因而要加强对农村居民的培训，改变他们的传统观念，促进外生机制的内生化，进一步增强县域经济高质量发展内生动力。

（三）注重高质量发展的协同性

县域经济是一个完整的系统，在推进县域经济高质量发展中要注重系统的协同，这种协同既包括系统内部的协同，也包括系统外部的协同。内部协同是指县域内部各机构在政策、措施之间要协同，避免出现“九龙治水”的现象。需要系统梳理县域内有关县域经济高质量发展的政策，与扶贫政策、乡村振兴政策、民族政策、城镇化政策等相关政策是否存在矛盾；是否实现经济建设、政治建设、文化建设、社会建设、生态文明建设之间的协同等。外部协同是上下级之间、县域与县域之间、县域与域外、国外之间的协同。县域经济发展要内外兼顾，既着眼于本区域内，还要放眼于区域外，实现资源共享、市场互通、优势互补、联动发展，化县域优势为区域优势，提高区域整体竞争力。同时要顺应开放发展的要求，紧密对接国家“一带一路”等开放战略部署，实现县域经济高质量发展的内外协同。

（四）以回乡经济推动县域民营经济

民营经济是县域经济的重要构成部分，在江浙一些地区，民营经济占比甚至超过90%。因此在县域经济高质量发展过程中应高度重视民营经济。例如，四川省作为劳动力输出大省，发展回乡经济则是发展民营经济的较好选择，即鼓励在外创业者（外出务工者）携带积累的资金、技术、经验等资源返乡创新创业。外地创新创业者回乡创新创业是县域经济高质量发展和乡村振兴的重要形式。地方政府尤其是县级政府要采取积极有效的措施，挖掘本地回乡经济的潜力，畅通回乡渠道，解决实际困难，引导支持回乡经济发展，在“铺天盖地”的回乡创新创业行为中形成县域经济高质量发展的新的增长点。进一步加大政策扶持力度，加快制度创新，为回乡创业者提供精准高效的政策咨询和服务。

（五）欠发达县域经济转型升级的现实选择

1. 欠发达县域经济的挑战与机遇

中高速、调结构、新动力、挑战多，是新常态的四大特征。就县域经济来说，新常态带来的新挑战，既有宏观层面的“共性”，又有各自的“个性”。从宏观层面来看，2013 年下半年以来，国家先后出台或修订了预算法、地方政府性债务管理、清理规范税收优惠政策等一系列“重磅炸弹”。这些都是新常态下的“硬约束”，不但深刻揭示了经济社会的变化，同时也引领着发展方式的转型。在这一背景下，地方政府组织经济工作的“规定动作”多了，“自选动作”少了。这一系列的挑战，倒逼着县域经济转型升级。例如，对于如沭阳这样的欠发达县份来说，经济总量小，产业基础薄弱，如何去适应新常态，推动县域经济的转型升级，面对的挑战和压力又有其特殊性。一是面临发展阶段相对滞后和发展模式亟待转型的双重压力。与发达地区相比，欠发达地区工业化、城市化水平明显滞后，但同样承受着发展成本上升、市场约束加剧、准入门槛提高等诸多压力，面临着发展阶段的相对滞后性和发展门槛的同一性的历史矛盾，经济转型升级的压力和挑战更大。二是面临内生动力不强和创新动力不足的双重压力。苏北地区经济基础相对薄弱，沭阳县 2014 年规模以上工业增加值增长 31.9%，但仅占全省总量的 0.8%；研发经费支出占 GDP 比重仅为 1.32%，低于全省平均水平 1.18%。三是面临经济发展要素不足和政府可调控资源缺乏的双重压力。相对苏南等发达地区，苏北县份对要素资源的依赖性更大。但在新常态背景下，政府用于推动经济发展的行政资源、创新资源、要素资源将更加有限，对经济转型升级形成了严重制约。

“三期”叠加，矛盾交织。在带来多种挑战的同时，也有“加速和希望”。首先，新常态不是意味着减速，更不是失速，而是提质增效、倒逼升级，是调速不减势、量增质更优，宏观经济稳健发展的基本面不会变。其次，国家先后出台了扩大出口退税、新能源试点、下调存款准备金率等一系列微刺激政策，给地方经济发展带来了重大机遇。同时，随着新一轮的城镇化热潮，国家在基础设施、民生改善等领域的投入力度更大，也为县域经济的转型升级增添了新的增长点。像沭阳这样的苏北县份，2014 年全县工业增值税、开票收入总量分别位居苏北县市第 2 位、第 3 位；作为该县第一个百亿级产业集群的木材加工业，工业增值税和工业开票收入双双跃居全省县市首位；最大的农业特色产业——花木种植业面积已扩展到 47 万亩、年产值 45 亿元。无论是工业经济，还是特色产业发展都到了转型升级的重要关口，唯有抢占先机、乘势而为，才能牢牢抓住经济转型升级的主动权。

2. 推动欠发达县域经济转型升级的路径选择

新常态下推动县域经济转型升级的路径，核心是产业升级，主体是企业，创新是根本动力。

推动县域经济转型升级，本质上是推动产业的转型升级。经济增长的过程，本质上是产业结构持续优化升级的过程。推动县域经济结构战略调整，加快推进产业优化升级必须继续坚持“调强二产、调优三产、调精一产”的工作思路。其中，工业经济的转型升级是首要和核心任务。对沭阳等苏北县份而言，目前处在工业化中期的初始阶段，而全国 2010 年就已进入工业化后期，江苏则已进入工业化后期的后半阶段。相对经济发达地区，苏北地区弱就弱在产业上、差就差在工业上。因此，推进产业转型升级的首要和核心任务，就是瞄准“软肋”、补齐“短板”，坚持量质齐抓、推进产业集群、全力加快新型工业化进程。基于以上考虑，2015 年以来，沭阳县立足基本县情，围绕构建纺织服装、装备制造和电子信息“2+1”新型产业体系，多措并举，着力打造工业经济的“升级版”。特别是坚持以开发区为主阵地，加快装备制造等七大产业园区的配套设施建设，推动产业集群发展；加快全民招商向产业招商、专业招商和园区招商转变，突出招大引强选优，用既优又新的增量促进产业结构的优化；加大考核引导力度，对乡镇部门引进的“2+1”产业项目，提高考核权重，以实际固定资产投入的1.5倍计算实绩，引导主导产业向开发区集聚。通过上述一系列举措，力求“2+1”主导产业固定资产投资增长25%以上，开票销售收入增长30%以上。

发展现代服务业是培育新增长点的必然要求。编者以宿迁市为例，2014年，服务业增加值占地区生产总值比重为38.6%，在苏北五市最低，比全省低8.1%，服务业包括现代服务业的发展空间亟待提升、规模亟待扩容。同时，随着经济运行进入新常态，对土地、资金、环保等要素资源的约束越来越严，也在倒逼现代服务业的发展，催生服务业新的增长点。2014年，沭阳县软件信息和电子商务类企业纳税1 837.69万元，增长129.8%；网店1.5万个，网络销售总额超过15亿元；货物运输量达4 692万吨，占宿迁全市的56%；新增私家小轿车9 939辆，占全市增量的近三分之一。2015年，沭阳在加快现代服务业发展方面采取了一系列举措，比如对现代物流业，按照车辆行驶里程，给予一定比例扶持；同时启动金属石化、百盟板材、农产品物流等总面积超百万平方米的市场建设，推动现代物流产业成规模、上档次；加强规划引领，加大汽车4S店培育力度，着力打造小轿车消费特色街区等。做优做强农业特色产业是稳本固基的现实之举。农业是以“特”取胜的产业。大力发展农业特色产业，走差别竞争、特色取胜的路子，不仅是产业转型升级的迫切需要，也直接影响到农民增收、农业增效、农村繁荣稳定的大局。就沭阳而言，花卉苗木是其最大的特色产业，沭阳县也是全国最大的花木种植基地。但总体而言，产业发展层次还比较低，市场竞争力不强、品牌化水平不高的问题还比较突出。

推动县域经济转型升级，要充分发挥企业的主体作用。企业是经济的基本细胞，新产品研发、新技术推广、新市场开拓，都要靠企业来实施，只有推动企业群体的转型升级，才能实现经济发展的转型升级。县域经济是以县城为中心、乡镇为纽带、农村为腹地的相对狭小的地域经济，因而以上特质更为明显。龙头企业对产业转型升级的拉动和引领作用更为关键，往往是几个企业，就能再造一个地方特色产业。比如沭阳的木材加工业，可谓“一棵树”产业，起步于20世纪90年代，在2013年以后呈现出强劲的发展势头，成长为全县第一个百亿级产业集群、全国传统四大板块基地之外的“第五极”，这里最大的动力源就是新概念木业、大江木业、深特工艺品等骨干企业的拉动引领。相对于工业经济而言，农业特色产业的提档升级，更需要龙头企业作为动力引擎。比如江苏苏北花卉股份有限公司，是国家级重点农业产业化龙头企业，也是全省首家上市园林企业。该企业不仅带动花卉基地5万余亩、种植大户1.2万户、每年消化周边富余农村劳动力2 000多人，更重要的是在植物研究、绿化设计、品种推广、繁殖技术研究等领域起到了领军作用，是引领产业转型升级的中坚力量。为进一步推动企业的转型升级，2015年以来，沭阳围绕贯彻落实市委、市政府“511”工程，大力推动大红鹰恒顺药业等企业挂大靠强和兼并重组，奕农生物等企业股改上市，瑞声科技等企业加大技改投入。全县共排出七大类37个、年度计划投资108.83亿元的重点企业，县财政在设备投入、创新转型、兼并重组、股改上市、规模发展等方面予以政策扶持，着力推动这些企业做大做强，目的就是要打造引领工业经济转型升级的“火车头”。

推动县域经济转型升级，必须继续大力实施创新驱动战略。新动力是新常态的四大特征之一，就是推动要素驱动、投资驱动向创新驱动转变。创新驱动的核心是科技创新，就是要推动科技同经济对接、创新成果同产业对接、创新项目同现实生产力对接，形成有利于出创新成果、有利于创新成果产业化并推进产业转型升级的新机制。从沭阳数年的实践经验看，主要有四个方面：一是扶持政策创新。充分发挥财政资金的杠杆和导向作用，加快推进产业转型发展、创新发展。2015年，沭阳设立1亿元主导产业发展专项资金、5亿元主导产业风险投资引导资金，用于促进主导产业高级人才引进、研发机构培育、产学研合作、科技创新、技术改造和品牌创建等方面的项目补助。二是平台建设创新。研发平台建设，是增强企业创新能力、推动科技成果转化、促进经济转型升级的重要载体。2015年，沭阳在继续发挥国家级科技创业服务中心、省装备制造科技产业园作用的同时，与省内外高校共建纺织服装、木材加工、汽车零部件和花卉苗木等产业转移分中心4个，新建省级企业研发机构12家以上，实现销售5 000万元以上工业企业和规模以上高新技术企业研发机构全覆盖。三是推进企业自主创新。鼓励企业与高校“联姻”，加快产学研合作项目实施和科技成果转化；在鼓励企业引进有利于提升核心竞争力的发明专利技术的同时，加大新产品开发力度，积极申报发明专利和实用新型专利，逐步建立以企业为主体的科技创新体系。2015年，沭阳全县研发经费投入占GDP比重将提高0.3%以上。四是南北挂钩合作模式创新。加强与昆山的对接，深化昆沭合作，在推进产业转型升级的协调机制、合作重点、工作举措、相关政策、资金帮扶等方面细化工作要点，重点推进昆山纺织服装、装备制造、电子信息等六大类产业向沭阳转移。

（六）科技创新引领县域经济转型升级

县域处于经济社会发展的一线，在党和国家工作全局中具有重要的地位和作用。提升县域科技创新能力，对实施创新驱动发展战略和乡村振兴战略，加快建设科技强国、构建新发展格局具有重要作用。以江苏省海安市为例，近年来，江苏省海安市积极贯彻新发展理念，大力实施创新驱动发展战略和乡村振兴战略，在体制机制优化、科技产业融合、创新主体培育、重大载体建设、校企协同创新等方面取得了重大突破，形成了“政府引导创新、企业主动创新、高校院所联动创新、全社会支持创新”的浓厚氛围，实现了从“小科技”向“大科技”的转变。海安市成为全省科技创新体制综合改革两个县级试点城市之一、首批国家创新型县（市）建设52个地区之一，连续三年被江苏省政府表彰为落实“科技创新40条”“科技改革30条”成效明显地区，在全国县域经济综合竞争力百强榜、最具投资潜力中小城市百强榜、工业百强县（市）排名中分别列第24位、第7位、第17位。

1. 海安市推动县域经济转型升级的实践创新

第一，摆上核心位置，全面优化工作推进机制。坚持“一把手”抓“第一动力”，市委、市政府主要负责同志分别担任国家创新型县（市）建设领导小组、省科技创新体制综合改革试点领导小组组长。创造性开展“机关部门服务企业科技行”活动，50多个市级机关部门挂钩服务规模以上制造业企业、农业龙头企业、重点建筑业企业，推动企业从被动创新向主动创新转变。

第二，坚持问题导向，推动体制机制创新。将开发区和高新区的科创园由股级事业单位升格为正科级行政单位，落实市科技局和重点园区“交叉兼职”机制。10个产业集群培育部门设立产业科技创新办公室，增核中层职数1个，初步形成“1个部门分管负责人、1个职能科室对接N个产业商会”的“1+1+N”组织机制。

第三，聚焦产业创新，促进新旧动能转换。围绕装备制造、电子信息、机器人及智能制造等产业集群，建立市领导挂帅、10个经济部门具体推进的培育工作机制。实施三年培育壮大计划，梳理“卡脖子”技术清单，打造研发能力较强的高校院所及专家团队，加强关键核心技术联合攻关，实施重大科技成果转化，全力推动产业迈向中高端。全市先后建成锻压机械、电梯设备、建材机械、磁性材料四个国家火炬特色产业基地。

第四，突出创新主体，提升企业创新能力。精选一批创新基础好的行业“单打冠军”后备企业，市领导挂钩、部门推进现场办公解决问题，先后有5家企业获评国家制造业“单项冠军”示范企业、1家企业获评国家技术创新示范企业。“十三五”时期，全市高新技术企业数量年均增长26.5%。近五年，全市累计实施产学研合作项目近1500项、国际合作项目52项，支付经费超10亿元，年净增工业应税销售60%以上来自产学研合作项目。

第五，强化载体建设，夯实创新发展基础。海安市高新区积极开展管理体制机制改革，全力推进创新核心区建设，加强“一区一战略产业”培育，并于2018年正式升格为省级高新区。出台政策支持新型产业研发机构建设，加强“高精尖”新设备引进，先后建成海安南京大学高新技术研究院、海安上海交通大学智能装备研究院、北京大学上海微电子研究院海安集成电路技术创新中心等9家新型产业研发机构，其中4家晋升为国家级研发平台，3家成为省级企业重点实验室，3家建有省级院士工作站。

2. 当前县域科技创新面临的主要问题

实施创新驱动发展战略，建设科技强国，基础在县域，活力在县域，难点也在县域。从海安实际来看，当前县域科技创新主要面临以下几个方面的问题。

第一，科技产业融合滞后。经济发展表现为传统产业占主导，缺乏高水平研发机构和科研人才，企业自身创新实力较弱，发展高新技术产业能力不足。只有主动向大院大所的科研资源和高水平创新人才“借力”“借智”，才能不断提升县域创新能力。以科技创新促进转型升级，以转型升级推动高质量发展，切实提高经济增长的质量和效益，是破解县域发展面临的深层次矛盾、实现创新发展的关键。

第二，科技金融模式亟待创新。从全国情况看，风险投资市场总体不发达且主要聚集在一线城市，无法满足县域科技创新对资金、资本的需求。由于缺乏有形资产、信息不对称等问题，传统金融模式难以量化评估“种子期”“初创期”科技型企业的价值和风险。因为融资渠道较少，一些中小企业特别是双创型中小企业资金获得感还不强。

第三，高端科技人才储备不足。当前县域虽然普遍实施招才引智工程，争相抢占未来产业技术制高点，但仍然存在不少制约人才作用发挥的因素。县级城市高校院所缺乏、高端科技资源相对不足制约了人才引进，海归人才与国内文化环境还有待融合，外籍人士生活所需的教育、医疗等资源配套还不够完善，企业在人才引进中的主体作用还未得到充分发挥，与国际接轨的薪酬机制尚未真正建立，不利于发挥高层次人才对科技创新和产业转型升级的积极作用。

3. 加快科技创新，引领县域经济转型升级

（1）聚焦体制创新

一是深化科技管理体制改革。强化顶层设计，完善科技创新领导体制，设立县级科技创新委员会。推动县域政府科技管理职能转变，从分钱、分物、分项目向定战略、定方针、定政策和创造环境、搞好服务转变。加强县域科技管理服务队伍建设，增加科技部门内设机构和人员编制，完善乡镇科技工作人员配备。二是创新财政科技投入机制。建立由市场决定的财政资金分配机制，采取“揭榜挂帅”等形式组织实施县级科技项目。建立健全“竞争性分配与普惠性支持、直接资助与间接资助、事前资助与事后补助相结合”的多元化财政资金分配机制。三是打造有利于科技创新的社会环境。不断完善县域营商环境评价体系，打造市场化、法治化、国际化营商环境。完善诚信体系建设长效机制，加强市场监管改革创新，推动“放管服”改革，进一步健全以“双随机一公开”监管为基本手段、以重点监管为补充、以信用监管为基础的新型监管机制，强化事中事后监管。

（2）坚持产业方向

一是在“特”上做文章。立足自身优势和发展潜力，围绕“一区一战略产业、一县一主导产业、一镇一园一特色产业”的要求找准方向和目标，下功夫做强做特，推动主导特色产业绿色化、品牌化、集群化发展，打造

区域性标志和行业性标杆。二是在“高”上下功夫。把发展高新技术产业和战略性新兴产业作为引领县域经济发展的强大动能，瞄准“卡脖子”技术、产业关键核心技术，加大高端科技成果转化和产业化项目引进力度，培育战略性新兴产业集群，加快向产业链中高端攀升。三是在“新”上求突破。向传统产业注入创新元素和科技含量，推动传统产业的智能化转型和绿色化改造，全面提升设计、制造、工艺和管理水平，让“老树发新枝、开新花、结新果”，使其焕发新的生命力。围绕农业供给侧结构性改革，在生物育种、农机装备、智能农业等领域加快新技术、新成果的转化、应用和推广，提高农业科技支撑水平，推动第一、二、三产业融合发展和农民增收致富。

（3）强化企业主体

一是打造行业“单打冠军”。支持龙头企业牵头组建创新联合体，加大垂直整合和横向拓展力度，优化各类资源配置，助推发展主业并延伸产业链，打造一批研发实力与创新成果国际一流、产业规模与竞争能力位居前列的行业“单打冠军”。二是培育高新技术企业。强化高新技术企业源头培育，加快形成高新技术企业发展新格局，有效带动县域企业转型发展、创新发展。坚持把高新技术企业认定标准作为县域招商引资的重要指南，进一步加强服务，提供政策激励，加快孵化一批高层次人才创业项目，引进一批高新技术企业落户。三是强化知识产权战略。发挥知识产权政策体系的引领作用，不断提升知识产权创造质量，促进高价值专利培育和专利成果运用转化。强化县域知识产权执法队伍建设，提升知识产权保护水平，探索知识产权助推创新经济、品牌经济和特色产业高质量发展的新途径。

（4）深化科技合作

一是深化产学研合作。重点对接科研院所、“双一流”高校，全面提升合作成效和合作层次，不断提高科技项目产出占当年新增工业应税销售的比重。二是建立科技成果产业化基地。积极构建技术资本化、成果产业化战略合作模式，引导企业加快收益分配方式及股权制度改革，支持高校院所在企业建立一批成果产业化基地和人才培养基地。三是加强国际科技合作。对接“一带一路”倡议等战略部署，定期组织企业参加国际科技合作交流活动，加快引进、消化、吸收、转化国外先进技术和科技成果。支持企业与国外院校、知名企业共建科技研发机构，支持龙头企业在境外设立科技研发分支机构。

（5）注重科技服务

一是培育科技服务机构。强化科技公共服务平台功能，推动其常态化开展研发设计、创业孵化、技术转移等服务，持续提高服务性收入，形成“小平台大服务”效应，以科创园为主体打造科技服务业集聚区。二是培育技术交易市场。推动企业需求征集、科技成果发布展示、校企对接洽谈、科技金融服务，全面实现线上线下互动对接，促进科技成果交易服务常态化。三是促进科技金融结合。建立覆盖科技创新全过程的金融服务体系，降低企业创新风险和成本。发挥产业发展引导基金作用，大力引进创业投资机构和专业化管理团队，鼓励社会资本设立天使投资基金，形成以财政资金为引导、以社会资本为主体的创业投入体系。推动科技金融建设，建立与科技创新相适应的业务流程和管理制度。加快发展科技保险，建立健全首台（套）重大技术装备保险机制，支持企业研发和推广应用重大创新产品。

（6）构筑人才高地

一是加大力度引进高层次创新创业人才。根据重点产业和优先发展领域的需要，进一步加强高层次创新创业人才、科技创新团队引进力度，吸引更多高端人才到县域创业、更多先进技术和创新成果到县域转化。二是加大力度培养青年科技英才。青年是人的一生中思想最活跃、最富朝气、最具创造性的时期，要多给支持、多创机会、多搭平台，让大批优秀青年人才不断涌现出来。三是加大科技镇长团选派力度。科技镇长团是活跃在基层的重要生力军，在服务县域创新中发挥着不可或缺的重要作用。要进一步加大工作力度，扩大科技镇长团的规模和覆盖面，并不断巩固提升其工作成效。

（七）数字经济推动县域经济转型发展

党的十九大报告明确提出加快推动互联网、大数据、人工智能等和实体经济深度融合，组织多个领域培育新增长点、形成发展新动能，为我国县域经济发展带来新的发展空间和机遇，传统县域经济被注入新的发展动能和活力。县域是连接城乡市场、承接城市产业的重要载体，对中国社会经济发展和社会稳定具有十分重要的作用和意义。因此，要借助数字经济赋能县域经济发展，并不断加快推进数字经济和县域经济的全面深度融合，实现县域经济高质量发展，解决人民日益增长的美好生活需要与不平衡不充分的发展之间的矛盾。

数字经济发展路径建议如下。

1. 确立数据要素引领地位，释放经济发展新动能

2020 年 4 月，中共中央、国务院出台了《关于构建更加完善的要素市场化配置体制机制的意见》，明确提出要凸显数字要素在社会经济发展中的重要作用。县域应将数字经济作为发展新引擎，确立其在县域经济高质量发展中的引领地位和作用。依托数字经济充分发挥县域特色，不断加快提升传统产业的数字化转型升级，与数字经济深度融合发展，实现其创新应用，全面释放发展新动能。

2. 加强数字经济人才培育，搭建人才服务体系

数字经济发展需要依托高质量的数字经济人才，数字经济人才短缺目前是县域经济高质量发展的瓶颈。因此，应加强数字经济人才的引进，积极推进“以数字经济项目带人才”等多种形式带动数字经济人才集聚。鼓励高校大学生返乡工作，推进大数据、物联网、人工智能、互联网等专业人才返回县域创业。探索校企联合办学模式，培养出数字经济领域兼具理论和技术的实践型人才，从而更好地为县域经济高质量发展储备优秀的专业技术人才。强化数字经济人才保障，建立适合县域经济高质量发展的数

字经济人才的引进和激励机制，不断推进数字经济人才深度融合产业经济发展，不断优化县域数字经济产业发展，为县域经济高质量发展提供全面的支持和保障。

3. 加强信息基础设施建设，夯实数字经济发展基础

数字经济时代为各个产业领域高质量发展带来新的契机，对信息基础设施建设也提出了新的挑战，因此县域加强信息基础设施建设是推动数字经济发展的必然选择。县域发展应紧紧抓住国家政策导向，不断加快推进5G、人工智能、数字经济等基础设施建设，为县域数字经济高质量发展和产业数字化转型奠定良好的发展基础。除了推动信息基础设施建设外，还应加强公路、铁路、市政等多项民生基础设施的改造升级，通过信息技术赋能传统基础设施进一步激发其建设新动能，提高数字经济产业化发展水平。

4. 优化数字经济产业发展资源配置，推动集约化发展

推动县域数字经济产业高质量发展，应充分发挥数字经济产业创新创业主力军作用，深化数字经济产业之间的协同合作发展。鼓励县域从网红经济、直播经济等低门槛的数字经济行业入手，加快推进产业数字化转型。综合考核县域经济发展的优势和特点，因地制宜充分凸显县域数字经济产业发展特色，完善数字经济发展和布局，实现资源有效配置，进而扩大数字经济产业规模，促进县域经济高质量发展。

5. 强化数字经济建设，增强经济发展新动能

一是加强数字经济顶层设计与建设，不断构建县域数字经济高质量发展新生态。县域数字经济高质量发展应充分尊重县域发展规律和发展特色，充分了解和把握县域经济发展基础、县域要素禀赋、县域发展特色、县域发展使命、县域发展目标、县域经济发展趋势等多项因素，提前谋划、长远布局，依托数字经济寻找县域经济高质量发展的新动能和发展机制。二是综合考量县域经济产业发展要素，构建县域数字发展生态体系。让数字经济助力第一、二、三产业链快速发展，有效推动全要素、全产业链有效、

持久、稳定的高质量发展，建设跨领域的共建共享数字经济发展模式，形成县域经济高质量发展的新型生态系统。县域经济实现高质量发展应逐步将数字经济拓展到社会、经济、文化、政治等各个方面，构建县域数字治理服务新体系，提升居民的幸福体验感，打造富有县域特色的充满活力、和谐有序的数字县域生活。

6. 推动传统产业数字化转型升级，促进产业结构优化升级

随着新一代信息技术的快速发展，数字经济时代已然来临，数字经济成为驱动社会经济发展的重要推动力，为经济发展模式和发展方式带来较大的冲击，社会经济发展数字化转型已经是大势所趋。通过数字经济，深入发掘县域经济资源禀赋，选取最具有地方特色的产业推进数字化转型，探索建立行业数字经济平台，促进产业集群发展，实现资源共享、高效协同发展、产业转型升级。实施数字化经济平台，以行业、产业搭建数字经济发展平台，不断推进数字经济与传统产业的深度融合发展，全面推进产业数字化转型发展，助力县域经济高质量发展。

7. 营造数字经济发展环境，为数字经济健康发展保驾护航

县域应为数字经济发展营造有利的发展环境，全面推动数字经济发展。首先，应明确国家制定和出台的有关数字经济的相关政策法规，加快推进数字经济与传统产业的深度融合发展，为县域企业发展创造新的发展动能，不断为企业创造价值。其次，通过政策、资金、办公空间等多种形式不断加强与科研院所等合作，搭建数字经济发展体系，为县域数字经济发展提供更多的智力支持。最后，建立健全数字经济产业的信息保护和监督体制机制，充分发挥政府的监督作用，加强数字经济参与方之间的沟通交流，确保数字经济在县域内健康有效发展。

8. 搭建数字经济金融服务体系，赋能数字经济高质量发展

数字经济的发展离不开资金的支持和配套，要想实现县域经济依托数字经济高质量发展，应充分发挥政府的资金引导作用，构建完善、科学、

系统的金融服务体系。为促进数字经济在县域经济发展中进一步发挥应有的价值和作用，应加强财政资金和金融手段的协调配合，不断创新资金使用方式，探索建立数字紧急资金池，支持数字经济和传统产业的深度融合发展。积极构建以数字经济基金、产业引导基金等为主的金融服务体系，开辟传统产业数字化转型等特色金融服务产品体系，不断引导政府资金、企业资金、民间资金等多方投入的金融体系，推动数字经济发展活力。鼓励各大银行为数字经济发展、传统产业数字化转型设置特色的金融贷款服务，为数字经济发展提供资金支持。

随着全球数字化信息技术的快速发展，数字经济日益成为经济高质量发展的新引擎，在国民社会经济发展中扮演越来越重要的角色。县级政府应充分认识到数字经济在县域经济高质量发展中的重要性，主动迎合数字经济时代发展要求，有效探索数字经济发展路径。这样才能实现县域经济产业转型升级和数字化发展，进而全面推动县域经济高质量发展，为新时期的中国经济发展作出应有的贡献。

五、新结构经济学视角下县域经济转型

（一）新结构经济学视角下县域经济转型的必要性

1. 推动县域经济发展模式变革

县域经济发展期间进行转型升级能够推动一个县域的健康发展和经济建设，联系县域经济发展实际，实现现代化发展理念的有效融入，保证经济的持续稳定增长，能够使其快速适应当前的发展形势。而经济转型对县域经济保增长有着促进作用，可以改变以往的经济发展模式，提高整体的经济发展建设水平。目前，国内外经济在发展期间面临着较多问题，在进行经济建设的实际过程中要重视经济转型升级与保增长的有效融合，结合该地区的实际情况对经济结构进行优化和调整，转变发展方式，明确主要的发展建设目标，以免出现重复建设或者低水平建设的情况，使资源得到充分利用，确保能够更好地满足县域产业的发展建设要求，推动经济的健

康发展。

2. 转变县域经济发展方式

从当前县域经济的发展情况来看，发展脚步在不断加快，但是也会因受到一定限制而出现经济增长受阻的情况，无法促进发展目标的达成。导致这种现象的主要原因是宏观环境在不断变化，产业结构受其影响较为明显。以大多数县级产业结构为例，主要以劳动密集型和资源型经济为主，要想实现经济上发展方式的改革创新必须注重经济产业的转型升级，要改变以往的经济发展方式，向技术型的方向转变，这样才能推动县域经济的稳定持续发展，使得发展水平得到大幅度提升。县域经济转型升级转变了以往的经济发展形式，在实际工作过程中需要立足于县域发展实际，借鉴其他地区或者国外优秀的转型升级经验，对自身经济建设进行改进和创新，从产业结构完善、自主创新和节能发展等方面出发，切实解决县域经济发展中存在的问题，建立新型经济发展道路。

3. 促进企业强大发展

市场经济发展环境在不断变化的过程中，县域企业在发展期间也面临着较大挑战，面对较为严峻的发展形势，一定要正确认识到经济发展建设的重要性，将其作为县域发展的主要内容。各企业在此期间要重视转型升级才能提高自身竞争力，在当前的经济环境中得到长期发展。县域经济转型升级能够促进县域经济环境与国内外经济发展环境相协调，能够更好地应对环境变化带来的一系列挑战。因此，要能够抓住发展机遇，了解当前的发展趋势，把握发展机会，不断进行改进与完善，探索企业发展新路径，这对企业的强大发展有着促进作用。

（二）新结构经济学视角下县域经济转型升级的相关对策

1. 协调好政府与企业之间的关系

企业发展在县域经济建设中发挥着重要作用，但是要想实现经济转型升级，不能只靠企业的力量，还需要发挥地方政府在其中的关键作用。政府部门要能够正确认识到企业在经济发展中的主体地位，通过构建良好的市场环境来促进各企业的发展创新，使企业可以在健康的环境下运作，从而实现稳定发展，协调政府与企业之间的关系有利于推动县域产业结构的转型升级。有关部门要加大这方面的投入力度，为企业发展提供技术创新平台，确保能够充分发挥地方政府的职能作用。

2. 优化产业政策，对产业进行正确指导

县域经济转型发展的过程中，要结合产业的实际需要推出相应的政策内容，主要起到鼓励和引导作用，能够明确各类产业项目的发展方向和目标，了解重点培养的产业项目，改善传统产业发展中的不足，通过优化产业政策的方式来解决转型发展期间的一系列问题。在这一过程中要了解环境的发展变化情况和趋势，重视优秀项目的引进，要转变传统的工作思路和思想观念，结合县域发展实际需要提高招商水平。对于重大项目要采用专人负责和引进的方式，确保项目内容能够得到充分落实。还需要提升产业集群效应，建立完善的县域产业链，通过不断延伸来提高县域经济的发展建设水平，增强产业凝聚力。

3. 进行传统支柱产业的改造升级，提高产业层次

首先，要了解当前的结构经济发展情况对传统县域支柱型产业进行改造升级，使其能够快速适应当前社会的发展形式并重新发挥支柱产业作用。对于一些工业化企业，可以将节能环保理念融入生产作业环节，重视新技术和新材料的引进和应用，促进产业的升级发展，能够结合县域经济的发展特点构建符合该区域建设形势且具有代表性的新兴产业。传统产业还要在以往技术结构的基础上进行优化和创新，重视对关键技术的研究与应用，实现现代化、信息化技术的充分融入，为传统产业的创新发展提供基础支撑。其次，企业在发展期间还可以开展试点工作，在此期间实现自主创新，重视科技攻关，有利于县域企业整体创新发展。

六、关于县域经济转型升级的未来展望

近年来,国内学术界对县域经济转型升级的研究,主要集中在概念内涵、背景意义、目标路径和对策举措等四个方面,对丰富县域经济理论和推动地方经济科学发展作出了贡献。但县域经济转型升级的研究仍然需要进一步深入。首先,县域经济转型升级研究需要与时俱进,应当反映经济发展新阶段的特征和要求,在经济新常态和供给侧结构性改革理论的地方化方面作出贡献。其次,县域经济转型升级研究需要对实践中出现的新现象新趋势作出阐释和回应。比如,当前县域经济中出现的产业融合现象,再比如浙江省正着力打造的融合产业、文化、旅游和社区等多重功能的特色小镇。最后,县域经济转型升级研究需要理论创新。县域经济转型升级不仅仅是经济问题,还涉及社会、文化和生态等多个领域的问题,需要在多学科的交叉和融合上作出探索。此外,在方法论上,需要更多地采用现代经济学研究方法,同时也需要更深入地开展调查研究。

经济大环境在不断变化的过程中,区域经济要想得到良好发展,一定要结合当地经济发展情况,制定完善的经济发展建设措施,从而促进区域经济的转型升级。注重县域经济转型升级是经济发展的必经之路,能够改善以往运行发展时存在的问题,要正确认识到新结构经济学视角下县域经济转型升级的必要性,通过制定针对性策略让转型升级成为可能。

七、全面把握经济政策与县域经济发展的关系

政策制定与县域经济发展有着十分密切的关系。精准、科学的政策可以发挥“乘法效应”,推动县域经济大变革、大发展;而失误、错误的政策则具有“杀伤力”,给县域经济发展带来损失甚至严重破坏。

(一)政策目标决定县域经济发展方向

所谓政策目标,就是制定政策时所提出的经济发展所应达到的目的和指标要求。它具有鲜明的指向性,一旦设定了预期目标,就说明一个时期内经济朝着一个什么样的方向、以什么样的速度往前发展。纵观一些地方

经济发展中存在的许多问题，大多是不科学的政策目标所致。有的过于追求“数字政绩”，片面追求GDP增长，公共预算收入动辄“翻几番、过几亿”；有的“新瓶装旧酒”，仍热衷提大口号、上大项目，搞大招商。这种不切实际的目标违背了经济发展规律，忽视速度和效益的统一，忽视经济效益、社会效益、生态效益的统一，因而与新常态背道而驰。

（二）政策手段决定县域经济发展质量

政策手段作为推进县域经济发展的具体措施，往往体现出政府发展引导什么、鼓励什么、限制什么，对转变经济发展方式、推动产业结构转型升级具有决定性作用。比如，制定税收优惠、资金扶持等鼓励性政策，大力发展低耗能、低污染、低排放的企业，就能促进绿色发展、循环发展、低碳发展。相反，如果为了短期利益，通过优惠政策不惜引进、发展高耗能、高污染的产业，那么，一个时期内经济指标虽然上去了，但经济质量却毫无疑问地会垮下来。

（三）政策评价决定县域经济发展实效

政策评价是在政策实施过程中为了解政策实施效果，利用相关技术手段，对政策的实施过程、实施效果、未来走向作出判断，以便顺利达到政策预期目的而进行的评价。政策评价过程是政策制定者进一步总结经验、发现问题的过程，也是他们不断对政策进行校正完善的过程。如果政策评价准确，那么，一方面可以为审视、调整、修正政策和制定新政策提供科学依据；另一方面则可以有效防止政策在执行过程中产生偏差、偏离轨道，从而保障县域经济长效发展。

第五章 美丽乡村建设中农村发展与治理

第一节 乡村治理的现状与存在的问题

一、乡村治理的成功经验与特点

新中国成立以来，中国共产党人始终致力于乡村的建设和发展，在经过了一系列如土地改革、人民公社制度、家庭联产承包责任制、乡政村治、新农村建设等政策的改革创新后，我国广大农村地区得到了翻天覆地的变化，为实现乡村振兴战略奠定了良好的基础。总结新时代以来我国乡村治理所取得的成功经验和特点，不仅对我国乡村治理问题的研究具有较大的参考价值，而且有益于乡村振兴战略的实施和国家治理能力的提升。

（一）乡村治理的成功经验

“党政军民学，东西南北中，党是领导一切的，是最高的政治领导力量，各个领域、各个方面都必须坚定自觉坚持党的领导”。我国乡村基层治理的最大成功经验总结为以下三方面：一是始终不渝地坚持党对农村工作的领导；二是充分发挥人民主体作用；三是不断改革创新治理方式。

首先，坚持党对农村工作的领导。实践证明“中国共产党的领导是中国特色社会主义最本质的特征，是中国特色社会主义制度的最大优势”。中国共产党是乡村基层治理的坚强后盾，70 多年有关乡村基层的探索和治理实践历程，说明了一个道理，乡村基层治理必须紧紧围绕党和国家的方针路线，突出党对基层治理绝对领导的核心地位，把党和国家关于基层治理的思想融入乡村基层治理的各个方面，充分发挥好基层党组织的引领作用。

其次，充分发挥人民主体作用。从乡村基层治理的历史演变过程可以发现这样一个规律，广大村民作为乡村的主人的同时也是乡村基层治理的主体，任何时期的治理工作缺少广大村民的参与都是极难推进的。只有本着以民为本的治理思想，充分尊重村民在治理过程中的主体作用，鼓励广大村民融入乡村基层治理中，充分发挥劳动人民的创造性，才能构建一个民主的治理环境。我们党的初心和使命就是为了人民幸福，基层治理要紧密联系群众，走群众路线，这样一来才是实现基层治理的应有之义。

最后，不断改革创新治理方式。不断改革创新治理方式，是乡村治理的不竭动力源泉。中华人民共和国建立的70多年间，我国乡村面貌发生了极大的变化，这与国家制度不断改革的创新和乡村治理方式的创新是密不可分的。农村治理的创新体现在各个方面，如治理制度、治理方式、治理体系等方面的创新，创新对一个国家和社会的发展至关重要。因此，在我国乡村治理过程中必须不断解放思想，创新治理制度、治理方式、治理体系等，为乡村的治理和发展提供动力，更好地实现治理现代化的目标。

（二）乡村治理的特点

乡村处于整个公共治理体系的最终端，直接与广大的人民群众打交道，要分析来自各个层面的信息，以应对纷繁复杂的治理问题。因此，农村的治理工作是复杂性、全能性以及创新性的融体。

首先，乡村治理工作的复杂性。乡村治理不仅是国家政策的执行者，也是与人民群众面对面的前线执行者，同时也是农村在实际治理工作中主要的压力来源。对于国家或者上级政府来说，政策的内容与目标是比较明确的，然而要保证政策在基层群众中得以有效落实，基层的工作开展所要面临的挑战是巨大的。农村群众的生活、受教育程度、风俗等情况千差万别，极易导致实际工作过程中政策传达不准确、理解不充分、目标偏离重心，从而导致政策的执行无序化、无效化。这也代表着基层政府开展治理工作的首要任务就是培养、教育农村群众，根据实际情况帮助群众理解政策内容、明确政策目标、引导政策执行，切实解决农村群众在政策传达与落实方面所面临的一切困难。

其次，乡村治理工作的全能性。“千条线系一根针”是乡村治理的基本特点之一。基层社会体制的局限性使得基层政府的规模有限，但所要处理事务的范围非常广，小到柴米油盐，大到贸易发展，多样且全面。乡村自治组织直接面向社会群众，也会经常面对防灾救灾、疫情防控、社区安全到群体性事件等突发状况。受限于有限的资源，乡村干部在面对专业性强、难度高的问题时也只能硬着头皮向前冲，这就要求乡村干部必须一专多能。

最后，乡村治理工作的创新性。随着国家和社会的不断发展，乡村社会环境也随之实时变化，乡村自治组织身处治理工作前线，是最贴近生活、最有活力、最富能量的冲锋舟，也是社会创新的最佳土壤和先行者。回顾新中国乡村治理历程可以发现，大量优质有效的创新都萌芽于乡村，生长于乡村，并在乡村开花结果，最终服务于人民，推动社会发展。乡村的创新水平越高越有效，地方的人民就越幸福，这是经过历史检验的真理。所以乡村自治组织和干部要勇于解放思想，大胆创新，用改革创新来解决治理工作中遇到的难题。

二、乡村治理的现状分析

农民共同讨论决定一切公共事务是“乡政村治”的本质，即国家在乡镇设立基层政权，而由农民自己在宪法和法律范围内进行基层社区—村自治。“乡政村治”在我国乡村社会实行了30多年，为我国乡村社会政治稳定和经济发展作出了重大贡献。

（一）基层民主得到发展

基层民主是当前我国“乡政村治”乡村治理的基本价值取向。《中华人民共和国村民委员会组织法》的实施宣告了我国乡村治理体制的正式确立。法律对村民自治的权利予以明确的规定。随着各地民主选举、村民议事制度、村民代表会议制度、村务公开制度等的建立和完善，农民的各项权利得到切实保障，农民确认了自己当家作主的身份和在村民自治中的合法地位，开始切实享受各项民主权利，更加积极地参与农村公共事务管理，参与选举的热情也不断高涨，扩大了乡村社会的民主基础。

（二）法治环境得到改善

“乡政村治”实施以来，《中华人民共和国村民委员会组织法》、村务公开制度、村民会议制度、村民代表会议制度、村民自治章程和村规民约等“法治”因素不断出现，并且逐渐取代了乡村治理中的“人治”因素，乡村治理变得更加规范，农村社会各项活动都有法可依、有章可循。随着农村法治环境的改善，广大基层干部和农村群众的法治素质也有了相应提高，乡村治理的法治化水平不断提升，依法治村迈入正规化轨道，有效维护了农村社会的稳定。

（三）农民自治能力得到提高

随着“乡政村治”的实施，农民渐渐开始形成法律意识、民主权利意识和公共意识，这让他们对自己的权利有了更加清晰的认识，从而更加积极参与乡村治理活动。村民在参与乡村公共事务管理和农村自治的实践过程中，自治能力和参政议政能力得到了锻炼和提高。村民能够顺利表达自己的意愿和实现自己的利益需要，真正体验到了当家作主的感觉，更增强了他们的民主意识。村民对村级公共事务的参与热情更高、自主性增强，越来越关心与自己切身利益相关的问题和自己的合法权益。这一切都为现代公民的培育奠定了基础，为我国村民自治的进一步发展和完善提供了重要条件。

（四）乡村干部得到锻炼

广大农民是村民自治的主体，村干部则是农民的选举出来的代理人。这要求广大乡村干部转变管理理念、改进管理方法，尊重村民的主体地位和意愿，能够主动和村民进行互动沟通，了解他们对于乡村事务、公共服务、基础设施等各个方面的需求，以提高自己管理活动的针对性。另外，乡村干部还需要积极探索全新的农民利益表达机制，畅通农民的利益表达渠道，创新农民的参与方式，充分保障农民的自治权利，重视村民主体地位，积极维护农民的利益，对和农民利益有关的问题高度重视，对农民提出的要求及时落实，用村规民约约束自己，取得农民的持续信任，密切和村民的联系，坚持群众路线。在乡村治理的实践过程中，广大乡村干部的管理能力得到了锻炼，为乡村治理逐步走向完善提供可能。

三、乡村治理存在的主要问题

我国社会主义新农村建设要求最大限度地发挥乡村治理的作用。政府、比较独立的乡村社会、较发达的乡村组织、具有公民意识的村民和乡村治理的互动谈判机制共同组成乡村治理的有机整体。然而，我国乡村治理上述各方面在目前的新农村建设中都不尽如人意。当前我国的乡村治理还存在很多问题，难以满足社会主义新农村建设战略的要求。

（一）乡镇政府转型困难

经济体制改革以后，党政不分、政企不分、机构臃肿、职能交叉、办事拖拉、效率低下和人浮于事是我国大多乡镇政府的通病。我国乡镇政府职能越位、错位和缺位的原因有以下几点：首先，乡镇政府职能转变不到位，即乡镇政府依然保留或还没有改革计划经济体制下原有的机构或职能。其次，为了适应市场经济体制对提供公共产品和完善管理服务的要求，政府没能及时把自身职能转变到符合市场经济体制要求的轨道上来，而是不断设立各类新的机构和部门。

乡镇政府职能与当前我国经济社会发展水平的要求存在差距，集中表现在以下几个方面。第一，基层政府部门职能交叉问题突出。乡镇政府各个部门职责不清，每个部门管的事情很多，政治、经济、文化、社会无所不包，一旦发生事情却没有部门真正愿意负责。第二，基层政府职能不能满足经济乡村社会发展的目标。许多地方基层政府职能部门的服务职能严重不足，轻服务重管理的错误现象依然普遍存在。他们认为政府职能是自己的特殊权利，是可以用来为自己谋取私利的工具，把全心全意为人民服务的根本宗旨忘得一干二净。第三，地方政府职能还存在许多薄弱环节，因为基层政府长期把大部分精力用在追求政绩和维持自身生存、运转上，而不注重公共产品和服务供给等职能的提升，导致在面对中央政府提出的基层政府向“服务型政府”转型的要求和社会主义新农村建设战略时，许多乡镇干部在转变自身定位、改变工作方式和完善服务职能等方面感到无所适从，不知如何开展新的工作。

（二）乡村公共产品和服务供给不合理

随着改革开放的深入，我国政府对“三农”问题的投入也不断增加，乡村公共产品和公共服务的状况有了很大的改变。尤其是道路交通、水电设施、文化教育和医疗卫生等保障农民基本生产生活方面的内容都得到了巨大的发展。但因为我国乡村公共产品和公共服务不是根据乡村社会和农民的实际需求来供给，而是由政府自上而下直接供给的，即乡镇政府是我国乡村公共产品难以替代的供给主体。所以，往往存在基层政府提供的公共产品和公共服务农民不太需要或者已经基本得到满足，而农民亟须的产品和服务政府又没能提供的缺位和错位现象。

乡镇政府在公共产品和服务供给中的缺位、错位问题与我国社会主义新农村建设对乡村公共服务需求不断增加且日益多样化的趋势形成了巨大反差，也造成了我国乡村公共产品和公共服务结构失衡的现状。

一方面，农村生产生活亟须的基础设施和基础性服务供给依然不够充分。第一，农村的电力设施落后、陈旧，非常容易引起安全事故，许多农村的饮用水问题没有得到及时解决。第二，农村教育、医疗、社会保障等社会事业发展缓慢。乡村社会普遍存在医疗条件差的问题，基本的医疗设备不足、机械设施陈旧，而且乡村卫生人员严重短缺，人员素质不高、服务水平较低，以至于各项预防保健工作在乡村社会难以开展，农民得到政府的救助甚少。当农民遇到自然灾害、疾病或事故时，主要依靠自己的力量解决。第三，科技文化供给缺失，导致农村规划和建设缺乏科学性和整体性，农村的文化娱乐活动内容简单，器材设备不足，严重影响了农村各项活动的展开。

另一方面，乡村公共产品和公共服务供给没有“按需分配”，乡村公共产品和公共服务供给出自基层政府领导成员的主观意愿和偏好，随意性较强。作为乡村公共服务真正的需求者，农民的意愿和需求却没有得到应有的重视，进而在服务供给过程中成为“沉默的群体”。对于同样有着自利性动机的乡镇政府领导人员而言，其公共服务供给的目标主要是追求乡镇政府部门或领导成员个人利益的最大化，而非乡村社会的现实需求。这不仅造成了有限公共资源的极度浪费，也造成了乡村公共产品和公共服务结构的失衡；不仅没能解决农村居民的现实所需，反而给农民带来了巨大的经济负担。

（三）村“两委”关系不协调

农村党支部和村民委员会是两个主要的农村村级组织，关于两者的职责在《中国共产党农村基层组织工作条例》和《中华人民共和国村民委员会组织法》中分别有若干具体的规定。但是，农村干部和农民群众对党支部和村民委员会的地位、职能认识不够，再加上两者管理的事务存在部分交叉，导致了乡村治理过程中出现许多两者关系不协调的问题。

一方面，党支部一味强调“党的领导”，无视村民委员会的主体地位，严重排挤、压制村民委员会参与村级事务的管理，甚至包办原本属于村民自治范围内的一切村务来直接架空村民委员会，使村民委员会作为村民自治主体应有的管理村级公共事务、组织发展生产和推动本村各方面发展的主体地位和职能严重弱化。

另一方面，村民委员会也没能摆正其在村级治理中的位置，认为自治就意味着完全的自由，不用接受党组织的领导，在村级事务管理过程中没有认真接受党支部的领导，甚者凭借村民选举这一权力与党支部争夺权力，排斥、否定村党支部的领导。同时，村干部完全控制村民委员会，无视村民会议的存在，使得村民会议名存实亡，更谈不上发挥其应有的作用。这种情况的严重后果就是村支两委之间信任缺失、关系紧张，冲突升级。此外，《中华人民共和国村民委员会组织法》规定“村民委员会的业务范围包括依法管理本村属于村民集体土地与其他财产、组织实施本村各类建设规划，修建道路等”，这使得村民委员会的地位和重要性，在当前农村经济社会的不断发展的情况下更加凸显，村民委员会较党支部掌握着更多的实际经济权力，这更加深了党支部对村民委员会的不信任，两者之间的关系更加紧张。

（四）村民自治功能较弱

通过近30多年的乡村治理实践，我国基本形成了一套完善的乡村治理制度。按照《中华人民共和国村民委员会组织法》规定，乡村社会重大事务的公共决策应充分发扬民主精神，集体讨论、民主决策。然而，实际的乡村治理过程中却依旧存在诸多问题，民主制度没有得到完全落实，民主决策也没有得到真正实行。

第一，在讨论村级公共事务或涉及村民利益的重大事务时，不是召开村民代表大会进行集体讨论，而是由村干部自行决定后再象征性地告知村民结果或者直接把村民排除在外，村民基本没有话语权。导致村民的主体作用根本得不到发挥的机会，村级民主管理制度远未得到切实落实。

第二，我国农民的科学文化素质普遍较低，民主自治精神又还处于起步阶段，村民的主人翁意识不强，认识也不够深刻，习惯了长期以来只管好自己一亩三分田的生活，一时很难适应村民自治的要求。

第三，乡村干部的法治意识淡薄。党和国家关于农村路线、方针，政策都要依靠乡村干部来实行，但乡村干部对于国家的法律法规了解不深刻，法律知识更是缺乏，对于法律规定属于农民的权利和义务缺乏正确的认识，往往认为自己的意志可以代替甚至能等同于广大村民的意志，甚至无视村民的意愿和需求，独断专行，随意处理乡村公共事务。

第四，法律法规不健全。法律法规不健全是目前乡村治理过程中各种不规范现象频发的根源。我国关于规范农村社会关系方面的法律有10多部、关于“三农”问题方面的部门法规和规范性文件有30多部，基本涵盖了乡村社会的方方面面，但是各类法律法规都存在着漏洞。例如，选举的具体方式及对破坏选举、贿选等行为的后果和处罚措施没有明文规定。因为法律条文表述的各种规定往往十分笼统，并不是针对某个具体问题，而具体的乡村治理中碰到的问题却很小很琐碎，这种不适配导致具体的乡村治理的过程中虽然有法可依，实际操作起来却非常困难，真正对村民自治进行彻底规范和保障的相关法律法规不多。

四、乡村治理存在问题的原因分析

（一）城乡二元分治体制

我国自宋朝开始就产生了城乡二元结构，但当时的城乡二元结构并不等于现在的城乡二元体制。现在的城乡二元体制是在我国计划经济体制确立后，户籍正式分为城市户籍和农村户籍以后才形成的，其本质是城市居民和农民有着完全不同的社会地位。在新中国成立初期，国家把全体公民用农业户口和非农业户口区分开来，在城市和农村分别实行不同的资源配置制度并且严格限制农村户口向城市流动。

城乡二元体制下的农村和城市是不平等的，城市居民和农民的机会、权利也是不平等的。在这种城乡差别对待的制度安排和政策导向下，城市和农村成为相互封闭的单位，生产要素的流动受到严格限制，而且国家政策、资金都向城市倾斜。本来就已经处在弱势地位的农业、农村非但没有得到更多政策保护和支持，还要额外负担起城市和其他产业发展的成本。被城乡二元体制束缚在土地上的农民不但没有就业、医疗、教育、福利保障等方面的优惠待遇，还要缴纳粮食税等各种税和承担村提留和乡统筹费。可以说城乡二元体制下的农民处于“二等公民”的地位。

我国城乡二元体制存在的客观必然因素是当时的社会经济基础，即高度集中的计划经济体制。厉以宁认为：“城乡二元体制是计划经济体制的重要支柱。”然而随着我国剥削阶级的消灭、社会生产力的不断发展和社会主义市场经济体制改革的深化，城乡二元体制存在的客观基础已经不复存在。城乡二元体制不再适合社会主义市场经济体制，它的存在只能对我国经济社会的进一步发展起阻碍作用。

首先，城乡二元体制导致了我国城乡分离和城乡发展严重不平衡、广大农民的购买力低下以及城乡市场不能很好地统一，这些方面完全违背我国社会主义市场经济发展要求破除一切障碍，建立自由统一、全国性的大市场的要求，将是我国市场经济发展的严重障碍。其次，随着我国城镇化建设的不断加快，大量的农村剩余劳动力流向城市，参与城市发展和建设，甚至在城市扎根。而城乡二元体制却执行严格的户籍制度，实行城乡的隔离和对立，导致我国城市化水平落后于我国的工业化水平，更落后于世界平均水平。“城乡区别就是社会最现代部分和最传统部分的区别。处于现代化之中的社会政治的一个基本问题就是找到填补这一差距的方式，通过政治手段重新创造被现代化摧毁了的那种社会统一性。”因此，改革城乡二元体制，使城乡更好地融合势在必行。

（二）压力型体制

我国的“压力型体制”具体是指县、乡政府为了完成上级政府下达的各项指标而将各项任务和指标分解并和物质刺激有机结合起来的管理方式和评价体系，而这些评价的结果与组织和个人的“政绩”、奖惩荣辱、“升迁”问题息息相关，从而无形之中形成一种自上而下的压力。

在压力型体制下，“作为中国农村最基层的一级政府，其基本的职能只是接受上级党政与各部门下达的指令与任务，协助工作，很少有权力、有精力根据本辖区的实际情况，独立制定社会经济发展计划，并切实有效地落实它”。

由于压力型体制产生的激励作用，乡镇政府认为只需要对上级负责，积极完成上级下达的各项任务，就能实现“政绩”、获得升迁，而不需要对辖区的村民负责。结果导致乡镇政府在地方治理中，将主要精力都放在完成税收等上级下达的任务上，而在提供公共服务和公共物品等问题上完全不顾农民的实际需求，一味追求表现和“政绩”，结果是农民的需求得不到满足，还大量浪费公共资源。

在压力型体制下，乡镇政府会将来自上级的任务和压力释放、转移到村民委员会和村民身上，它通过政治、经济激励等各种手段将村民委员会纳入自己的控制之中，变成自己的派出机构，然后将各项任务指标下达到每村每户，由村民委员会采用强制性手段来完成任务。此时的乡镇政府不是村级组织的指导者和平等协商者，而是领导者，这样做的结果是农村干群关系紧张和农村社会冲突和不稳定。乡镇政府本是农民利益的代表者和表达者，随着我国村民自治的不断发展，村民要求乡镇政府“代表农民的利益，对农民负责”的呼声越来越响。可见，压力型体制完全不适应我国村民治理的发展要求，严重阻碍了我国乡村治理的发展道路。

（三）民主监督缺位

乡镇政府作为利益分配者本身也是一个相对独立的利益集团，也有着利己主义思想，也会用效用最大化来衡量自己的行为。在各种情况下，如果乡村社会监督、制约力量缺失的话，必然导致乡镇政府权力不断膨胀，直至损害群众的权利与利益，甚至一些乡镇政府蜕变为与农民争利的利益集团。要规避权力的这种非规范化运行就必然需要强化对政府的监督机制，然而，当前我国乡村基层的民主监督缺位严重。

第一，“沉默”是当下我国乡镇人民代表大会监督的常态，导致其对乡镇政府决策和政策执行的监督流于表面形式，力度不够。而广大农民、社会团体以及舆论监督都属于体制外监督，但当前我国相关法律和制度尚未足够完善，体制外监督也软弱无力。

第二，对乡镇政府和乡村干部的政绩考核缺乏必要监督。政府绩效考核制度的主要特征：将各种任务指标进行量化分解，并通过签订责任状的方式将任务落实到政府组织和个人，也就是所谓的责任到人。这种数字化管理方式是以完成上级数字指标的情况作为考评乡镇政府及其工作人员的主要标准，并以此为依据，进而给予有关人员相应的奖励与惩罚。换句话说，乡镇干部的工资福利、事业升迁等都取决于是否完成上级政府的任务指标，与农民群众是否满意丝毫没有关系。

第三，我国虽然建立了乡镇干部的选举制度，但是对乡镇干部的选拔和评价实质上仍然取决于上级党政领导。这样做带来的另一个问题就是乡镇干部为了对上级党政领导负责，及时完成上级交付的任务，追求政绩，就会在乡村社会为自己寻求帮手，通常将任务考核指标进行分解，下派到村并不断地增强对村的控制力度，逐渐把村民委员会发展为其附属机构。村民委员会也会利用与乡镇政府关系的特殊化来行使搭车收费之实，出现学界所谓的“合流”现象。于是，在上述体制因素的作用之下，新农村建设中出现以行政命令取代农民意愿，以精英设计取代农民参与，进而忽视农民需求和偏好的种种错位现象也就成为再正常不过的事情。

（四）村民自治存在问题

我国乡村治理的基本模式“乡政村治”，“乡政”是指乡镇政府通过有效实施行政管理，执行好国家的涉农政策；“村治”是指村民自治组织通过有效自治，行使好农民的民主自治权利。然而“乡政”“村治”双方在当前的实际运行中存在着许多不协调，这些不协调正是当前我国乡村村民自治功能不强的直接原因。

第一，乡镇政府干预过度。乡镇政府有义务“指导、支持和帮助”村民委员会进行工作，但实际上“乡政”对“村治”工作的干预已经超过限度，到了影响“村治”正常开展工作的程度，即在当前的村级社会乡政管理与村民自治这两种权力实际上是共存的，这严重制约了村民自治的运作。

我国各地的乡镇党委和政府负责组织、指导本地的村民委员会选举工作，保障农村选举工作的顺利开展，但是一部分乡镇党委和政府却利用自己职务之便介入村民委员会的工作。首先，干预、影响选举活动各个环节，比如在竞选、村民投票的过程中，通过有意无意表明自己的喜好或提出自己意见看法的方式，来为自己中意的候选人加分、拉票。其次，有影响甚者推翻村民选举的结果，例如，村民选举出了具有强烈民主自治意识但不能很好配合工作、不肯听话或者不是自己阵营的村干部，乡镇党委和政府就会采取说服当选者自动放弃或者闲置架空当选人的方法，最终得到自己希望的村干部。乡镇政府的农村各项工作过度干预，损害了农民的自治权利，影响了村民自治的效果。

第二，村民委员会行政化严重。首先，村民委员会干部的选举过程中存在乡镇干部直接任命乡村干部的现象，导致在现实的乡村治理实践中，村民委员会处在乡镇政府的严密控制之下，带有浓厚的政治与行政色彩，很少独立开展自治工作，行政化倾向十分明显。其次，我国乡镇政府通过“村财乡管”强化自身对村级财务的控制力，由此参与各类乡村事务的管理。比如，通过制定村干部工资、奖励的标准的方法，加强对村民委员会以及村干部的约束，利用他们达到控制乡村事务的目的。这使村民委员会支持农户发展经济和实现农民利益表达方面的法定功能极大弱化，这种情况严重偏离了国家制度安排的初衷。

第二节 美丽乡村建设中农村发展与治理建议

一、乡村治理的基本原则

（一）坚持以党建引领

新中国成立70多年来，我国乡村治理所取得的成效，已经有力地证明了以党建引领是乡村基层治理最正确方向、最有效的选择。正如习近平总书记所说：“办好农村的事情，关键在党。党管农村工作是我们的传统，这个传统不能丢。”因此，在新时代，要应对乡村基层治理现代化进程中所面临的挑战，最核心的要务是在坚持中国共产党领导的基础上，在乡村构建坚实可靠的党组织堡垒。在大力加强基层治理体系和治理能力攻坚克难的时期，问题的关键在于党。我国乡村治理的主心骨必然是强大的基层党组织，基层党组织队伍的质量，直接关系国家治理体系和治理能力，直接影响基层自治组织的凝聚力、战斗力和号召力，对党治理国家的效能有着不可替代的影响和意义。基层党组织是乡村基层治理的“领头雁”，无论我国乡村社会结构如何发展变化，基层党组织作为乡村领导核心的地位是绝对不可动摇的。这是坚持党管农村的内在要求，是广大乡村地区经济社会发展进步的重要基础，是我们党治国理政思想在乡村地区的重要体现。因此，要加强党组织建设尤其是基层党政组织的建设，建成一支政治理论素质过硬、思想道德素质较好、综合能力突出的先锋党员模范队伍，夯实我国乡村基层治理的坚实基础。

（二）坚持人民至上

“以民为本”的治理思想在我国有着很深的渊源。民为贵，社稷次之，君为轻，自古以来就是领导者极为崇尚的治理国家方略。“以人为本”的治理理念，也是我国历代共产党人治国理政的核心思想，“以民为本”的治理思想在习近平总书记治国理政方针中也高频出现。“以民为本”的治理理念多次在党的政府工作报告中出现，足以彰显民本思想是我们党的价值追求和责任担当，为新时代我国乡村治理发展提供了最基本的价值遵循原则。在我国每年政府工作报告中“人民”一词均是高频词汇，无疑是在强调中国共产党治国理政“以民为本”的治理理念，而“以民为本”的治理理念就是坚持以人民为中心的政治立场和以人为本的治理原则。以“以民为本”的治理原则，化解的是基层治理依靠谁、为了谁及发展成果由谁共享的问题，从另一个角度说明了共产党的根本政治立场和治国理念。“以民为本”是中国共产党治国理政的主基调。治理现代化理念的提出，是以习近平总书记为代表的中国共产党人治国理政思想新的提升，也是以习近平总书记为主要代表的中国共产党人在理论和实践上创新的集合。因此，乡村治理应把以“以民为本”的治理思想作为治理的基本出发点，以更好地服务于人民、造福人民为准则，秉承想民所想、为民所需的原则来建立和不断完善基层社会治理体系，不断完善创新乡村基层治理的方式和方法，更高质量地服务于人民群众日益增长的美好生活需求。

在我国乡村治理过程中，最突出的就是民生问题，民生问题关系到基层百姓的切身利益，也就是生存发展问题。解决好民生问题等同于解决好乡村治理问题，新时代在解决乡村治理问题时应深入贯彻执行“以民为本”的治理理念。乡村治理方式的创新和发展，必须以解决基层现实问题为出发点，乡村治理工作的出发点和落脚点都应是人民。因此，坚定“以民为本”的治理理念是推动新时代乡村治理工作应遵守的基本原则。要以全心全意为人民服务的根本宗旨，以保障和改善民生，突出民本思想、实现乡村治理结构的优化，更好地服务于国家的战略方针。

（三）坚持“三治”结合

正如习近平总书记所说：“健全自治、法治、德治相结合的乡村治理体系，是实现乡村善治的有效途径。”“乡村治，百姓安”。新时代中国特色社会主义乡村治理是实现国家治理现代化的基础性工程，需要我们在全面推进治理工作的基础上有所创新。因此，乡村治理要坚持“三治”结合的治理原则，村民自治是法治和德治的前提与基础；法治是自治和德治的保障与界限；德治是自治和法治的支撑与引领。建成自治、法治、德治互融互通的乡村治理体系，全面助力乡村治理和乡村振兴战略的实施。

首先，村民自治是法治和德治的前提与基础。“秤砣虽小压千斤”，村民自治在乡村治理中发挥着不可替代的作用，坚持以村民利益优先的治理原则，能够积极调动群众的积极性，使其参与到村务日常管理中。村民较为熟悉当地风土人情，因而村民自治能够因地制宜，充分利用体现当地特色的地方性知识，对所出现的问题有针对性地制定方案，实现治理的有效性。其次，法治是自治和德治的保障与界限。“立善法于天下，则天下治；立善法于一国，则一国治。”新时代，乡村发展日新月异，同时新的治理难题也随之而来。因此，法治作为国家治理和社会治理的基本模式，在乡村治理中扮演着不可或缺的角色。法律的公正严肃性使法治成了乡村自治和德治的最高准则和保障。完备的法律制度能够为乡村自治提供坚实可靠的制度保障。离群的孤雁难以飞远，乡村自治如果缺少了法治的保障，单凭自身的力量难以在乡村治理中取得丰硕的成果，完备的法律制度也能够为德治划定边界。法律在道德建设上具有重要的促进作用，能够有效预防德治中的不合理因素，为乡村德治划定合理的边界，不仅有利于保证乡村德治顺利推进，还有利于推动全社会道德素质的提升和改进。德治是自治和法治的支撑与引领。早在春秋战国时期，德治思想备受儒家推崇，德治也自然而然地成为治国理政的重要思想，而且多有成效。因此，实现乡村振兴的理想目标也必须发挥德治对自治和法治的支撑与引领作用。一方面，新时代，德治旨在把优良传统文化和伦理道德熔铸于社会治理实践和人们日常生活，可以营造融洽的治理环境进而提升村民自治水平。另一方面，德治能够降低法治的实施成本，相比于法律的惩戒、强制作用，德治更多的是通过感化、说服、引导的方式来调解村民之间的矛盾、化解乡村社会存在的难题。因此，“治理国家、治理社会必须一手抓法治、一手抓德治”。

二、美丽乡村建设中乡村治理的路径

（一）构筑多元共治的治理新格局

构筑乡村多元共治的治理新格局，有利于解决乡村治理过程中乡政村治关系失调问题。新的治理格局构成需要国家、社会组织和村民互相协作。一是要完善基层治理体制；二是要鼓励、引导非政府组织参与治理；三是要发挥农民主体性作用。

首先，完善基层治理体制。构筑多元共治新格局，政府起到至关重要的作用。社会正常运行离不开政府众多职能部门间的密切分工与协作，对社会实行有效管理是政府基本职能之一。作为政府一方的乡镇政府，在乡村治理过程中要明确其职能定位和权责界限，乡镇政府与村民委员会属于“指导、支持、帮助”的关系而非领导与被领导的关系，地方政府要牢记自身的职能所在，维护良好的社会氛围、妥善处理群众利益纠纷和社会矛盾，致力于基层稳步发展。要坚决落实权力清单，工作中既不可缺位、错位，也不可越位。作为自治组织的一方，村民委员会要严格履行自身的职责和义务，避免“过度自治”情况的发生。没有规矩不成方圆，一个良好的自治体制可以达到事半功倍的效果。因此，要完善基层治理体制，创新村民自治制度。村民自治制度的创新必须与时俱进、实事求是。还要完善基层管理体制，大匠诲人必以规矩，一套符合基层实际的管理体制是村民自治的前提，对乡村基层治理意义重大。常言道“工欲善其事，必先利其器”，要推进乡村基层治理工作，也要有良好的经济基础。因此，创新乡村经济组织发展至关重要。

其次，要鼓励、引导非政府组织参与治理。俗话说“人心齐，泰山移”，乡村治理工作的推进，党和国家的引领作用是关键，同时还要积极发挥各种社会组织团体的作用，为乡村治理献智献策、添砖加瓦。一是巧借基层群团组织的号召力。因为既有体制身份，又有社会属性的工会、青年团、妇联等群众团体组织，能够在党和政府与社会组织和基层百姓之间建立顺畅的沟通渠道。二是大力支持和引导各类民间组织参与乡村基层治理。各类民间组织和社会组织在乡村基层治理过程中也发挥了很大的作用，各类组织都来自基层，更了解基层问题。如红白理事会、五老协会、村民议事团等，都解决了不少基层治理难题。三是善于利用基层群众组织的基础性作用。如村民委员会、社区与群众联系最为密切，对村庄事务最为了解，要积极发挥其主观优势，发挥其处理村庄公共事务、发展村庄公益事业、调解邻里矛盾纠纷、协助打造平安乡村等方面的作用。

最后，要发挥农民主体性作用。社会是由个人组成的，是人的集合体，要想实现乡村治理的有效性，就必须首先加强村民的自我治理，实现以“小家促大家”的和谐局面。第一，多种途径，勤于动员。政府可以借助微信小程序、抖音等互联网平台，对乡村治理相关知识进行普及宣传，鼓励村民积极主动参与其中，积极发挥主人翁的作用。第二，完善制度，做好保障。完善乡村基层治理的制度建设，让村民自治在制度的保障下参与活动，这会使村民更安心、更投入。鉴于此，政府有关部门必须做好乡村基层治理的制度建设。健全相关制度体制，一方面可以有效应对乡村治理过程中的各种突发事件，化解村民的日常矛盾，调动村民的参与积极性；另一方面可以规范村民的言行，为村民正常参与乡村管理提供制度保障和规范。第三，要搭建平台，做好管控。当前，村民能够参与乡村治理的途径较为单一，他们渴求通过多元化的途径、广阔的平台，参与到乡村具体事务治理中去。因此，要创新村民参与平台的建设，发挥“互联网+”的优势，支持村民利用网络渠道来表达诉求，在法律允许的范围内畅所欲言。相关部门要对村民的利益诉求，积极主动地作出回应，形成良性互动局面。但是，由于网络传播具有虚拟性和快速性的特点，为防止各类炒作、散播谣言等行为的发生，政府也必须以网络空间问题为导向，建立健全管控机制，提高网络运行层次，使村民通过网络参与乡村基层治理变得更加自律、更富有成效。

（二）打造“一懂两爱”的“三农”新队伍

党的十九大报告明确提出，实施乡村振兴战略，必须培养造就一支懂农业、爱农村、爱农民的“三农”工作队伍。面对当前乡村治理的困境，只有懂农业，方能摸清农业的痛点，洞察现代农业发展方向，做现代农业的助推者；只有爱农村，方能扎根基层，做乡村振兴和乡村治理的践行者；只有爱农民，方能忧民所忧，想民所想，才能心系于民，为农民谋发展，谋幸福，做农民的好管家。

1. 懂农业

农业问题事关乡村治理的全局，关系到农民的生活水平、乡村的经济发展、国家的现代化进程。摆脱乡村贫穷落后的状况，发展新型农业、现代化农业是根本的出路。现代化农业的发展需要依靠现代农业设备支持、现代科学技术武装、现代管理方法经营。但是，目前我们在农业安全、粮食安全等领域的形势并非一片大好，“三农”人才队伍总量远远不足、专业程度不够、结构不合理等问题尚且存在，这制约着农业的发展。因此，现代农业发展必须打造一支农业管理能力强、农业专业技能扎实、农业专业知识渊博的人才队伍做支撑。

首先，必须严把“三农”干部队伍的培养和使用，各级负责“三农”工作的干部必须懂农业，是农业方面的行家，熟知农业发展的特点和规律。建立严格的培训学习制度，定期组织基层干部培训学习，提高干部能力水平。结合实际情况，定期邀请有关农业方面的专家、农业致富能人走进村庄做主题报告。依据“抓什么训什么、管什么学什么、缺什么补什么”的原则，抓好理论素养培训，增强专业技能学习。其次，要发展乡村实用人才队伍。由于农产品的特殊属性和市场滞后性，农民群众很容易在生产、经营、销售等环节走冤枉路、栽跟头。因此，以乡村种植业大户、养殖业大户、农民企业家、专业合作组织带头人为主体，培养一支懂市场、有技术、善经营管理的乡村实用人才队伍尤为重要。要转变经营观念和经营方式，不能一味地“低头种地”，而是要主动了解市场需求、把握市场动向、加强经营管理。主动发挥引路人、排头兵的作用，推动乡村加速发展。最后，要成立农村基层农业技术推广服务队伍。发展现代农业离不开现代农业科技的支持。但很长一段时间以来，农业技术的推广工作受限于农技人员的短缺、农技工作队伍不稳等因素。因此，可以依托当地农业院校与科研机构和农村形成对口帮扶关系，一方面可以为农业生产过程提供专业指导和新技术的推广使用，另一方面也有利于培养基层农业技术人员。

2. 爱农村

只有心系农村，才能对农村有强烈的归属感，全心全意投入乡村建设之中。只有爱农村，才能付诸农村以满腔的热情，默默无闻地做乡村建设的实践者。爱农村、守初心，是新时代对“三农”工作者提出的更高要求和期待。首先，提升基层干部的责任意识和服务意识，主管农业的领导干部要谙习乡俗，掌握一定的农业知识，熟知当地的农事活动与规律。基层干部要时常走进村庄，到田间地头，了解真实的基层实情。乡村基层工作，环境相对艰苦，条件待遇一般，但这都不能成为基层干部放松农业管理、疏忽乡村基层事务的由头和借口。基层干部要不断提高思想觉悟，心存乡土情结，始终把村民发展和村庄利益放在突出位置，全心全意开展工作。此外，农村工作涉及的事务包罗万象，难易程度不同，加上亲缘关系复杂，要求基层工作者要有足够的耐心，怀有一颗平常心，永葆激情，不断增强服务“三农”的意识。其次，拓宽干部选拔吸纳渠道。一是要不断鼓励和引导事业有成、胸怀大局、甘于奉献的党员民营企业家、有志青年、大学生村干部、退伍军人参加村“两委”选举，吸纳优秀人才加入乡村干部队伍。二是要做好“三支一扶”“选调生”等人才选拔工作。国家还可以推出“乡村振兴专项人才”招生计划，国家免除这部分大学生读书期间的一切学杂费用，并要求其毕业后定向到基层服务一定年限，以此解决“三农”工作队伍后继乏人的问题。三是要进行制度创新，鼓励高校、科研机构、事业单位等有关技术人员到乡镇村企业进行指导帮扶。多渠道、宽领域、全方位地吸纳人才，充实基层干部队伍。最后，稳定优化“三农”工作队伍。随着我国老龄人口数量逐年攀升，城市化进程的速度加快，农村大量青壮年进城务工，再加上农村基础设施、工资待遇、公共服务等条件同城市相差较远，进一步加剧了农村人才流失的局面，导致“三农”工作队伍不稳定、农村干部年龄老化现象突出、工作人员素质偏低、观念落后。这些都将严重制约农村工作的有序开展，同时也是农村社会发展缓慢的重要原因。

因此，要建立校地间的人才合作培养模式，完善城乡之间、区域之间的人才交流机制，为农村干部队伍输入新鲜血液。稳定“三农”工作队伍，一是加大对农村地区的资金支持，不断改善基础设施条件，吸引服务期满的“三农”干部继续留村工作。二是适当提升“三农”干部队伍的薪资标准，使其更有归属感，实现待遇留人。三是尽可能解决他们的实际困难和诉求，排除后顾之忧，实现情感留人。

3. 爱农民

乡村治理的服务主体就是农民，所以“爱农民”对基层治理至关重要。只有爱农民，才会主动与农民拉近距离，对农民有亲近感，一心为民着想、为民办事。“爱农民”不是一句口号，单单停留在嘴上是不可能实现的。真正做到“爱农民”就要听取农民群众的呼声与诉求，怀着对农民的深厚情感，为农民排忧解难，以此来不断提升农民的获得感、幸福感、安全感。爱农民，要付真情，更要付诸实际行动。

第一，着力抓好新农人骨干队伍建设。随着科学技术水平的不断提高，现代农业的发展也大不同于以往，不再靠天吃饭。当前，随着第一、二、三产业不断融合，农业科技化、智能化水平不断提高，对农业从业人员的知识和技能也有了更高的要求。但从目前情况来看，我国农村接受过系统职业技术教育的农民少之又少，缺口极大。所以，要全面建立职业农民制度，完善配套政策体系。实施农民教育培训。以农产品生产、加工、营销等环节为切入点，培养生产经营型、技能扎实型、社会服务型的“三农”工作队伍。创新培训机制，支持农民专业合作社、行业协会、产业化龙头企业等作为培训主体，承担培训任务。鼓励农民走职业化发展道路，做新时代的“三农”人员，成为提升农业发展质量、增加农业经济效益的主力军。

第二，做好“三农”工作，要善于解决民生问题。民生问题中最突出的就是农民经济不好、收入低，其次就是农村整体环境不佳，导致人民生活质量不高。能否处理好这两方面问题，事关“三农”工作的全局，触及

“三农”问题的核心。农民作为乡村社会的主人，既是乡村治理的参与者，也是乡村善治的受益者，所以，应该让更多村民参与到乡村治理工作中，以激发农民群众的积极性、创造性。但是，由于当前农民总体收入偏低，在一定程度上影响了农民的获得感和幸福感，进而挫伤了农民参与乡村治理的积极性。因此，重视农民，实现农民增收，打赢脱贫攻坚战，改善乡村生活环境刻不容缓。对于广大的“三农”工作者来说，要善于了解民情、体恤民意。一方面要想方设法改善乡村物质生活条件，另一方面要不断提高村民综合素养，从物质和精神层面满足村民的需求。“三农”工作者只有爱农民，才会对农民嘘寒问暖，解决农民生活难题；只有爱农民，才会为农民谋福祉，带领农民脱贫增收。

俗话说，“脚上无泥巴，手上无力气”。不肯脚踏实地，全心全意投入乡村基层工作之中为农民排忧解难，自然也就不可能顺民意得民心。“大道之行，天下为公。”培养造就一批懂农业、爱农村、爱农民的“三农”工作队伍，“是推动农业快速发展的当务之急，是改善农民生活水平的希望所在，是保障乡村基层有序治理的根本，是亿万农民的选择、是亿万农民的期盼”。

（三）积极推进乡镇政府改革

1. 乡镇政府机构改革

我国社会主义新农村建设要求乡村治理要依据“社会主义新农村”的全新要求，从转变乡镇政府职能、完善基层民主等方面对乡村进行积极变革。“在世界各地，政府正成为人们注目的中心。全球经济具有深远意义的发展使我们再次思考关于政府的一些基本问题，它的作用应该是什么，它能做什么和不能做什么，以及如何最好地做这些事情。”构建服务型乡镇政府，积极推进乡镇政府改革，要做的关键工作之一就是进行乡镇政府机构改革。

第一，乡镇政府要明确自身职能，“要理顺政府职能，该减的减，该加强的加强。比如一些不能适应市场经济要求的专业经济管理部门，一些职能交叉重复和业务相近的机构，应予撤销或合并。对于众多的非常设机构，尽可能拆减”。乡镇政府要明确自身职能，乡镇政府的职能将主要集中到发展地方经济、帮助农民增收、公共产品和服务供给、改善农民生活这四大方面。为了更好地履行职能，乡镇政府必须主动树立服务理念，转变工作方式，提升自己的服务能力。首先，要强化公共服务功能，把工作重点放在提供服务和加强管理，为本地经济发展创造环境，不断探索解决农民矛盾、协调农民利益的新机制，维护农村社会的长治久安。其次，保障农村社会医疗、教育，卫生等公共服务的供给，改善农村的生活条件。再次，创造合适的条件，鼓励农民建立自治组织和参与管理，促进乡村基层民主的持续发展。

第二，乡镇政府要注意控制机构规模，不断优化结构。乡镇政府的组织结构直接影响着政府职能的发挥。首先，乡镇政府一定要根据自身的职责权限对原有的部门机构进行优化，积极探索符合改革之后的乡镇政府工作内容、工作特点的新组织类型。其次，撤掉可有可无的部门，对必须保留部门的岗位职能进行合理设计，提高机关的工作效率，避免出现人浮于事的浪费现象。最后，对乡镇政府的人员数量要进行严格的控制，按照本地人口数量、经济水平、财力状况等多个指标，计算确定人员配置。此外，对乡镇领导的人数也要进行控制，努力做到乡镇机构人员“只减不增”，对政府机构进行合理分类，设置相应的协调机构，负责不同部门间的交叉职能。

第三，乡镇政府要加快转型，努力提高效率。首先，要着力推行乡镇政府政务公开工作，把农民关心的、关系到农民群众切身利益的事项作为重点，率先进行公开，提高基层政府行政的透明度，使其严格按照法定权限和程序履行职责，依法不断促进农村经济社会发展和稳定，保护农民合法权益。其次，乡镇政府要更新服务理念，创新服务方法和措施，推行“预约式”“一站式”服务。最后，严格监督乡镇政府的行政行为，使其牢固树立依法行政的理念，规范和加强对乡镇政府各项工作的考核，监督乡镇政府把主要精力放在为农民服务，提高自身的办事效率和服务水平上。

2. 乡镇财政体制改革

积极推进乡镇政府改革，构建服务型乡镇政府，要做的关键工作之一是进行乡镇财政体制改革。

农村税费改革之后，乡镇财政来源骤减，本来就捉襟见肘的乡镇政府财政状况更是堪忧。同时乡镇政府还要承担大量公共事务，其自身运作和为乡村提供公共产品都需要资金的保障，再加上近些年社会主义新农村的加快推进，乡村各个领域的建设都需要大量的资金。在这种状况下，乡镇政府举债也就可以理解。但是，巨额的债务负担使农村基层政权建设和经济建设受阻，许多地方因为债务问题甚至不能保证其职能部门的正常运转。加上要支付的债务利息，不可避免地需要占用新农村建设的资金，这更加重了农村与农民的负担，对农村社会的稳定和发展产生了诸多不利的影响。

第一，对于乡镇政府存在的税源不足问题，上级政府应该加以关注并积极用财政转移支付来解决乡镇政府的资金缺口。对于财政收紧与事权下移过程中产生的问题，上级政府必须考虑完善相关政策，平衡乡镇政府的财权与事权，减轻其部分财政负担。第二，乡镇政府必须重新寻找稳定的税源来取得维持自身运转所需要的资金，还要积极采用灵活多变的资金筹集的方式，努力保障农村公共物品和服务供给有稳定的财政支持。第三，要加大对乡镇政府财政资金的监管力度，尤其是对上级政府报给的“三农”资金。第四，上级政府要增加对农村财政支持的数量，改变其结构，赋予农村财政资金使用方面的自主权力。

（四）加快农村法治建设

当前，农村“依法治国”的进步表现在乡村干部和农民法治素质有所提高，法治环境有所改善。但是，其发展速度远远落后于农村经济的发展速度，甚至成为农村市场经济发展和民主政治建设的障碍。农村法治建设是社会主义新农村战略、农村综合改革、农村精神文明建设、农村基层民主以及组织建设的法制保障，也是我国农业生产、农村经济发展、完善村民自治和稳定基层政权的有力保障。

乡村社会要想实现乡村治理的发展必须以法治作为保障。没有法治的保障，乡村治理的各方面很难取得发展。由于长期受城乡二元体制、落后的传统文化等因素的影响，目前我国农村社会法治氛围不浓厚、基层干部和农民群众的法律意识普遍淡薄，甚至不懂法，守法自觉性很低。这导致其开展工作完全没有按照法律法规的规定，结果损害了农民合法权益。村民不懂法、不守法，导致农村社会和谐稳定得不到保障。为了加快完善农村的法治建设，我们必须积极做好以下内容。

第一，营造良好的法治环境，为实现农村公共事务法治化管理和社会主义新农村建设顺利实施创造条件。首先，要继续加大法治宣传教育的力度，全面提高农民的法律素质，尤其要注意对农村干部的普法教育，增强农民的法律意识和维护自身权益的自觉性。其次，要按法律规定逐步推进村务公开，保障农民的知情权和监督权，完善民主监督，促进民主公开，加大对乡镇政府和乡村干部权力的制约，规范权力运行，用法律来保障农民的主体地位。最后，加快村规民约的制定，为乡村社会提供一个共同的行为守则，加快完善村民自治章程的相关细则，培养农民的法治意识，使村民自治有法可依，让农民的权利和主体地位得到进一步保障。

第二，落实好《中华人民共和国村民委员会组织法》。《中华人民共和国村民委员会组织法》对乡镇政府和村民委员会之间的权利义务关系作出了具体规范的说明，以法律形式正式划分了基层政府和村民自治的权力范围界限，要求在具体的乡村治理工作中，各乡村治理主体必须严格按照法律的规定，行使自己的权利、履行自己的义务，不妨碍其他主体的合法权益。相关部门要加强宣传、教育，组织农民学习《中华人民共和国村民委员会组织法》，使其充分了解法律赋予他们的权利与义务，学会运用法律来维护自己的权利，积极参与农村公共事务的管理，行使自己的权利。尤其是要严格按照规定进行村民选举，要根据法律规定，对选举过程的控制要落实到具体细节，让违反民主选举规则或者故意扰乱民主选举活动的人承担法律后果。对选举过程要采取严格监督，维护农民的自治权利，使其得到切实落实。必须加紧完善的其他各类法律法规和制度，重点做好与乡村治理有关法律法规的建立健全工作。

第三，大力培育农村文化。文化环境是培育法治的基础。我国乡村社会的法治基础依然较差，乡村治理大多是靠“人治”，即人与人之间的“关系”是治理的关键。乡村习惯和地方规范是当前乡村治理的“法治”的主要形式，村民对于法治的意识十分模糊，乡村法治氛围并不浓厚。然而，现代乡村治理的核心要求是完全依靠“法治”，因此我们要集中力量配有农村良好的文化环境。

（五）提高乡村干部综合素质

村党支部和村民委员会是我国的基层组织，也是我国乡村治理的核心，而乡村基层组织的主体是乡村干部。因此，提高乡村基层干部的综合素质是搞好我国乡村治理重中之重。

第一，乡村社会要积极培育“内容积极健康、形式多彩多样、风格清新质朴”的社会主义农村新文明。通过加强对“崇尚和谐、追求和谐”为价值取向的和谐文化的建设，提升我国社会主义文化。要灵活运用曾经为我国改革开放和现代化建设作出过突出贡献的优秀传统文化，结合当前乡村治理和新农村建设的实际情况，积极倡导社会主义核心价值观，不断增强乡村基层干部辨别是非、识别真假的能力。要以马列主义基本理论为指导，加强对乡村干部的思想政治、科学文化知识的教育，不断提高他们的思想品德、政治文化等各个方面的素质。

第二，要把握好乡村基层干部的产生环节，乡村基层干部的候选人必须是经过广大村民的民主推荐产生出来的，正式上任之后必须经过党组织的考察和民主测评，这样才能选出让人民真正满意的乡村干部。在乡村干部的任期内要加大对其法律法规、科学文化等各方面知识的教育和培训，不断提高其综合能力和管理水平，以更好地适应新时期对于他们工作转型的要求。对乡村基层干部要进行严格的管理，对他们的工作过程要进行细致的监督，对他们的工作结果要进行绩效考核，促使他们不断提高工作能力和领导水平。

第三，乡村党组织要多多吸收和发展年轻有为、充满理想的农村青年，为组织的发展储备大量人才，乡村党组织要努力提高组织的建设水平，增强战斗力和凝聚力，不断完善党对农村的领导。村民委员会干部要通过直接参加竞选、认真落实民主议事制度、加强组织作风建设和村务公开等途径，有意识地提高自身素质和执政水平，提高自己的竞争力。

（六）发挥农民的主体作用

广大农民是乡村治理的主体，是社会主义新农村建设的持久动力和不竭源泉。对于乡村治理该治理什么、如何治理，新农村建设该建设什么，如何建设等问题，村民是最有发言权的。中央将“管理民主”作为新农村建设战略五大指标之一，旨在充分调动农民的主动性和积极性。然而，当前我国“全能型”乡镇政府的顽疾，导致乡村治理过程中普遍存在着村民政治参与不足、村民自治权利与职能被基层政府所侵占和排挤等问题，严重阻碍了农村市场经济的发展以及农民发挥积极性和主动性。

一方面，农村问题的解决离不开农民的参与，我国的新农村归根到底是要靠农民自己来建设的，所以一定要从思想观念上真正重视农民的主体地位。首先，在乡村公共事务的治理上，乡镇政府应将自身大部分生产、经营、民事以及文化方面的直接管理职能转交给乡村社会：如村民自治组织和非政府的行业协会、志愿团体等，并和村民自治组织实行分工合作，充分尊重群众的首创精神，把调动农民的积极性作为乡村治理工作的出发点和落脚点。其次，乡镇政府在充分利用村民自治组织优势的同时，又要加强政府在宏观调控方面的职能。此外还要用容易被农民接受的方法对其进行教育引导，培养农民的主人翁意识和自立合作的精神，更好地行使村民自治这一神圣权利。最后，对与农民政治参与和利益表达密切相关的各种制度、法律法规要加快脚步进行建立和完善，从法律上确立农民的主体地位，采取各种有利于扩大公民有序参与的措施，激发农民积极性。

另一方面，农民合作组织是真正实现农民当家作主、“农民的事情农民办”的有效途径，所以要积极利用农民合作组织来发挥农民的主体作用。首先，加大对农民合作组织的扶持力度，鼓励农民成立合作组织，增强农村和农民的凝聚力。乡镇政府要积极作为，淡化自身一直以来的权力意识，根据新农村建设战略实施以后乡村社会出现的新情况对自身的职能进行重新定位，增强自身的服务意识，精力集中到行政执法、为农村提供公共服务上来，竭尽全力为各类农民合作组织的建立和运作提供保障。其次，新农村建设过程中，乡镇政府要重视农村的主体地位，培育农民的自治精神，不断完善乡村治理的参与机制，努力培育村民的主体意识，让农民合作起来，建立“农民的事情农民办”，帮助农民进行自我组织和管理，充分发挥农民的积极性和主动性，以及农民合作组织的作用。最后，乡镇政府要通过财政支持和政策引导，通过组织和项目的形式加快农村的信息流通，为村民建立各类利益组织创造良好的环境。

（七）合理农村公共产品和服务的供给结构

农村公共产品和服务的内容非常丰富，涵盖我国农村社会生活的方方面面。农村公共产品和服务是指由政府提供，农村全体成员可以免费共同享用的具有效用不可分割、受益非排他性和消费非竞争性的生产、生活所需的产品和服务。然而当前我国乡镇政府提供农村公共服务的能力不尽如人意。因此，党和政府要重视农村公共服务体系建设的重要性，不断做好农村公共产品和服务的供给工作，尤其是要注重农村公共产品和服务的供给结构，尽量避免公共资源的浪费。

第一，合理安排农村基础设施供给。基础设施是农村发展的基础，尤其是经济欠发达或不发达地区，要继续投入资金改善农村的交通条件，新建或维护农村公路，力求实现村村通公路，促进农村公共产品尤其是公共服务的均衡。完善农村各类水利设施并积极推广节水灌溉技术，保证无论天气条件如何农业活动都能顺利进行，降低农民遭受干旱、洪水等自然灾害的可能，降低农民风险，稳定农民收入。

第二，加大对农村文化娱乐设施的投入。加快农村互联网、电话等信息基础设施建设，尤其是要接通宽带，保障农民与外部社会的紧密联系，及时获取需要的信息。因地制宜建设老年活动室、乡村图书馆、灯光球场等各类文化娱乐设施，购买健身器材等配套设备，使农民更加积极地开展各项活动，极大地丰富农村文化娱乐生活。

第三，不断加大对农村基本医疗和公共卫生事业的投入力度。建立城乡统一的医疗保险体制，抓紧建立覆盖城乡的疾病预防控制体系，不断深化新型农村合作医疗改革，满足乡村社会群众不断增长的基本公共卫生服务需要。尽快建立养老保障制度，积极探索保障困难村民基本生活的农村最低生活保障制度，积极支持农村养老院、敬老院建设，努力推动农村养老保险事业的发展。增加财政投入，确保农村九年制义务教育的真正落实，对有特殊困难的学生给予免除一切费用并发放生活补助的帮助。对农村的职业技术教育学校也需要追加投入，要纠正农民对职业教育的错误认识，充分利用农村职业技术教育学校来提高农民的科学文化水平和素质，使他们能更好地适应我国农业和农村的发展。

（八）构建城乡融合发展机制

现阶段，我国广大乡村地区深受快速城镇化导致的农村空心化问题困扰，其不仅影响乡村基层治理的效能，更制约着广大乡村的发展速度。因此，解决这一问题刻不容缓，农村空心化问题的解决不仅有助于乡村振兴战略的实施，也是实现我国基层治理现代化的必由之路。农村空心化问题不是一朝一夕形成的，其问题具有复杂性和敏感性等特点，因此要解决这一问题需要多方协同、共同努力。政府在构建城乡融合发展机制、解决城乡发展失衡问题上始终发挥着主体作用。一方面，要破解城乡二元结构问题，政府必须发挥其主导作用，应尽快出台相关法律法规，对造成城乡二元结构困局的主要原因对症下药，来缓解其矛盾。针对广大基层群众最为关切的由户籍制度带来的教育、医疗、社会保障等问题作出明确的规定，给出切实可行的治理方案。只有解决群众切身实际的问题，才能树立负责任、有担当的政府形象，才能得到百姓的信任与爱戴。另一方面，要冲破传统观念的束缚。农民是乡村治理的主人翁，要充分尊重农民主体地位，积极引导农民以主人翁的角色参与到乡村振兴建设中和乡村治理的具体工作中。应充分发挥劳动人民的聪明才智为自己的家乡建设献言献策，真正使广大村民融入乡村的日常治理中去，使其和治理工作紧密联系在一起，让广大村民具有参与度和归属感。要加强农村思想宣传工作，让广大农民从根本上认识自己是乡村的主人，自己不仅是建设者更是成果的受益者。

（九）促进农村可持续发展

1. 保持农村经济活力

保持农村经济不断发展是解决农村问题的关键所在。在当前我国农村经济已经迅速发展和党的“三农”政策已经比较完善的情况下要保持农村经济的持续发展，要求我们必须坚持“以经济建设为中心”的原则。

第一，要继续加强农村的基础设施建设，为农村经济持续发展打好基础。包括完善农村水利设施，解决农村用水问题。完善农村道路，解决农民出行问题等，完善的基础设施是我国农村现代化和农业实现科技化、产业化的必要条件。

第二，要继续加强对“三农”问题政策支持，为农村发展创造良好的环境、为农民创业提供有力的支持和保障。加大科技推广力度，免费对农民进行农业生产技术方面的培训，提高农民的文化素质和致富能力。拓宽农民就业的渠道，积极鼓励农村发展第三产业，从而带动农村消费市场的繁荣，帮助农民增加收入。及时转变农村经济发展方式，促进农村产业结构调整升级，使农村第一、二产业向规模化、专业化方向发展。大力发展绿色经济和循环经济的同时推广清洁生产，不能因为一时的眼前利益而发展污染严重的项目，全力保护农村的生态环境和自然资源。

第三，加快农村的市场化脚步，为农村经济的持续发展提供充足的动力。鼓励农民对农产品进行精细化加工和深度加工，增加其附加值。推进农村“一村一品”的专业化生产经营，因地制宜开发具有鲜明地方特色的农产品，并努力完善预制配套的专业的农产品批发市场、物流配送中心、连锁加盟经营店等服务机构。

2. 保护农村生态环境

改革开放以来，我国广大农村经济迅速发展，农民生活水平显著提高。但是经济发展的代价是企业和工厂占用大量耕地并且不断产生各种废水、废气，农民不断制造出各种生活垃圾。再加上广大农民还没有足够的环保意识，导致农村的环境污染问题也越来越严重。因而，加强农村生态环境保护，对于实现农业、农村经济社会的可持续发展和新农村建设意义重大。

第一，要努力增强农民的环境保护意识。政府要利用报纸、电视、广播等各种手段，对农村生态环境保护方面的知识进行广泛宣传教育，增强农民的环境保护意识，要让农民清楚认识到自己是农村的主人，农村是自己赖以生存的根基，认识到农村生态环境保护对于农村经济可持续发展和农民生活品质提高的重要性，从而积极主动参与农村生态环境保护工作，倡导农民订立有关环境保护村规民约，并跟进监督其执行情况。

第二，要不断增强乡镇政府环境保护和监督管理方面的职能。政府要在农村开展农村生态文明建设活动，指导基层组织开展农村各项环境保护工作：比如重点做好耕地保护工作，提高耕地质量。对农村的主要污染源进行大力排查，优先治理。指导农村建立统一的垃圾处理站，安排专门的人员定时处理农村大量生活垃圾，以减少生活垃圾对农村环境的影响。利用农村原有的自然景观或者把农村的防风林打造成农村的“公园”，增加农村的绿化面积，改善农民的生活环境。

第三，要加强农村建设和发展的科学性。按照新农村建设要求对农村旧居民区进行统一整治，改善农村整体环境。对新的居民区，在建设之前要进行科学规划，要求布局合理便于农民生活。推动农业农村经济转型，大力发展绿色经济和循环经济，提高自然资源的利用率，严禁农村发展污染型企业，完善有关农村生态环境保护方面的法律法规，完善污染处理配套设施，加大农村环境保护的投入力度。

第六章 美丽乡村建设中农村生态文明建设

第一节 农村生态文明建设理论基础

一、马克思和恩格斯的生态思想

（一）自然对人具有先在性，人依赖于自然而存在

首先，自然对人具有先在性。人与自然的关系是马克思主义生态思想的重要组成内容，肯定自然先在性也是坚持用唯物主义的观点认识世界的体现。自然具有物质第一性，有其固有的不依赖于人的意志而存在的客观规律，人是自然界发展到一定阶段的产物，具有自然属性。马克思在《1844年经济学哲学手稿》（1844年4—8月）中写道："自然界，就它自身不是人的身体而言，是人的无机身体。人靠自然界生活。这就是说，自然界是人为了不致死亡而必须与之处于持续不断地交互作用过程的、人的身体。所谓人的肉体生活和精神生活同自然界相联系，不外是说自然界同自身相联系，因为人是自然界的一部分。"自然是人的无机身体，就是人来源于自然界，无论是身体的构成，还是精神的发展，都脱不开自然界这个物质环境，自然与人密切联系，你中有我，我中有你，正如恩格斯在《自然辩证法》（1873—1882年）中进一步所说："我们连同我们的肉、血和头脑都是属于自然界和存在于自然界之中的。"意识也不例外，是人对自然这个客观世界的主观反映。

其次，人不仅产生于自然界，而且依赖于自然界。马克思认为，"没有自然界，没有感性的外部世界，工人就什么也不能创造。它是工人用来实现自己的劳动、在其中展开劳动的活动，由其中生产出和借以生产出自

己产品的材料”“人并没有创造物质本身，甚至人创造物质的这种或那种生产能力也只是在物质预先存在的条件下才能进行。”“人在肉体上只有靠这些自然品才能生活，不管这些产品是以食物、燃料、衣着的形式还是以住房等形式表现出来。”人作为有生命力的、能动的自然存在物，和动植物相比虽然有一定的进步，但是在一个方面是相同的，就是依赖于自然而存在，是受动的、受制约和限制的存在物，脱离自然界的人是不存在、不成活的，人需要攫取自然界的养分满足自身机能的运转。同时，自然界对人的重要意义不仅体现在支撑人的生存方面，还体现在为人类提供生产资料和劳动场所上。人的所有活动都以自然为对象，两者之间进行能量转换，让人类的生产劳动、实践活动变成可能。自然界不仅是人类的“生母”，还是人类的“养母”。

（二）人对自然具有主观能动性，自然因人的改造而具有现实意义

恩格斯在《国民经济学批判大纲》中提道：“土地无人施肥就会荒芜，成为不毛之地，而人的活动的首要条件恰恰是土地。”讲述的就是两者之间相互依赖、相互作用、互为前提的关系。作为人的自然属性，人依赖于自然，受自然界的限制和支配，由于这种限制和支配，个体为了保护自身安全与更好地利用自然资源，逐步形成群体，即社会。人类社会的轨迹走向受到自然界客观规律的影响，同时，人类的社会生活又作用于自然界这个物质环境。作为人的社会属性，在将原始材料加工转换为生活和生产资料的过程中，人又不是单纯地被动接受大自然所带来的一切，而是有意识地、有目的地将对自己有用的物质按照计划转化为头脑中已然形成的东西。

实践使人与动物区别开来。通过实践，人的智力和身体不断发育，过去完全从属于自然界的状况慢慢发生改变，人类开始从以前不可控制的完全异己的力量中独立出来，认识自然、改造自然的能力得到加强，自在自然转变为人为的自然、社会的自然、历史的自然，即我们现在生活的自然界是人类改造的结果。马克思主张人们只要活着，就会对自然界产生影响。

在这个过程中，人与自然的主客体关系发生改变，人作为改造自然、利用自然的具有能动性的自然存在物，由客体演变为主体。由此马克思提出要充分发挥人的主观能动性，但这种能动性不是建立在破坏自然客观规律的基础之上，而是建立在认识自然、尊重自然规律的基础之上。

（三）尊重客观规律，达到人与自然的和谐统一

人与自然相互依存，两者并不是简单的对立关系，而是互利共生的有机整体。人与自然在本质上是一种实践关系，马克思说道：“自然界起初是作为一种完全异己的、有无限威力的和不可制服的力量与人对立的，人们同自然界的关系完全像动物同自然界的关系一样，人们就像牲畜一样慑服于自然界。”此时人类的实践能力还较为微弱，对自然抱着绝对不可触碰的敬畏态度。随着工业革命快速蔓延，自然科学迅猛发展，社会生产力大幅度提高，所谓天圆地方、自然神话论等社会观念也受到了一定程度的冲击，人类意识的觉醒冲击了整个自然界的平衡发展。自然对人类的绝对压制已失去了最后牢靠的锁链，人类开始成报复式的疯狂地反噬自然，以征服者的态度傲居于自然之上，形成了马克思所说的“人与自然的异化”。

人与自然的异化通过社会关系表现出来，在资本主义私有制中，资本的唯一目的就是追求利润最大化，导致劳动发生异化，人与自然站在了绝对对立的两个阵营。恩格斯在《乌培河谷来信》中写道：“它（乌培河）那鲜红的颜色并不是来自某个流血的战场……而是完全源于许多使用土耳其红颜料的染坊。”恩格斯以生动、犀利的笔触展现了他家乡的面貌，揭露了资本主义生产方式的黑暗与丑陋，并忠告人类：“我们不要过分陶醉于我们对自然界的胜利。对于每一次这样的胜利，自然界都报复了我们。每一次胜利，在第一步都确实取得了我们预期的结果，但是在第二步和第三步却有了完全不同的、出乎预料的影响，常常把第一个结果又取消了。”他告诫我们：“每走一步都要记住，我们绝不像征服者统治异族人那样支配自然界，绝不像站在自然界之外的人似的去支配自然界。相反，我们连通我们的肉、血和头脑都是属于自然界和存在于自然界之中的；我们对自然界的整个支配作用，就在于我们比其他一切生物强，能够认识和正确运用自然规律。”

马克思和恩格斯揭示了不尊重客观规律的人类活动，必将遭到失败和反噬。对自然界过度压榨，超出生态环境的承载能力，只会导致人与自然界能量交互过程失衡，必遭到自然界的反击，最后的恶果只能人类自己承担。我们在利用自然的同时，不能忘记人与自然本为一体，互为前提，辩证统一，人类的生存和发展依然依赖于自然，自然限制社会生产力的水平和规模，脱离自然的人类无法生存，脱离人的自然也毫无意义。因果规律并不是人为控制，而是客观存在的规律。因此，人在实践中应秉承尊重自然，坚持人与自然和谐共生的态度。

（四）全球化生态危机的根源与根本出路

西方环境保护主义把自然环境的破坏归结于科学技术的不科学利月，把生态危机的全球性发展全都归结于经济全球化的发展。其实无论是科学技术进步还是工业化的发展都有其内在原因。我们要用马克思主义的立场、观点和方法分析问题，要透过现象看到本质。马克思认为，资本主义制度的确立是导致资本主义社会出现异化现象的根本原因，同时也是导致社会中出现生态问题乃至生态危机的根本原因。

资本主义制度的确立在某种角度上，是人类世界历史进程上文明的进步，它改变了封建的社会关系，推动了社会生产力的迅速发展，但随之而来也带来了生态环境破坏。生产资料资本家私人占有制度是资本主义制度确立的基础，而正是资本主义私有制导致了劳动异化，再到人的异化，最后演变为生态异化。

马克思在《1844年经济学哲学手稿》中，明确提出劳动异化的原因在于私有制和社会分工。他在《资本论》中阐述：“资本主义由于无限度地盲目追逐剩余劳动，像狼一般地贪求剩余劳动，不仅突破了工作日的道德极限，而且突破了工作日的纯粹身体极限。……正像贪得无厌的农场主靠掠夺土地肥力来提高收获量一样。”资本主义生产方式最大的动力就是资本，资本家以谋取最大剩余价值为目的，忽略劳动者的主体地位，剥削压迫无产阶级，使其成为单纯的赚钱工具。劳动者作为一个主体存在，劳动产品是作为对象而存在的，应该属于劳动者并由其支配。但现实是资本家垄断了生产资料，劳动者不得不受其雇佣，在整个生产过程中付出劳力最多，获得利益最少，甚至不能维持其生存和发展。为了维持个人和家庭的生存，其劳动时间、强度等都不能按照自己的意志进行选择。劳动本身仅仅作为人的生命活动的一部分，在这里却变成了为了生活而不得不劳动的谋生手段，生产的产品作为对象而不得，自身的意志不能实现，导致人的异化。

自然对人具有先在性，人产生并依赖于自然，自然界为我们提供必不可少的生活资料和生产资料。早期资本主义一味追求生产力的提高，不仅剥削工人，同样剥削自然界，不惜以牺牲生态环境为代价。马克思在《论犹太人问题》中指出：“在私有财产和金钱的统治下所形成的自然观念，才是对自然的真正蔑视和贬低……一切的生灵，天上的鸟、地上的植物和水中的鱼都变成了财产，这种生灵也应该是自由的。”就这样人的异化又表现为人与自然的异化。劳动异化导致了人的异化，人的异化又导致了生态异化，从劳动异化和人的异化的原因来看，又是私有制与分工的必然产物，所以，应从劳动异化和人的异化分析生态异化，生态异化即生态危机。

虽然这种异化普遍存在于资本主义生产关系当中，但是这对我国生态环境保护和生态文明建设也存在借鉴意义。历史实践证明，生态环境保护问题是全人类都要面对的问题。但是不同制度下解决问题的效力还存在差别。中国特色社会主义有其制度上的优越性，我们要意识到生态环境的重要性，吸取历史教训，采取正确有效的政策措施，搞好社会主义生态文明建设，克服资本主义制度下出现的生态异化。

马克思指出为了避免滥用科学技术带来的负面影响，必须变革资本主义生产关系，并认为只有共产主义社会才能解决这个问题。马克思在《1844年经济学哲学手稿》中指出：“这种共产主义，作为完成了的自然主义，等于人道主义，而作为完成的人道主义，等于自然主义，他是人和自然界之间，人和人之间的矛盾的真正解决。”共产主义社会从根本制度上消除了人与人、人与社会以及人与自然之间的矛盾，促进了人与自然的和睦共处，实现了人的自由而全面发展。

马克思主义生态思想为我国社会主义生态文明建设提供了理论指导。我们要坚持中国特色社会主义，坚持四个自信，总结历史经验，走中国特色社会主义的生态文明建设道路。

二、中华优秀传统文化中的生态思想

（一）“天人合一”的生态整体观

“究天人之际”是中国哲学的基本问题。中国传统哲学有其悠久的发展历程，针对世间万物的存在，探索、揭示其存在的客观规律，对天人关系形成了自身独特的见解。“天人合一”则是解决这一问题的基本理念，意指天道与人道的内在统一关系，对此儒家和道家等都作出了多种解释。

在“天人合一”关系的理解上，儒家主张敬天畏命、知天达命。在春秋时期，由于技术水平和生产能力的限制，人们在自然规律面前无能为力，对大自然心生敬畏。人们遵循着“畏天知命”的价值观念，春耕播种便会金秋收获，体现一种天人相通的理念。《礼记·中庸》中提道：“天命之谓性，率性之谓道。”即天所给予人的气质，依照本性去做事，叫作“道”。从《易经》可发现性与天道的观点：“天道变化，各正性命。”指的是天道是不断变化的，在变化中使万物各得其命，也就是使每一个事物按照其本来的性质发展，使天、地、人三者成为一个有机整体，相辅相成，互为转化，即“万物并育而不相害，道并行而不相悖”的一种状态。孔子认为，“不知命，无以为君子也”，“知天命”是君子应有的德行修养，要在认清事物客观规律的基础上发挥个人能力与作用。

道家讲“天人合一”，重点在于要合自然之道。道家最主要的核心范畴在于“道”，“道”是事物存在的本源，《道德经》中记载：“道生一，一生二，二生三，三生万物。”道是最原始的存在，万物归于道而产生。道无相无形，是整个物质世界最本质的规律与行为法则。对于人与自然的关系，老子指出“人法地，地法天，天法道，道法自然”（《道德经》第二十五章），即不受外物所干涉的自然界应着其本应发展的路线以一种原始的状态来运动的完美情况。人不是天地万物的主宰，而是世间万物中的一员。老子提出的“天网恢恢，疏而不漏”，表达的就是人与自然共同存在，是相互联系、相互作用的有机整体，各有其产生、发展、消亡的自然定律。

道家在“天人合一”思想的基础上还提出了“顺天”的主张，道家倡导“自然无为”。其一，自然无为就是顺应自然，不刻意与自然规律背道而驰，不根据自身意志随意改造自然。“圣人处物而不伤物。不伤物者，物亦不能伤也。惟无所伤者，为能与人相迎。”品行高洁之人与世相处，而不损伤外物，故而外物亦不伤人，两相安好。“天地不仁，以万物为刍狗；圣人不仁，以百姓为刍狗。天地之间，其犹橐籥乎？虚而不屈，动而愈出。多言数穷，不如守中。”（《道德经》第五章）天地公正无私，对世间万物没有偏爱，只是让其顺其自然地发展。为政不在言多，政令苛刻繁多也只会禁锢百姓的思想与言行，不如少做、多看，顺其自然即为“守中”。其二，自然无为也不是无所作为，被动消极入世，而是不妄为，不根据自己一时喜好胡作非为。“无为”的过程是运用人的聪明才智，在掌握了解万物的运转之后，顺应自然规律而为，不刻意，不强求。从人与自然关系的角度来看，是指人不应过度贪婪，对大自然进行无限制的索求，对待万事万物皆应有度，适可而止。

（二）“物无贵贱”的生态平等观

自然界是一个复杂的生态系统，具有多样性和包容性。任何物种都是大自然中的一员，都对生态系统的平衡与稳定发挥着不可替代的特定作用，并无高低贵贱之分，人也是如此，这便是大自然的平等观。中国传统生态文化中就蕴含着“物无贵贱、众生平等”的生态平等思想，主张尊重万事万物，敬重生命。

老子是道家思想的代表人物，他提出“道法自然”“道生万物”的观点，认为世间万物应持着相互尊重的态度相互磨合。首先，人与万物平等。“故道大，天大，地大，人亦大。域中有四大，而人居其一焉”（《道德经》第二十五章）。四个子系统处于并列关系，而无所谓高低贵贱、好坏优劣，人从来不是万物的主宰，只能说各自的功能与职责不同。庄子继承了这一思想内涵，提出“天地与我并生，而万物与我为一”。他的《齐物论》主要内核也是“万物一齐”，即万物平等，讲的就是顺应自然，消除物我之别，而融入天地万物之间。其次，人看待其他事物的态度也要无分贵贱。“以道观之，物无贵贱。以物观之，自贵而相贱。以俗观之，贵贱不在己。”站在纯然的宇宙观的角度，万物是无区别的，各司其职，作用不同而已。“以趣观之，因其所然而然之，则万物莫不然；因其所非而非之，则万物莫不非。”人与自然不存在有主宰与被主宰、主体和客体之分，人并不优胜于其他物种。

公历纪元前后，佛教开始由印度传入中国，经过长期的传播发展，与中国国情相融合，形成了具有中国文化特色的佛学。众生平等是佛家生态思想的核心观点。佛教认为“无情有性”，万物都具有佛性。没有情感意识的大地、山川、河流、草木等都具有佛性，这种佛性是平等的，无高低贵贱之分。《六祖坛经》中有“譬如雨水，不从无有，元是龙能兴致，令一切众生，一切草木，有情无情，悉皆蒙润，百川众流，却入大海，合为一体，众生本性般若之智，亦复如是”。佛性之于众生，就像雨水之于万物，一无遗漏，悉皆平等。自然界是个有机统一的整体，自然环境中各种物种和资源之间也相互依存。为了实践“平等”的思想，佛教也提出了诸如不杀、素食、放生等一系列行为规范。人应该珍惜并爱护一切生命，尊重每一个个体，这些都是佛教众生平等的观念和尊重生命、关爱生命的慈悲精神的体现。

（三）“取用有节”的生态消费观

“节俭”是中华民族优秀品格的长久积淀，是“厚德”的重要内容，对当今建设资源节约型、环境友好型社会，仍然具有重大的价值导向。

儒家倡导勤俭节约，表现为对自然界要有仁爱之心，用之有节，并把节俭作为个人修养的基础。儒家从“仁”的角度出发，对自然的关爱是一种推己及人、由人及物的伦理学扩展。儒家的核心思想是“仁爱”，包含了对人和一切自然物的爱惜与呵护之心。《礼记·王制》中记载“天子不合围，诸侯不掩群”。人必须做到“惜生”，古代天子、诸侯狩猎，杜绝一网打尽，倡导“不合围，不掩群”，目的是保护自然万物的平衡、可持续。《论语·述而》中“子钓而不纲，弋不射宿”讲的是捕鱼要用只有一个鱼钩的钓竿钓鱼，不能用有许多鱼钩的大绳钓鱼，只能射飞鸟，不能射巢中安歇的鸟，对动物要存有仁爱之心，不能杀鸡取卵、竭泽而渔，破坏了自然界的正常繁衍。反之，则“竭泽而渔，岂不获得？而明年无鱼，焚薮而田，岂不获得，而明年无兽”。孔子把“俭”与温、良、恭、让一同列为人的基本道德准则，是个人道德修养的一部分。他认为“俭近仁”，注重节俭的人的品德也就接近“仁”了，而“仁”是儒家最高的道德标准。对此他提出：“奢则不孙，俭则固。与其不逊也，宁固。”（《论语·述而》）对比骄奢不恭，宁选择节俭固陋。孟子是继孔子之后的另一位儒家的集大成者，他继承和发展了孔子“仁”的思想，赋予了“仁”更多的含义，“亲亲谓之仁，然后及于爱物。君子之于物也，爱之而弗仁；于民也，仁之而弗亲。亲亲而仁民，仁民而爱物”。把对人的仁爱推及到自然万物。关爱自然界和一切生命是人的道德要求，这种把人际道德和生态道德相统一的观点彰显了对普遍生命的关怀和博爱精神。“天行有常，不为尧存，不为桀亡。”（《荀子·天论》）事物的存在与发展有其固有规律，不会因人的意志而改变，这都体现了儒家重视天人关系、主张万物和谐共存、取之有度用之有节的理念。

佛教倡导节俭、朴素、回归自然。佛教认为，一个人生命终结时，他一生行为的总和会作为一个整体产生一个结果，善业感召愉快的果报，恶业感召痛苦的果报，即善有善报，恶有恶报。人生而相同，由于妄念的不同，才有了众生与佛的区别。人们通过修行，去掉妄念和无明，消除人们的各种欲望，达到内在的知行合一，超凡入圣，众生都可以回归纯净无染的清净心境，达到佛的境界。现代社会由于科学技术的发展，简单的温饱生活已不能满足人们的巨大欲望，常常伴随着以破坏生态为代价来达到物质财富增加的目的。虽然以宗教为依托的佛教生态思想对人与自然关系的思考，也有一定局限性和缺陷，但其中包含的单纯朴素的人与自然和谐相处的观点、开展活动应以自然规律为前提、节约、仁爱的思想都为我国当今生态文明建设带来了深刻启发。

三、中国共产党人生态文明建设思想

中国共产党以马克思主义理论为指导，以中国传统优秀文化为基石，并不断吸收借鉴西方优秀生态文明建设理论，创造性地继承和发展了马克思主义，是先进的马克思主义政党。新中国成立以来，中国共产党人在探索社会主义建设的实践中，积累了丰富的有关生态文明建设的经验，吸收中华优秀传统文化中的生态智慧，丰富和发展了马克思主义的生态思想，为新时代我国农村生态文明建设提供了理论指导。

（一）十八大以前中国共产党人关于生态文明建设概述

1. 毛泽东生态文明建设思想

新中国成立之前，受社会环境影响，我国的生态环境遭到严重破坏，无法立即得到有效改善。早在 1934 年毛主席就指出：“水利是农业的命脉，我们也应予以极大的注意。”新中国成立后，人民刚刚走出战争的硝烟，第一需求就是吃饱穿暖，过上安稳的生活，所以毛主席对生态的关注，也是从农业建设开始的。由于地理因素和粗放式经济发展模式，北方黄土高原和内蒙古水土流失严重，1955 年毛主席在七届六中全会上指出：“还有绿化荒山和村庄，我看特别是北方的荒山应当绿化，也完全可以绿化。”1955

年在为中共中央起草的《征询对农业十七条的意见》中提出："在十二年内，基本上消灭荒地荒山，在一切宅旁、村旁、路旁、水旁，以及荒地上荒山上，即在一切可能的地方，均要按规格种起树来，实行绿化。"为探索中国特色环境保护道路奠定了良好的发展基础。随着中国国情的变化，人口数量的绝对优势已经显现出它的不足，人口众多致使人均耕地不足，粮食危机威胁人的生存，环境压力空前。毛主席指出："社会的生产已经社会化了，而人类本身的生产还是处在一种无政府和无计划的状态中。"毛主席主张要有计划地生育，方能解决社会问题。毛泽东主席是党中央第一代领导集体的核心，虽然他没有提出完整的关于"生态文明"的理论体系，但是在探索社会主义道路的过程中，他一直非常关注环境问题，为我国生态文明建设提供了良好的开端。

2. 邓小平关于生态文明建设思想

在毛泽东同志的生态思想基础之上，邓小平对中国的经济、环境、立法等方面和生态文明建设方面也做出了进一步研究与论述。经济发展程度与环境质量密切相关，两者辩证统一。1973 年，邓小平同志在游览桂林山水时了解到漓江水的污染状况，就指出一定要把漓江水治理好，导致污染的工厂该关掉就要关掉，只有这样才能够吸引更多的游客，才能搞好旅游业，加快当地的经济发展。科学技术是第一生产力。面对科学、技术、经济、社会四位一体的科技时代，邓小平深刻认识到科学技术在社会经济的发展中的先导作用，他提出了"科学技术是第一生产力"的著名论断，阐述了科学技术与发展生产力的内在规律与必然联系。面临我国人口基数大、资源紧缺、生态环境已遭到破坏的国情，科学技术是解决这些问题的有效手段。"制度好可以使坏人无法任意横行，制度不好可以使好人无法充分做好事，甚至会走向反面。"邓小平认为，保护环境不能仅仅依靠个人自觉性，更重要的是规则和法律。只有建立完善的生态管理机制，才能为生态环境的保护和治理提供依据和保障。1978 年我国第三部宪法第一次对生态建设作出了规定；1982 年宪法将生态保护明确列入其中。我国环境保护写入宪法，使得我国人民的环境保护意识有了显著提高，而且也充分调动了全社会人民保护环境的积极性，这标志着我国的环保工作向法制化迈进了一步。

3. 江泽民关于生态文明建设思想

1987 年，联合国世界环境和发展委员会在《我们共同的未来》一文中正式提出“可持续发展战略”，这逐步成为世界各国坚持的一条准则。改革开放为我国经济发展注入活力，但是在经济高速发展的同时，也出现了一些社会问题。我党认识到要实现国家的全面可持续发展，就要正确处理好人与人、人与自然的关系，处理好长远利益和眼前利益的关系。江泽民同志在继承邓小平生态思想的基础上，结合我国改革开放的实践，提出了“可持续发展”思想。过度追求经济迅速发展，忽视了对生态环境的保护，导致环境恶化、资源枯竭等问题越来越严重。江泽民明确指出：“环境保护工作，是实现经济和社会可持续发展的基础。”要促进中国的可持续发展，就必须解决环境问题。1998 年 3 月 13 日在九届全国人大一次会议上江泽民继续指出：“生态环境恶化，水旱灾害频繁，是制约我国农业发展的最大障碍。”生态环境的破坏制约着我国的经济发展速度和质量。因此要促进社会经济的持续健康发展，必须加大对生态环境的保护力度。1996 年 7 月 16 日，在我国第四次全国环境保护会议上，江泽民继续强调：“环境保护很重要，是关系我国长远发展的全局性战略问题。在社会主义现代化建设中，必须把贯彻实施可持续发展战略作为一件大事来抓。”他将环境保护上升到关系是否能实现可持续发展战略的高度，进一步加强了我国对生态文明建设的重视程度，为生态文明建设的深入发展打下了良好的基础。

4. 胡锦涛关于生态文明建设思想

随着改革开放的深入发展，我国经济的增长取得了令世人瞩目的成就。但生态环境恶化带来的影响已经威胁到人民的根本利益，进一步深化生态环境治理迫在眉睫。在这一背景下以胡锦涛同志为核心的党中央集全党智慧提出了要坚持科学发展观。在过去的国家发展中，我国为了尽快缩小与发达国家之间的差距，把“国内生产总值”作为国家发展的主要衡量标准，这就导致社会片面追求 GDP 的数值，而忽略了对生态环境的保护，造成了生态环境的不断恶化。2003 年党的十六届三中全会明确提出：“要坚持以人为本，树立全面、协调、可持续的发展观，促进经济社会和人的全面发展。”科学发展观要旨就在于要做到速度和效益相统一，经济发展和环境相协调，这为我国的生态文明建设提供了目标指向。在党的十七大报告中，胡锦涛强调：“坚持节约资源和保护环境的基本国策，关系人民群众切身利益和中华民族生存发展，必须把建设资源节约型、环境友好型社会放在工业化、现代化发展战略的突出位置，落实到每个单位、每个家庭。”胡锦涛把生态文明建设提升到国家战略的高度，并明确提出了生态文明建设的具体内容。建设生态文明实质上就是要建设以资源环境承载力为基础、以自然规律为准则、以可持续发展为目标的资源节约型、环境友好型社会。胡锦涛立足于我国经济发展实践，从发展理念、发展模式和社会构建三方面提出了具体的生态文明建设内容，为我国生态环境建设的进一步发展提供了保证和良好的社会基础。

（二）习近平生态文明思想

1. 绿水青山就是金山银山

2005 年，习近平总书记在担任浙江省委书记到安吉县余村考察时，对村子关闭矿区，走绿色发展之路给予了高度肯定，并首次提出了“绿水青山就是金山银山”的观点。2013 年，在哈萨克斯坦纳扎尔巴耶夫大学演讲时他又进一步指出：“我们既要绿水青山，也要金山银山。宁要绿水青山，不要金山银山，而且绿水青山就是金山银山。”拿“绿水青山”与“金山银山”做比喻，形象地揭示了环境保护和经济发展之间的辩证关系，内涵丰富、意境深远，是习近平生态文明思想的代表性论断。生态环境出现的矛盾是一个历史积累过程。新中国成立以后，为了快速赶上发达国家的步伐，迅速发展经济，我们在环境保护方面欠账诸多，生态破坏严重，已经成为制约国民经济发展的一个重要因素，也严重影响了全面建成小康社会的质量。实践证明，环境保护和经济发展是一致的，忽视环境保护就是忽视了经济发展的重要基础，影响了社会主义现代化的实现。环境保护和经济发展在社会主义现代化进程中缺一不可，二者相辅相成、相互促进。注重生态文明建设与经济协调发展，不用绿水青山换金山银山，也不用金山银山去修复绿水青山，是建设“美丽中国”的基础。注重环境保护是要在保护环境的基础上谋求经济发展，将生态优势转化为经济优势，实现经济的永续发展。

2. 用最严格的制度、最严密的法治保护生态环境

党的十九届四中全会对坚持和完善生态文明制度体系，促进人与自然和谐共生作出了系统安排，阐明了生态文明制度体系在中国特色社会主义制度和国家治理体系中的重要地位，这是新时代推进农村生态文明建设的一项重要原则，直击当前环境治理要害。“用最严格的制度、最严密的法治保护生态环境”包括两方面，一是制度，二是法治。最严格的制度就是在制度上和机制上完善创新，强调静态的制度规定，而最严密的法治更强调动态的制度执行，强调要全方位实现环境法治。制度带有全局性、稳定性，作用在于管根本、管长远，在生态环境治理上处于基础性位置，科学立法才能确保严格执法、公正司法，只有建立起完备的法律制度，才能做到有法可依，解决违法犯罪成本低下，环境保护无法可循的难题。发挥好制度对生态文明建设的保驾护航功能，使生态文明建设进入法治化、制度化的轨道。其次，贯彻执行法规制度关键在落实，真抓严管。制度的生命力在于执行，再好的制度，没有严格的执行力，也等同于空中楼阁。习近平总书记还指出：“生态环境保护能否落到实处，关键在领导干部。要落实领导干部任期生态文明建设责任制。”建设一支能干实事的生态环境保护铁军，守护好生态文明的绿色长城。

3. 良好生态环境是最普惠的民生福祉

中国共产党的宗旨是全心全意为人民服务，民生问题一直是中国共产党高度重视的问题。改革开放以来，我国经济获得高速发展，取得了巨大的历史成就，这是中国人民40年来披荆斩棘、砥砺奋进的结果，是值得我们骄傲的地方。但同时也必须看到，在这个高速发展过程中也积累了大量的环境问题，成为民生之患、民生之痛。对于生态与民生的关系，我们可以从两方面来把握。一方面，生态环境作为一种公共产品，包括水、空气、土壤、阳光等都具有消费的非竞争性和非排他性。无论是贫穷还是富有，年老还是年少，男性还是女性，我们每个人都可以公平地享用这些自然资源。另一方面，人类的产生和存在都以生态环境为基础，离开生态环境单独存在的人是不存在的。地球不仅是当前人类的生存家园，还是未来人类永续长存的基础。要处理好生态环境与经济发展的关系，为子孙后代留下良好生态这个“绿色银行”。2015年3月6日，在参加十二届全国人大三次会议江西代表团审议时，习近平总书记提出：“环境就是民生，青山就是美丽，蓝天也是幸福。要像保护眼睛一样保护生态环境，像对待生命一样对待生态环境。”2016年在青海省考察工作结束时，习近平总书记再次提到生态民生的观点：“党的十八大以来，我反复强调生态环境保护和生态文明建设，就是因为生态环境是人类生存最为基础的条件，是我国持续发展最为重要的基础。‘天育物有时，地生财有限。’生态环境没有替代品，用之不觉，失之难存。”习近平总书记始终站在马克思主义群众观的立场，多次表示生态环境就是民生福祉，要为人民谋福利，使人民群众能够共同享有生态文明建设成果。党的十九大报告提出了我国社会主要矛盾的转变，人民对美好生活的需要不仅包括对物质文化生活的需要，还包括对良好生态的渴望，这是目前急需解决的民生问题。要实现永续发展，就要解决好环境问题，抓好生态文明建设。

4. 携手共建生态良好的地球美好家园

人类只有一个地球，各国共处一个世界，应该牢固树立命运共同体意识，国际社会应该同舟共济，携手同行，加强各国交流与合作，共同维护全球生态安全，提高全球治理能力和水平。近年来，全球生态环境恶化尤为明显，气候变暖、冰川融化、地面沉降、生物锐减等问题越来越多，生态危机愈演愈烈。地球生态是整个人类赖以生存的基础，关系到每个国家、每个种族、每个人的福祉与未来。并且，地球生态是一个息息相关的整体，小范围来说山、水、林、田、湖是一个生命共同体，大范围来说全球的空气、海洋以及生物都具有流动性。生态问题的解决，单靠一个国家或者区域性的治理是远远不够的，往往会造成事倍功半的效果。发达国家和发展中国家所处的发展进程不同，但对保护生态都有着不可推卸的责任。“保护生态环境，应对气候变化，维护能源资源安全，是全球面临的共同挑战。中国将继续承担应尽的国际义务，同世界各国深入开展生态文明领域的交流合作，推动成果分享，携手共建生态良好的地球美好家园。”我国虽然还处于社会主义初级阶段，面临着全面建成小康社会和实现社会主义现代化的历史任务，承载着发展的巨大压力，但也一直本着负责任的态度，愿意并主动承担与我国国情、发展阶段相符合的国际义务，并督促发达国家兑现相应承诺，帮助发展中国家渡过难关。中国提倡的“一带一路”倡议就是要走一条开放发展之路，也同样是一条共建美丽家园的绿色发展之路。十九大上提出建设“美丽地球”设想。2019 年北京世界园艺博览会开幕式上，习近平总书记进一步提出了保护地球生态环境的中国方案：“我们应该追求人与自然和谐。我们应该追求绿色发展繁荣。我们应该追求热爱自然情怀。我们应该追求科学治理精神。我们应该追求携手合作应对。”习近平总书记“携手共建生态良好的地球美好家园”生态命运共同体思想，符合人类文明发展的大趋势，为全球生态治理提供了中国智慧，展现了大国担当。

习近平生态文明思想是对经典马克思主义生态思想的继承和发展，也是对中华传统文化所蕴藏的生态智慧的创新性发展。习近平总书记生态文明思想不仅为中国特色社会主义生态文明建设提供了基本的理论遵循，更为全球环境治理提供了科学的解决方案。

第二节 农村生态文明建设现状

一、农村生态文明建设取得的成就

党的十八大以来，我国加大推进农村建设的力度，大力扶持农业经济发展，投入大量财力和技术支持，以此来推进社会主义新农村建设，并取得了显著成效。

（一）生态化生产方式初步形成

生态产业建设是生态文明建设的重要基础，既保障了经济的有效增长，又为环境保护提供了物质基础，做到了经济与生态的双赢。改革开放之初，我国农业生产仍以传统的劳作方式为主。经过改革开放以来几十年的发展，尤其是党的十八大以来，农业产业已经突破了传统意义上的农业概念，涌现出许多农业新产业和新业态。农作物种植是农民的重要收入来源，为推动农业绿色发展，农业农村部实施了禽畜粪污资源化利用行动、果菜茶有机肥替代化肥行动、东北地区处理秸秆行动等，在使农作物高量高产的同时，积极推进化肥农药零增长行动。

我国地域辽阔，南北横跨纬度将近五十度，东西跨越经度六十多度，因地理环境、自然条件的巨大差异，也展现出了形色各异的农村风貌。各地区农村立足实际，依托本地自然资源的优势，走出了各有所长的新时代乡村振兴实践发展道路。比如浙江安吉模式，在建设“中国美丽乡村”的前提下，开展中国特色农业现代化建设，挖掘弘扬其独有的农村文化风格，突出“田园、竹海、溪流、山野”等具有地方特色的资源，发挥生态优势和产业特色，带动休闲农业和乡村旅游的发展。再如广东温氏模式，由龙头企业作为现代农业开发和经营主体，本着“自愿、有偿、规范、有序”的原则，采用“公司＋基地＋农户”的产业化组织形式，围绕一个产业或产品，形成供应、生产加工、销售一体化经营的产业化、商品化、规模化的生产经营格局。还有内蒙古鄂尔多斯模式，在农牧经济为主的地区，实行将畜牧产业作为主导产业，积极发展种植业和饲料产业等措施，实现农牧户、基地、企业的良好对接，加强市场建设，提高农牧业生产标准化和科技含量，实现农牧业跨越发展的农业运行模式。农村也是一个有着自然生态平衡的社会系统，在尊重自然规律合理利用资源的条件下发展农村经济，既能保护生态环境，又能延长农村产业链，促进经济的绿色有效发展，实现环保与发展的双赢。

（二）生态化生活方式有所改进

党的十八大以来，我国不断加大对农村生态环境治理的投入力度，基础设施不断完善，深入实施大气、水、土壤污染防治三大行动计划，我国成为世界上第一个大规模开展 PM2.5 治理的发展中大国，城市空气质量明显改善，并成为全世界污水处理能力最大的国家之一。改善农村人居环境是实施乡村振兴战略的一场硬仗，也是当前推进乡村建设的主要抓手。我国农村人居环境状况很不均衡，不少乡村人居环境“脏乱差”问题突出，严重阻碍了乡村振兴战略、全面建成小康社会的步伐。因此，党中央国务院高度重视改善农村人居环境工作，党的十九大明确要求开展农村人居环境整治行动。2018 年底中央农办、农业农村部等 18 个部门联合印发《农村人居环境整治村庄清洁行动方案》，聚焦农民群众最关心、最现实、最亟须解决的村庄环境卫生难题，动员广大人民群众积极参与，在一定程度上改变了农村村容村貌，培养了农民良好的卫生习惯。

2019 年先后打响了春节战役、春季战役和夏季战役，各地因地制宜，发动广大农民群众积极参与，使我国农村人居环境整治取得较大成效。全国 80% 以上的村庄开展了清洁行动，累计清理农村生活垃圾 4 000 多万吨、村沟村塘淤泥 3 000 多万吨，清除村内残垣断壁 400 多万处。农村生活垃圾得到有效处理，比2017年提高了约7%，其中九成以上采用了集中收运处置模式；有11个省（区、市）通过了农村生活垃圾治理整省验收。2018年以来，中央农办、农业农村部积极发挥牵头抓总作用，学习推广浙江“千村示范、万村整治”工程经验，推进农村厕所革命、农村生活污水治理、村庄清洁行动等专项部署。投入70亿元中央财政资金实施农村厕所革命整村推进奖补政策，中央预算内投资30亿元支持中西部省份整县开展农村人居环境整治，并且对农村人居环境整治成效明显的19个县给予激励支持。2018年全国完成农村改厕1 000多万户，农村改厕率超过一半。2019年上半年，全国新开工建设农村生活垃圾处理设施5万多座，农村生活污水处理设施8万多座，新开工农村户厕改造1 000多万户，农村人居环境整治各项重点任务稳步推进。

1. 农村垃圾得到有效处理

田园风光美丽乡村承载了人们对生活的美好向往，而农村环境卫生差一直是困扰农村居民的一大难题。长期受城乡二元结构的影响，治理农村垃圾的公共服务还没有完全落实到位，农村垃圾处理总体上还处于起步阶段，“垃圾靠风刮、污水靠蒸发、室内现代化、室外脏乱差”仍是一些农村地区环境的真实写照。全面建成小康社会，不仅要解决农民收入提高的问题，更要治理好农村环境卫生这个软环境。

2. 厕所卫生环境得到明显提升

2017年11月，习近平总书记在充分肯定旅游系统推进“厕所革命”成绩的同时作出重要指示：“厕所问题不是小事情，是城乡文明建设的重要方面，不但景区、城市要抓，农村也要抓，要把这项工作作为乡村振兴战略的一项具体工作来推进，努力补齐这块影响群众生活品质的短板。”厕所是衡量文明的重要标志，改善厕所的卫生状况，直接关系到人民群众的生活环境和身心健康。

3. 大气环境得到持续改善

2016年12月，习近平总书记强调：“推进北方地区冬季清洁取暖，关系北方地区广大群众温暖过冬，关系雾霾天能不能减少，是能源生产和消费革命、农村生活方式革命的重要内容。”积极推进清洁取暖，坚持宜电则电、宜气则气，以电定量、以气定量的原则，推进光伏、光热等多种取暖方式。在清洁取暖不能覆盖的领域，全部采用兰炭、型煤、无烟煤等洁净煤，实施洁净煤托底政策，积极推广“洁净型煤＋节能环保炉具”模式，替代劣质散煤，减少排放和能源消耗。为全面有效禁止劣质散煤使用，促进“气代煤”和洁净型煤推广工作落到实处，持续改善空气环境质量，各乡镇政府多措并举全力做好散煤回收工作。随着“煤改气”工程的推进，农村大气污染得到一定程度的改善，生态质量持续提高。

（三）生态化管理方式不断加强

习近平总书记强调：“推动绿色发展，建设生态文明，重在建章立制，用最严格的制度、最严密的法治保护生态环境。”生态文明建设是一项复杂的社会系统工程，其内涵复杂而深远，决定了生态文明建设路径的复杂性。建立健全农村生态文明建设长效机制，为进一步落实和推进生态文明建设提供目标和方向。

1. 国家层面做好顶层设计促进生态管理有法可依

党的十八大以来，习近平总书记围绕生态治理、生态保护问题提出了一系列的新思想新理念，为推动生态文明建设、加强生态保护提供了科学的思想指引和强大的实践动力。党的十八大报告指出：“必须树立尊重自然、顺应自然、保护自然的生态文明理念。”2013年11月，中共十八届三中全会通过《中共中央关于全面深化改革若干重大问题的决定》，提出加快生态文明制度建设，用制度保护生态环境。2014年4月24日，《中华人民共和国环境保护法修订案》在十二届全国人大常委会第八次会议上表决通过，新的环保法强调企业对环境保护和治理要有更强的责任意识，对破坏环境的违规企业实行更严格的惩罚制度，就政府、企业公开环境信息与公众参与、监督环境保护作出了系统规定。2015年5月，《中共中央 国务院关于加快推进生态文明建设的意见》出台，意见提出到2020年，资源节约型和环境友好型社会建设取得重大进展，生态文明建设水平与全面建成小康社会目标相适应。2016年12月，习近平总书记对生态文明建设作出重要指示："要深化生态文明体制改革，尽快把生态文明制度的'四梁八柱'建立起来，把生态文明建设纳入制度化、法治化轨道。"宪法是国家的根本大法，是治国安邦的总章程。2018年3月11日，十三届全国人民代表大会第一次会议中通过的《中华人民共和国宪法修正案》，对中国特色社会主义事业总体布局和两个百年奋斗目标作出了调整，将生态文明作为基本国策历史性的写入了宪法，将其提升到国家意志的层面，使生态环境保护具有了更高的法律地位和更强的法律效力。2018年6月16日，中共中央、国务院发布了《中共中央 国务院关于全面加强生态环境保护 坚决打好污染防治攻坚战的意见》，指出："到2020年，生态环境质量总体改善，主要污染物排放总量大幅减少，环境风险得到有效管控，生态环境保护水平同全面建成小康社会目标相适应。"

2. 地方政府制定具体措施保障生态文明建设顺利推进

生态化管理方式的加强，不仅体现在国家层面法律制度的确立，还体现在地方政府不断加强农村生态环境的治理上。进入中国特色社会主义新时代以来，我党和政府对生态文明建设给予了高度重视，环境法治建设得到不断优化和完善，生态化管理方式不断加强，为我国环境治理提供了有力保障。

二、农村生态文明建设存在的问题

（一）农村环境治理主体单一

马克思认为，人民群众是社会实践的主体，是历史的创造者。恩格斯曾经说过："历史活动是群众的事业。决定历史发展的是'行动着的群众'。"

农村生态文明建设最坚实的依托就是广大农民群众，农民群众对农村生态环境治理也有着不可推卸的责任。农村生态文明建设必须发挥农民和村集体在农村生态文明建设中的主体作用。

农村生态环境治理是一个具有长期性、复杂性的系统工程，需要耗费大量的人力、物力、财力资源，治理主体应该多元化，加入农民群众的力量，协调好政府、企业、农民三者之间的平衡关系。但就目前经济发展水平与生态环保意识来看，整个社会共商共建的社会氛围还没有形成。例如在农村垃圾的处理上，就容易出现政府主导，村民观望，不能做到共商共建共享。在农村垃圾回收处理整治中，所需资金大多来源于政府拨款，农民主体意识不强，自主投工投劳的热情和积极性还不高，存在政府部门一抓就见效果，职能部门一管就大变样，不抓不管就会有所反弹，有“政府干、农民看”的现象。共商共建共享只做到了共享，对于建设成果不懂得维护，造成环境破坏反复出现，直接影响农村生态文明建设进程。

（二）农村生态改革进展缓慢

改善农村人居环境，是以习近平同志为核心的党中央作出的一项重大决策，事关广大农民群众根本福祉，事关农村社会文明和谐，事关乡村振兴战略的有效推进。但是，乡村经济基础薄弱，不少农民收入低下，加上对于农村生态文明建设的认识仍然不足等复杂因素，造成农村人居环境改革项目与农民意愿存在分歧，导致农村生态环境改革受阻，进展缓慢。“煤改气，煤改电”工程目的在于通过降低排放，减少雾霾，提高空气质量。但在实施过程中却变成了一些农民口中的强制性、无效性、劳民伤财的行为。“煤改气”不完全是自愿的，国家虽然不要求每户都进行“煤改气”改造，明确规定是农户自愿原则，但很多农民表示，在具体实施过程中，出现强力推行“煤改气”的情况。而农民不愿意进行“煤改气”的原因在于燃气成本太高，农民无法承担。即便有补贴，对于一些农户来讲，高昂的采暖费仍是一项沉重负担。农民反映花同等的钱买煤可以烧三年，买气只能烧一年。另外，由于农村房屋结构与城市楼房有所区别，保温效果差，烧气比烧煤温度低，温暖过冬成了一个重大问题。相应地，劣质散煤的回收工作也进行得十分缓慢，存在农民不愿意上交、偷偷藏匿的现象，最后造成农民行为和政府初衷相背离，影响农村生态文明建设的发展。

（三 ）农村环境监管力度较弱

我国资源浪费现象在各个环节中均有发生，主要原因之一是管理松懈、监管不力所致。政府是农村生态环境治理的主导者，是生态治理状况的评价者与监督者，拥有法律法规政策的制定权。但在农村生态文明建设的过程中，一些地方政府“重建设轻管理”的现象突出，管理松懈，生态环境保护引导存在滞后性，致使农村污染治理出现反复，污染在先治理在后的情况发生。一方面，农村环境管理机构不健全。农村地区的环境污染和城市相比，污染源更加分散，随机性较强，不易被监测，监管防治难度明显较大。治理难度较大，加上环境资源和环境服务的公共性，决定了政府应在环境管理中要发挥主导作用。乡镇政府是农村生态环境的直接管理人和监督者，但目前只有少部分乡镇才建立了专门的环保机构，绝大多数还处于空白。即使建有环保机构的乡镇也没有条件配齐专业的环保组织人员，多是政府成员身兼多职。在环保机构不健全、专业人员缺失的条件下，无法对农村环境实施常态监管，定时不定时的卫生检查也只能满足上级领导的临时抽检，无法解决农村实际环境污染问题。另一方面，农村环境监管责任追究制度不完善。在农村环境治理过程中，由于生态环境部人员构成复杂，责权分配不均，部分人员又缺乏治理能力和服务意识，做事方法简单粗暴，导致执法效果不甚理想。根据我国现行《中华人民共和国环境保护法》的规定，环保行政主管部门对环境保护工作实施统一监督管理，各级政府及其农业部门有农村环境污染防治职责。虽然在法律上有规定说明政府对环境监督负有责任，但是对于监管过程中出现的违法失职等具体问题却没有详细说明。监督责任追究制度的不健全，导致涉及承担责任时，出现部门与人员之间互相扯皮推诿，以及责任追究宽严不一的情况。

（四）农村专业技术人才缺失

生态振兴作为乡村振兴的重要组成部分，需要大量专业人才作为技术支撑，尤其是积极投身乡村建设的管理人才和服务人才等，但人才匮乏已经成为建设美丽乡村必须面对的壁垒。一方面，改革开放以来，随着城镇化的发展，城乡差距越来越大，农村人才不断流失。在市场化、工业化、城市化的影响下，人才外流，农村萎缩。市场机制使得一大批农村能人离开农村，在非农产业创业发展，谋求新的生机，导致农村的“老龄化”“空巢化”日趋严重，农村后继乏人的问题日益凸显。近些年来，农村人才队伍出现回流，但是与乡村建设这个巨大的工程相比，无论是在人数规模上，还是在专业素质能力上，都存在一定差距。城市拥有更多的就业机会，更优美的居住环境，更完善的交通、教育、医疗、娱乐等基础设施，农村与城市之间的固有差距依然是一条鸿沟，而给出的一般性优惠政策却也不足以吸引人才来到农村就业、创业。即使有一些农业科技人才、返乡农民工、工商业主进入农村就业、创业，但与所需人才数量也差距较大，外来人才引进困难重重。加上农村工作资源少收益低，赡养老人、抚养孩子花销巨大，如此一来，城乡之间形成巨大的引力差，因此，本地人才也留不住，导致农村空心化严重，产业结构得不到更新。另一方面，乡镇政府领导干部以及村干部由于年龄层偏大，对于新型技能和知识不甚了解，造成其履职能力、领导能力、服务本领等水平较低。专业人才匮乏，“输血”不够，“造血”也供不应求，严重弱化了农村生态文明建设发展的内生动力。

第三节 农村生态文明建设的路径

党的十九大报告指出：“我们要建设的现代化是人与自然和谐共生的现代化，既要创造更多物质财富和精神财富以满足人民日益增长的美好生活需要，也要提供更多优质生态产品以满足人民日益增长的优美生态环境需要。必须坚持节约优先、保护优先、自然恢复为主的方针，形成节约资源和保护环境的空间格局、产业结构、生产方式、生活方式。”农村生态文明建设是一个具有复杂性和长期性的系统工程，应该从政治、经济、文化、社会的各个方面入手，形成全社会环境治理合力，努力打造生态宜居乡村。

一、振兴乡村产业体系

产业兴则百业兴，农民的收入水平影响其环境保护的意愿与能力，做好乡村振兴这篇大文章，改变农村生态环境，首要任务是推动产业振兴。习近平总书记在参加山东代表团审议时强调：“推动乡村产业振兴，要紧紧围绕发展现代农业，围绕农村第一、二、三产业融合发展，构建乡村产业体系，实现产业兴旺。”新时代中国农业发展已经进入新的历史阶段，加快推进农业现代化是应对时代变化的必然要求，在乡村振兴战略的背景下，要因地制宜地走出一条具有中国特色的现代农业发展道路。

（一）推进农业供给侧结构性改革

农业是乡村的本业，是国家最基础、最刚需的产业。无论时代怎样发展，农业始终是亿万人民的食物之源和农民的谋生之道，所以，乡村产业振兴首先要保证基础农业的发展。我国农业发展的矛盾已经由过去供给不足转变为部分农产品供给过剩且结构性缺乏并存。为了应对经济结构失衡带来的影响，2015 年 12 月 31 日中共中央、国务院发布的《中共中央 国务院关于落实发展新理念加快农业现代化实现全面小康目标的若干意见》首次提出“推进农业供给侧结构性改革”。农业供给侧结构性改革就是通过自身的调整与优化，使各种生产要素达到最佳配置，使农产品供给的质量与数量满足消费者的需求，实现农产品与消费的无缝对接。

2020 年中央一号文件指出：“要有效开发农村市场，扩大电子商务进农村覆盖面。”发展农村电子商务，助力农村供给侧结构性改革。农产品大多具有易腐易烂的特性，在长时间运输过程中水分蒸发不利于保质、保值，加上农村市场信息堵塞，往往造成农民的增产而不增收。电子商务是“互联网+”衍生出来的一种创新发展，突破时空界限，使得农民与消费者直接相连，实时了解市场动态，减少中间环节提高差价，降低农产品商品价格促进消费，改变农民在产业价值链中的低端位置，有利于促进产业结构升级。发展农村电子商务，需要打造农村电子商务公共服务平台，强化农村电子商务人才培训。还需要不断完善农村信息化基础设施建设，改善农村公路、物流、信息等基础条件，加快农村地区宽带网络和第五代移动通信网络覆盖步伐。启动农产品仓储保鲜冷链物流设施建设工程，针对农产品生产布局和季节性收获特点，合理规划建设集货、初加工、预冷、分拣、包装、仓储等基础设施。

（二）大力发展品牌农业

2020年中央一号文件指出：“继续调整优化农业结构，加强绿色食品、有机农产品、地理标志农产品认证和管理，打造地方知名农产品品牌，增加优质绿色农产品供给。”质量兴农，品牌强农。在社会主义市场经济条件下，品牌就是信誉，就是市场号召力。随着人民收入增加，生活水平不断提高，对农产品的要求也逐渐升高，“有没有”“够不够”已经不是其关注的重点，“好不好”“绿不绿”才是选择标准的重点之一。农村产业只有做到“人无我有”“人有我优”“人优我特”，以品质为基石，用品牌做引领，才能跟上市场需求的变化，提升农业效益，增强农产品国际竞争力，促进农村产业升级换代。

大力发展品牌农业，首先，要积极发展农产品加工业，延长农业产业链，增加农产品附加值，加强产后商品化包装处理。其次，加强顶层设计，系统筹划，着力打造区域标志性农产品品牌，根据自身资源状况与地理条件，科学合理规划农产品品类，破解农产品同质竞争和增产不增收困境。再次，做大品牌农业，需要讲好文化故事。云南褚橙品牌成功营销就是一个典型的案例。我们不能只着眼于产品本身，农业大品牌除了优秀的质量品质之外，还蕴含着丰富的文化内涵。我们需要发散性思维，做好市场调查，培育绿色有机农产品品牌，挖掘其中的文化内涵，提升品牌农业的文化厚重感。最后，树立品牌意识，创新营销模式。做好营销是提升品牌传播力和影响力的有效手段，以线上线下结合的方式，为农产品品牌构建完善的信息网络和物流体系。发挥各类展示展销平台的作用，推介品牌农产品。推动优质特色农产品进超市、进社区。加大品牌宣传力度，推进出口农产品品牌建设，发挥媒体舆论引导和价值传播的作用。

（三）发展乡村休闲旅游业

新时代搞活农村经济，不仅要强化农业基础，更要在此基础上大力推进农村第一、二、三产业三者之间的融合发展，形成有效的农业生产产业链。乡村旅游是传统产业的替代产业，是与时俱进的朝阳产业。乡村生态旅游激活了农村“沉睡的”资源，具有经济、文化、社会、环境等多方面调节功能。经济上，旅游行业能提供更多的就业机会，从古稀老人到几岁孩童都可以做些辅助工作，增加农民收入，还可以延长产业链，增加原有农产品的附加值等。文化上，乡村旅游有利于提高农民综合文化素质，改变农民文明卫生习惯，挖掘、保护农村历史文化遗产，传承农村民间优秀技艺。当下，在我国的经济发展过程当中，第三产业的消费需求正在逐步成为市场需求主流，结构不断得到优化和升级。经济发展进入新常态。伴随着人们生活方式的改变，休闲时间的增多，收入的增加以及城市病的加剧，乡村旅游业的发展恰逢其时。

乡村旅游业建立在农村优美环境的基础之上，是结合当地农业发展，体现当地旅游特色、风土人情的新兴产业，二者是相互促进、相得益彰的关系。首先，农村的旅游业可以和农业相结合，形成农业旅游的原生态模式，以农村自然景观、农民生产活动场景为主题，开发农乡游、渔乡游、果乡游、水乡游、花乡游等不同特色主题的旅游活动，既满足游客回归大自然、体验农村淳朴生活的心理需求，又能使其认识到农业文化的价值。其次，旅游业还可以和传统乡村民居开发利用相结合。村落是人类的摇篮，是人类文明的根脉，是田园生活的守望地。农村传统村落大多经历了数百年、上千年甚至更长时间的岁月沧桑，承载着厚重的历史文化积淀，是中华民族的文化记忆和文化标志，是一种不可再生的文化遗产。习近平总书记强调，要正确处理历史文化与村庄建设的关系，对有价值的古村落、古民居和山水风光进行保护、整治和科学合理地开发利用，切实保护好名人故居、古代建筑和历史文化遗迹，做到传承历史文化与融入现代文明的有机统一。

“农业+”体现了未来农村产业发展新方向，“农业+旅游业”“农业+养生养老产业”“农业+信息产业”“农业+房地产”等“农业+”模式具有人才、资金、技术等优势，按照市场导向加以改造，进一步做大做强现代农业，增加农民收入，提高农民生活水平。在乡村振兴的过程中，最重要的是要处理好保护和开发的关系，不能违背最初“绿水青山就是金山银山”的价值理念。生态休闲农业旅游的优质发展，将有利于实现我国的农业强、农民富以及农村美的美好愿景，有利于规划、建设和发展我们的美丽乡村、美丽中国。

二、提升农村生态文化建设

生态文明建设不仅是单纯的生产方式、生活方式的改变，更是一场涉及思维方式的全面变革，文化水平在很大程度上影响着农村建设者的认知和乡村经济发展。教育是一项功在当代利在千秋的事业，发展农村生态文化建设，营造全民环境保护氛围，是促进乡村生态振兴的重要抓手。

（一）提高农民生态文化素养

思想是行动的先导，生态振兴，文化先行。农村生态环境的好坏与乡村建设者的农民密切相关。我们要把马克思主义生态观与群众路线相结合，积极主动依靠乡村建设主体的力量。

第一，加强农民文化素质教育。英国哲学家培根说过“知识就是力量”。马克思主义的认识论深刻揭示了实践与认识的辩证关系，即实践是认识的基础，同时，认识对实践具有能动作用。在现代社会，知识是一个人生存和生活的必要条件。“知识”和“素质”两者之间存在着相辅相成的关系。知识的增加可以开阔人的眼界，让人具有明辨是非的能力。而一个人素质的提高是学习和实践不断积累沉淀的过程。学习过程也是知识、品德、胸怀、境界提升的过程。生态环境的重要性是一种认知，让农村成为人们安居乐业的美丽家园，更多的是依赖乡村建设者心底对农村良好生态的渴望和表里如一的行动。复兴乡村教育，实现农村孩子从“有学上”到“上好学”的目标，办好农村成人学校，创新农民教育内容和方式，为生态建设提供重要的文化支撑。

第二，加强农民公共道德教育。随着社会的发展，人类介入自然界的程度越来越深，人类在越来越多的领域需要有行为规范以及道德的束缚，才有助于人类的持续发展。梁启超在《新民丛报章程》中提道：“中国所以不振，由于公民公德缺乏，智慧不开。”在中国的传统道德文化中，由于经济结构与社会形态的特殊性，造成人们“私德”发达、“公德”匮乏，“各人自扫门前雪，莫管他人瓦上霜”成为许多人内心的潜意识。农村的生态环境是农民赖以生存的基础，是事关乡村未来发展的决定性因素，农民必须树立正确的生态道德观，将传统道德关怀扩展到人与自然中来，正确认识自身的权利与义务，保护农村的青山绿水，促进人与自然的和谐发展。

第三，培育农民“绿色消费观”。消费不仅是一种经济行为，在某种角度也是一种道德意义上的社会行为。地球是一个生命共同体，农村生态文明建设与每个人都息息相关。马克思主义认为事物是普遍联系发展的，所以不存在纯粹个人意义上的消费行为。我们消费的不仅是个人资源，也是社会群体、子孙后代共同的资源。在全球生态环境日益恶化和能源危机日益突出的大背景下，我们必须倡导适度消费、绿色消费。在提高农村居民收入、消费水平的同时，我们也要建立良好的消费习惯和社会氛围，从而节约资源并保护生态，推动人类社会持续发展。

（二）形成生态教育合力

提高人们的思想道德水平，必须进行正面教育和宣传。我们必须发挥好政府、学校、家庭三者的合力作用，畅通全社会生态文明教育渠道。

第一，发挥政府社会管理的基础性作用。政府是公共文化服务的主要提供者，是我国生态文明建设的引领者和掌舵人，必须发挥好其关键枢纽性作用。政府要推动公共文化建设，大力培育和践行社会主义核心价值观在农村落地生根，为推动乡村文化建设提供精神指引。实现农村公共文化服务全覆盖，不断提升服务效能，优化服务质量，深入推进文化惠民，积极打造文化服务品牌，公共文化资源向农村倾斜，围绕农村生态文明建设，支持和鼓励相关题材的文艺创作，创造更多弘扬时代旋律、反映农民心声、贴近农民生活的优秀文艺作品，丰富农民的文化生活，促进农村生态文明建设的全面提升和各项事业的稳步推进。

第二，学校是系统培育和塑造公民生态意识的主阵地。学校教育与社会教育、家庭教育相比，最大的不同就是其系统性、专业性。学校具有专业的教师人才，具有严密的组织结构和制度，对受教育者的影响是有目的、有组织、有计划进行的。儿童、青少年正处于人生观、价值观、世界观确立的重要时期，在这一阶段做好有针对性的生态意识教育事半功倍。加强对学生的生态教育，从学前教育到大学建立起一整套完整的环保教育体系，着重培养学生生态价值以及生态责任意识。将生态环境保护、绿色消费、节约资源等相关内容编入相关课程，通过图片、视频，以及开展社会实践等多种形式，增强生态教育的针对性、实效性。

第三，重视家庭生态教育。现代家庭教育对人格的形成和生态公民的培育起着重要作用。家庭是社会的细胞，是孩子生命的摇篮，是接受教育的第一场所。古人曾说，与善人居，如入芝兰之室，久而不闻其香。与不善人居，如入鲍鱼之肆，久而不闻其臭。父母是孩子的第一任老师，言行对孩子有着潜移默化的作用。家长要注意规避不良习惯给孩子造成的恶劣影响，例如抽烟喝酒、过多使用一次性碗筷、随地吐痰、乱扔垃圾等。父母要言传身教，给孩子树立正面榜样，引导孩子形成爱护环境的生态意识以及行为习惯。

（三）丰富生态教育形式

我们要在广大乡村开展多种形式的生态文化活动，创新现代传播媒体与生态文化的结合方式，丰富教育形式，为农村生态文化的培育搭建活动载体。

第一，发展“生态文化 +”，打造生态文化共同体。僵化生硬的灌输往往不能起到很好的教育效果，需要打造更多形式多变的文化载体，发挥潜移默化的影响作用。我们要扩大视野，通过群众自荐、组织推荐、媒体宣传等发现机制，评选“优秀生态文化道德模范”，选出身边的农村环保卫士、学校道德标杆、企业勤劳典范。这是农民群众身边的典型，可亲、可信、可敬、可学，对周围人的影响更为直接，感召力更加强大，示范作用更容易发挥。加强“生态文化 + 公共文化产品”供给，运用文化进乡村、送欢乐下基层、“心连心”小分队演出等载体，把更多优秀的电影、戏曲、图书、文艺演出送到农民群众中间。完善“生态文化 + 公共文化设施”建设，提升乡村文化内在活力。解决农村公共文化设施不足、布局不合理等问题，统筹整合各类资源，补齐短板，打通公共文化服务的“最后一公里”。

第二，发挥网络媒介作用，做好舆论的宣传引导。随着网络覆盖范围逐步扩大，入网门槛进一步降低，网络成为生态教育的一种重要形式。现实生活中抖音短视频、手机头条、微博论坛等受到广大人民群众的高度喜爱，要充分发挥好这些网络媒体的作用，将有关生态文明建设的科普知识和思想理念以播放宣传片、公益广告的形式传播到广大乡村，加强生态环境危机教育，通过各种资料的展示和宣传，使人们了解大自然环境现状的严峻；生态教育的手段不能仅仅停留于表扬好人好事，还应依法惩处破坏生态环境的行为，在社会上形成正确的舆论引导，使生态环保问题进入公共视野；

缩短政府与人民群众的距离,创建“指尖上的网上政府”,开辟生态环保专栏,及时播报时事新闻,向公众普及生态环保知识。

三、完善农村生态法规与制度

习近平总书记指出:“保护生态环境必须依靠制度、依靠法治。”法律制度缺乏实施配套,有法不依、执法不严,财政政策的不够完善等都是农村生态环境治理的一大难题。破解农村环境生态难题,根本途径在于创新监管制度、完善配套政策、落实执行力,充分运用组织、人事、财政、督查等各种政策手段,综合发力。

(一)构建农村环境治理多元共治模式

党的十九大报告提出积极构建“政府为主导、企业为主体、社会组织和公众共同参与的环境治理体系”。农业农村污染源覆盖面积大且分散,使得农村环境治理成本升高。而农村环境治理是一个由政府、企业、社会组织、农民多方利益相关者纵横交错形成的网格结构,各方有着不同的利益诉求与行为导向。所以农村生态文明建设,仅仅依靠政府治理、纯市场外包交易或者靠农民自身都具有较大困难。有些地方政府重发展轻监管,不少企业重利润轻责任,一些贫困农民重生计轻安全,任何一环出现松懈都会大大降低环境治理、生态文明建设的效果。

第一,政府加大财政支持力度。2020年中央一号文件指出:“优先保障‘三农’投入。加大中央和地方财政‘三农’投入力度,中央预算内投资继续向农业农村倾斜,确保财政投入与补上全面小康‘三农’领域突出短板相适应。”根据世界银行的研究报告,只有当环境保护投资到达国民生产总值的2%~3%时,才能有效改善环境。作为生态环境建设的领导者,政府必须有计划地推进资金投入,设立农村生态治理专项资金,做到专款专用,为农村环境基础设施建设和村容村貌改造工程做好财政保障。

第二,建立农村环境治理多元共治机制。建立政策引导机制,通过动力机制和约束机制共同发力起到引导参与主体的作用。完善参与平台，畅通社会资本参与渠道，建立多元化的投资结构，支持民间资本参与农村公共设施建设，构建政府购买环境服务与绩效评估机制。将环境治理与民生改善相结合，拓展农村环境公共服务中为低收入群体提供就业机会。整合社会各方力量，做到农村环境协同治理。

（二）建立完备的农村环境保护制度

马克思认为资本主义制度的确立是生态异化的根本原因，其出路是实现共产主义。我们作为社会主义国家应该发挥社会主义制度的优越性，通过建立完善的法律法规，提高社会治理效能，达到人与自然的和谐相处。农村生态污染问题，一方面与我国正处于经济社会转型期有关，另一方面也与环保制度不严密有很大关系。鉴于农村环境治理工作的复杂性与长期性，必须做好制度的顶层设计，完善农村环境政策体系。

第一，完善农村环境保护制度。农村环保制度的建立可以包括以下五个方面：一是党的政策，包括党的全国代表大会、中央委员会全体会议形成的报告、决定和意见；二是法律法规，包括宪法、法律、行政法规、部门规章以及规范性文件；三是标准规范，包括国家标准、行业标准和标准类文件；四是规划计划，包括国家和行业类规划和计划；五是地方政策。党的政策方面，十八大以来每年的中央一号文件对于农村人居环境治理作出了较为全面的规划。但是现有的关于环境保护的具体制度体系，大多数是基于城市环境治理而起草的，针对农村区域环境治理的制度还相对较少，且部分缺乏针对性与可操作性。农村环保制度的建立，应体现其政策的完备性、适用性、专业性、创新性，为农村生态环境治理提供法律依据和制度保障。

第二，健全农村环保执法监督体制。执法监督是环境保护的关键环节，要加强执法队伍的重视程度、执行力度、监管水平和管控效果。对于工作坚持深化、细化、具体化，确定农村环境法律规范的执法主体，确保“责有人负、事有人做”，减少部门之间的推诿扯皮。农村环境治理监管部门尽量做到重心下移，保障下倾，加强农村基层自治组织对环境治理的领导，保证环保执法的有序、高效运行。做好结果验收，遵循严格的考核奖惩制度，形成统筹协调、齐抓共管的工作机制。

（三）建立完善的社会保障制度

社会保障是保障人民生活、调节社会分配的一项基本制度。建立健全农村社会保障制度，不仅有利于保障经济、社会健康发展，还有利于推动城市化进程，缩小城乡差距，转变农村经济结构，消除各类生产要素进入农业农村的重重阻碍，促进人力资源的开发和利用，形成农村引力效用，为乡村振兴事业聚人气、添活力。

政府是公共服务的主要供给者，包括教育、卫生、文化等社会事业，在调控不同社会群体之间收入差距、促进社会公平正义、保障社会安定等方面发挥着至关重要的作用。其一，优化城乡教育资源配置，实现学有所教。优先发展农村教育事业，加强学前教育，改善基础教育办学条件，加快义务教育学校标准化建设，进一步提高农村教育整体水平。其二，完善农村卫生服务体系。加强基层卫生人员队伍建设，引导鼓励医学院毕业生到基层工作；加快建立城乡一体化的居民医疗保险制度，建立更加公平、具有发展潜力的全民医保制度。其三，健全农村养老服务体系。完善养老保险制度，合理降低最低缴费标准和提高基础养老金最低标准，建设城乡一体的养老服务体系。以老年人多样化需求为导向，大力发展农村养老服务业。其四，大力推进户籍管理制度改革。传统的户籍制度是城乡二元体制的加速器，导致城乡居民无论是在社会发展、生活条件、生存环境还是资源享有等方面存在巨大差异，无法体现社会的公平与公正。只有彻底改革户籍管理制度、消除城乡壁垒、消灭城乡差别，才能实现城乡居民真正意义上的一体化，推动我国经济社会全面进步。

四、建立人才培育机制

乡村振兴，人才是关键。乡村振兴首次提出了“农业农村现代化”，更新了我们之前对农业现代化的认知。“农业农村现代化”广义上包括人的现代化，即农民的现代化，乡村振兴要实现的是农业、农村和农民的“三农”现代化。乡村振兴的人才建设应围绕“三农”现代化目标，根据乡村振兴的五大要求全面展开，实行更加积极、更加开放、更加有效的人才政策，为我国农村生态文明建设提供人才保障。

（一）分类培育乡村人才

乡村振兴是一项长远、全面的社会系统工程，涉及各领域各专业的人才。为了有效推进这一战略，我们必须加强组织领导，成立乡村人才管理机构，负责相应类别的乡土人才选拔、培训、评鉴工作。按照“人人皆可成才”的理念，我们应全方位收集相关信息，为乡土人才的类别设置和管理服务提供依据。同时，建立地方“乡土人才库”，实行智能化管理。

第一，加强培育新型职业农民。2012 年中央一号文件首次提出“新型职业农民”一词，明确指出大力培育新型职业农民。所谓新型职业农民就是具有一定科学文化知识、掌握现代农业生产技能，以农业生产经营作为职业的从业人员。目前农村人才外流的主要原因就是城乡差距较大，生活水平不一，农民社会地位较低。乡村振兴，不仅要让“农民成为一个体面的职业”，还要让“农民成为令人羡慕的职业”。这就需要不断完善培训平台，形成省级农民大学、市级农民学院、县级农民学校为主体，其他高校、职业技术学校为补充的农民培训体系。根据农民的现实情况，提供农民职业技能、农业生产经营管理、市场营销能力培训等服务。完善职业资格认定，进一步规范职业农民资格制度，把农民打造成新兴的“绿领”一族，增强新农人的职业荣誉感，带动农村农业新发展。

第二，加强“三农”工作人才队伍建设，包括领导干部队伍和基层干部队伍建设。首先，领导干部队伍建设要完善领导体系，还要提高领导能力，各级干部要不断提高做“三农”工作、基层工作、群众工作的本领，提高农业专业技能，做到专业人才领导专业领域，更加要明确领导责任。培养造就一支懂农业、爱农村、爱农民的“三农”工作队伍。其次，基层干部队伍建设要拓宽选拔渠道，推动人才回乡返村，引进优秀年轻干部到村锻炼，多种途径进行基层干部队伍建设，为农村发展建立优秀的领导班子团体，把控农村发展方向。最后，加强农村专业实用人才培养。2018年中央一号文件指出，要“扶持培养一批农业职业经理人、经纪人、乡村工匠、文化能人、非遗传承人等”，以加强农村专业人才队伍建设。

第三，大力推进农村专业实用人才培养工作，围绕农村经济社会发展的实际需要，组织实施农村实用人才培训工程，着力培养一大批适应乡村振兴要求的乡村教师、乡村医疗卫生人员、乡村科技服务人员等各方面实用人才。建立城乡之间人才培养合作与交流机制，建立城市医生、教师、科技文化人员等定期服务乡村机制，制定鼓励城市专业人才参与乡村振兴的政策，壮大农村实用人才队伍和农村专业技术人才队伍，为农村培养一大批急需的实用人才。

（二）创新人才培养方式

乡村振兴是一个需要各种人才作为支撑的浩大工程，而乡村面临着人才总数过低、专业素养不高、结构失衡等问题，所以建立健全人才培养机制，创新人才培养方式尤为重要。

第一，建立稳定的人才培养渠道。可以实施产需结合“订单式”培养方式，以产业方向、市场需求为导向，以从业类型为依据进行分类管理，推行用工单位出“订单”、培训机构提“菜单”、政府部门帮“买单”的订单式定向培训，从而精准定位目标培育乡村人才。我们要加大乡村新产业新业态人才队伍培育，围绕乡村旅游、休闲农业、特色产业、文化传承、农村电商等新兴产业，因地制宜开设特色人才培训项目。

第二，坚持人才引育并举。我们要树立外来人才与农村本土人才两种资源并重的理念，统筹抓好两种人才资源建设。对外来人才，在政策、资金、创业环境方面给予大力支持、扶持的同时，更应加强服务“三农”意识和“三农”情怀的教育，帮助外来人才树立扎根基层、服务农村的意识。相对于流动性较强的外来人才，农村本土人才更是乡村振兴的重要来源，他们不仅熟悉本地情况，还饱含着对家乡振兴的热情和责任心，因而要大力留住和吸引本土人才。各地要从本地资源和区位特点出发，编制适合回乡人员投资和建设的项目，为他们提供干事创业的舞台。

（三）创新人才激励机制

人才要发挥作用，激励是关键。农村人才队伍建设是一个长期的过程，人才的政策制定必须从人的角度出发，将个人的发展和乡村振兴的发展相融合。涉及人的政策要更多地体现人的需求、人的发展，只有同时满足人的需求和发展了，广大乡村才能发展。

第一，建立人才激励机制。2018年中央一号文件指出，要建立有效的激励机制，以乡情乡愁为纽带，吸引支持各类人才服务乡村振兴事业。立足“让农业成为有奔头的产业，让农民成为有吸引力的职业，让农村成为安居乐业的美丽家园”，要大力营造有利于农村实用人才成长发展和创新创业的社会氛围。在人才队伍建设中，选评农村实用人才队伍方面的典型，努力实现培养一个、激发一批、带动一片。针对引进的人才，要制定有激励性的招聘制度、薪资制度、考评制度、晋升机制和人才发展方案，以吸引和激励人才，提高他们的工作干劲和满意度。为了保障人才的生活水平，除了要大力完善物质基础，改善人们的居住环境，如水电、交通、网络和垃圾处理等，还要通过加大教育投资、完善医疗保障、开展文娱项目和活动等来丰富人们的精神生活，从而真正让人才长住长留。

第二，建立人才淘汰机制。随着乡村振兴战略的全面实施，农村实用人才队伍建设的外部环境在不断发生变化，要想把“农民”发展成为一个正规的职业，就要有严格的管理制度，需要积极探寻并优化农村实用人才的考核评价体系。对于专业素质不强、业务能力较弱跟不上农业农村现代化新思想的人予以“退休”，对工作积极性不高的人予以惩罚或淘汰，探索建立培训考核和资格认定相结合制度，实行人才有证管理，逐步规范各类乡村实用人才队伍，保证农村基础人才质量。

第七章 美丽乡村建设中乡村文化建设

第一节 美丽乡村建设中乡村文化建设的内容

当代乡村文化建设的内容丰富多彩。依据国家的相关文件、政策以及农村的实际，主要包含以下几个内容：

一、重塑农民核心价值观

当前乡村文化建设最主要的内容是树立农民的社会主义核心价值观，培养农民树立正确的人生观、价值观、道德观，发挥农民的主体性意识。

第一，强化爱国主义信念。爱国主义是全国各族人民共同奋斗的精神支柱。邓小平指出："中国人民有自己的民族自尊心和自豪感，以热爱祖国、贡献全部力量建设社会主义祖国为最大光荣，以损害社会主义祖国利益、尊严和荣誉为最大耻辱。"这是对我国现阶段爱国主义特征的精辟概括。当前要进一步强化农民的爱国主义信念，坚定农民维护祖国统一、努力为实现社会主义现代化而奋斗的理念。

第二，坚定社会主义信念。我们的共同理想是建设中国特色社会主义，把我国建设成为富强、民主、文明的社会主义现代化国家。当前乡村文化建设要使农民坚定建设中国特色社会主义的信念。社会主义道路是中国走向现代化的必由之路。历史证明，只有社会主义才能救中国，只有社会主义才能发展中国。当前乡村文化建设必须引导农民树立社会主义的坚定信念，建设中国特色社会主义伟大事业。

第三，重塑集体主义观念。当前受市场经济的影响，农民个体意识觉醒。但是，个人利益的实现要与集体利益相结合。乡村文化建设要引导农民树立正确的集体主义观念；在满足个人利益的同时，要正确处理国家、集体、个人三者之间的利益关系。

第四，强化荣辱观。在乡村社会，要以理想信念为核心，大力弘扬民族精神和时代精神，树立以“八荣八耻”为主要内容的社会主义荣辱观。“八荣八耻”从公民道德建设的角度为全社会树立了一个新的标尺，全面概括了社会主义荣辱观的内容，对于我国当前精神道德领域出现的问题有着非常鲜明的针对性。这就将依法治国与以德治国有机结合，将经济建设、政治建设、文化建设、社会建设、生态建设融为一体，全面反映了社会主义道德价值观念的精髓。乡村文化建设要充分体现“八荣八耻”的内容和要求，在乡村社会中充分实践社会主义荣辱观，推动社会形成文明风尚。在乡村社会中还要加强诚信建设，增强农民的诚信意识。

二、创新发展农村教育事业

大力发展教育事业是进行乡村文化建设的主要途径。乡村文化建设的主体是农民。这就需要大力发展乡村教育事业，加强对农民的教育和培训，提高农民的文化素质。

中国共产党第十六届中央委员会第六次全体会议通过的《中共中央关于构建社会主义和谐社会若干重大问题的决定》指出，“坚持公共教育资源向农村、中西部地区、贫困地区、边疆地区、民族地区倾斜，逐步缩小城乡、区域教育发展差距，推动公共教育协调发展。明确各级政府提供教育公共服务的职责，保证财政性教育经费增长幅度明显高于财政经常性收入增长幅度，逐步使财政性教育经费占国内生产总值的比例达到4%。普及和巩固九年义务教育，落实农村义务教育经费保障机制，在农村并逐步在城市免除义务教育学杂费，全面落实对家庭经济困难学生免费提供课本和补助寄宿生生活费政策，保障农民工子女接受义务教育。加快发展城乡职业教育和培训网络，努力使劳动者人人有知识、个个有技能”。这表明，构建社会主义和谐社会已经把教育事业放在优先发展的战略地位。教育是实现社会主义现代化的基础，发展教育事业是促进经济社会发展、提高全民素质的重要途径。

三、全面发展乡村文化事业和文化产业

所谓文化事业，主要指文化艺术活动及其设施，包括理论宣传、传播知识信息、从事文化活动的场所设施及体现文化建设发展程度的智力积累的物质形态，如文学艺术、广播影视、新闻出版、博物馆、图书馆及各种群众性娱乐活动等。所谓文化产业，从经济活动的角度讲，是指专门或主要从事文化产品的生产和经营活动的行业。其本质特征是把人类知识的、智力的、精神的、艺术的和信息的活动及其成果以一定的物质为依托，转换成供人们消费、享用及交换、买卖的文化商品。它是一种投入少、效益高、增长幅度大、带动力强的新兴产业。2003 年 9 月，文化和旅游部制定下发的《关于支持和促进文化产业发展的若干意见》将文化产业界定为“从事文化产品生产和提供文化服务的经营性行业。文化产业是与文化事业相对应的概念，两者都是社会主义文化建设的重要组成部分。文化产业是社会生产力发展的必然产物，是随着我国社会主义市场经济的逐步完善和现代生产方式的不断进步而发展起来的新兴产业”。

乡村文化建设既包括公益性的文化事业，又包括经营性的文化产业。当前进行社会主义新农村建设，进行农村社会现代化建设，就要将大力发展农村文化事业和文化产业作为重要内容。发展文化事业和文化产业是市场经济条件下繁荣社会主义新农村文化、满足人民群众精神文化需求的重要途径，是促进农村社会经济结构调整和产业结构升级的重要步骤，对于实现农村社会经济、政治、文化协调发展和全面建设社会主义新农村具有重大的战略意义。

乡村文化建设的基本内容包括乡村文化社会进步、乡村文化经济发展和乡村文化生态保护，也有学者提出了当前乡村文化建设包含思想道德建设和教育科学文化建设两大基本内容。这些理论观点的长处是对乡村文化

建设的主要内容有一个基本的范围界定。不足之处则是内容庞杂且责任主体不明确，使乡村文化建设缺乏必要的可操作性。

财政部教科文司、华中师范大学全国乡村文化联合调研课题组在《中国乡村文化建设的现状分析与战略思考》中，从政府主导的角度出发，对当前农村文化事业和文化产业建设的内容做了详细概括，主要包括以下几个方面。

第一，建设农村公共文化设施体系。结合社会主义新农村的总体规划，推进县、乡、村公共文化设施的配套建设，构建县以下面向农村基层的公共文化设施支撑体系。坚持以政府为主导，以乡镇为依托，以村为重点，以农户为对象，建设县、乡、村公共文化设施和文化活动场所，构建农村公共文化基础设施网络，通过政府和社会的紧密结合，逐步形成以政府为主导、社会广泛参与、结构合理、发展均衡、网络健全、服务优质、覆盖农村社会的比较完备的公共文化设施体系。

第二，健全农村公共文化服务网络。农村公共文化服务网络建设要以文化工程项目为基点，加快推进农村“三大文化”工程，健全农村广播电视、文化信息和电影服务网络，满足农村居民基本公共文化需求。不仅要确保中央业已确定的三大乡村文化项目的建设与完成，还要建立保证这些项目长期正常运行的长效机制。如大力推进“村村通”工程，尽快全面实现广播电视进村入户；以国家文化信息资源共享工程为基础，健全“人”“机”配套的激励约束机制，开展农村数字化文化信息服务；大力推进农村数字电影放映，探索农村电影发行放映新机制，逐步建立以数字化放映为龙头、以乡镇为重点、以村为基点、公共服务和市场服务相协调的农村电影放映体系。

第三，引导社会资金参与乡村文化建设，采取各种措施满足广大农民的公共文化产品需求。由于地区之间存在文化发展差异和地域文化特色，乡村文化在文化设施和文化活动方面呈现出广泛的差异性，难以在全国范围内按同一标准统一建设。在这些项目实施的过程中，国家重在引导。

一是引导地方和社会资金支持农村非物质文化遗产保护项目。发展农村特色文化是农民应对现代文明和都市文化冲击的有效缓冲机制，既可以让农民在自己的文化体系中实现生活的意义，又具有保护农村非物质文化遗产的功能。新时期，农村非物质文化遗产保护是乡村文化建设的重要内容。农村非物质文化遗产的内容十分丰富。它基本上是公益文化产品，应该纳入公共财政的支持范围。国家要进一步加大对非物质文化遗产保护的财政投入。

二是支持“送戏下乡”（流动舞台车）项目，满足农村中老年群体的文化需求，实现传统地方戏曲“活态”保护目标与乡村文化建设目标的二合一。调查显示，“送戏下乡”受到基层政府部门和农民群众特别是中老年群体的普遍欢迎。公共财政支持的舞台流动车项目更是基层关注的热点话题。政府要进一步加大对“送戏下乡”项目的支持力度。

三是支持农村体育设施建设，引导建设兼有体育、健身与文化活动功能的村落公共活动场所。实践证明，不论是在东部还是在中西部，体育健身项目受到广大农村群众的普遍欢迎，在经济较发达的农村地区出现了以体育健身带动乡村文化活动的趋势。大多数农民群众希望将村公共体育场地建成综合体育健身与文化活动及村落公共活动的多功能活动场所。国家应支持在村一级建设融体育健身与文化活动等多种功能于一体的村落公共活动设施。

四是强调“送书下乡”工程的针对性、有效性和基层性，引导社会公益组织和个人投入。根据实地调研的结果，农村的“三农”图书和报刊数量偏少，实用性差，价格偏高。中国农村广阔，差异极大。国家统一配送方式目前在操作过程中还存在着一些无法解决的技术性难题，“送书下乡”项目应该进一步加强针对性。如“送书下乡”要求送到乡镇文化中心，送到村级文化室、文化中心和农家书屋。在条件允许的情况下，在“送书下乡”工程项目中引入竞争机制，取消对社会中介组织的准入限制，切实提高“送书下乡”的效率和服务水平。

第二节 乡村文化建设面临的机遇与挑战

一、乡村文化建设的历史机遇

随着新时代的发展，乡村文化建设迎来了历史机遇，村民对美好精神生活的向往、小康社会的全面建成、乡村振兴战略的实施为乡村文化建设提供了发展契机。

（一）内在需要：村民对美好精神生活的向往

改革开放以来，我国人民物质生活不断丰富，2021 年全国居民恩格尔系数为 29.8%，农村为 32.7%，属于相对富裕水平，城镇为 28.6%，已达到富足水平。党的十九大报告深刻指出我国社会主要矛盾发生了转变，这在一定程度上反映了我国人民对于经济、文化、法治、环境等各方面需求在日益增加。如今，村民对精神文化的需求越来越迫切，在村民心目中的乡村振兴，不仅仅是乡村经济的振兴，还有乡村文化的振兴。村民对于文化方面追求的不再是基本的满足，而是更加注重文化生活的质量，追求思想与精神上的熏陶，追求身体、心智两方面的文化娱乐。如今，一些村民在忙碌之余，他们的文化娱乐活动主要为打扑克、搓麻将、刷抖音等，他们迫切需要有吸引力、有特色的文化产品来丰富自己的精神生活，村民强烈的文化需求给乡村文化建设带来了巨大发展前景和动力。村民对于高质量文化产品、活动、教育等需要，能够推动乡村文化基础设施、文化产业、文化市场、学校等方面更高层次的发展。

（二）物质基础：小康社会的全面建成

经济是文化发展的前提。2021 年，我国实现了脱贫攻坚战的全面胜利，也宣告全面建成了小康社会。如今，我国生产总值稳居世界第二，农业现代化水平不断提高，人民生活水平取得了显著提高，为文化建设打下了坚实的物质基础。2021 年，我国农村居民人均可支配收入 18 931 元，同比增长了 10.9%。城乡居民人均可支配收入比值为 2.50，比 2020 年缩小了 0.06，城乡收入差距水平缩小。村民物质生活水平的提高，使他们的消费结构发生了转变，有更多的收入支出于精神文化方面，村民的文化需求显著增加。根据《中国农村统计年鉴 2021》数据显示，2015 年至 2019 年，我国农村居民消费支出构成中教育文化娱乐的占比呈上升趋势，从 10.5% 上升到 11.1%，虽然受疫情等因素影响，2020 年占比为 9.5%，较 2019 年有所下降，但所占比重远超衣着、生活用品及服务支出，且降幅远小于城镇。小康社会的全面建成提高了乡村的经济水平，使乡村财政收入和村民个人收入不断提高，因而用于文化领域的支出数额也相应增加，为乡村文化振兴提供了物质基础。

（三）政策支持：乡村振兴战略的实施

乡村振兴战略实施以来，党和国家出台了一系列政策，为乡村文化建设提供了政策支持。《乡村振兴战略规划（2018—2022 年）》对实施乡村振兴战略作出了第一个五年工作具体规划，从 2018 年到 2022 年的中央一号文件都对实施乡村振兴战略进行了系统部署。2021 年中央一号文件指出，要加强村庄风貌引导，加大对农村文化遗产遗迹保护力度，加强新时代农村精神文明建设，发展农村特色产业。农业农村部 2021 年中央一号文件指出，要强化农业科技支撑服务，加强乡风文明建设，移风易俗，加大优秀乡土文化宣传，加强乡村振兴人才队伍建设。2021 年 2 月 25 日，国家乡村振兴局正式挂牌，它将担负起脱贫攻坚后全面推进乡村振兴的重大责任。《“十四五”规划纲要》第七篇对走中国特色社会主义乡村振兴道路进行了系统部署，提出改善乡村人居环境，丰富乡村经济业态等。第十篇提出要弘扬中华优秀传统文化，强化自然遗产、非物质文化遗产保护等，完善公共文化服务体系，发展文化事业和文化产业。2021 年 6 月 1 日《中华人民共和国乡村振兴促进法》正式施行，从产业发展、人才支撑、文化传承等方面对乡村振兴的一系列内容进行立法保护。2022 年中央一号文件指出，要创新农村精神文明建设有效平台载体，整合文化惠民活动资源，加强农耕文化传承保护等。这一系列的国家政策不仅是乡村文化建设的风向标，也为乡村文化建设提供了新机遇。

二、乡村文化建设面临的挑战

随着城镇化对乡村文化的冲击，当前我国乡村文化建设存在着乡村空心化，引才留才难，自然环境和人文景观遭到一定程度破坏，乡村优秀传统文化缺乏传承与保护，公共文化服务建设不够完善，部分乡村基层党组织文化引领核心作用弱化的问题，制约着乡村振兴。

（一）乡村“空心化”，引才留才难

第一，乡村“空心化”，乡村文化建设人才总量不足。村民是乡村文化建设的主体，然而随着工业化和城镇化的不断发展，越来越多的村民看到了城乡发展的差距，想要摆脱世代为农的状态，离开乡村，来到城市打工，使得乡村大量劳动力外流，乡村“空心化”现象日益严重。根据《中国农村统计年鉴 2021》显示，从 2015 年至 2020 年我国乡村就业人数逐年下降，由 35 404 万人降至 28 793 万人。2021 年我国共有 29 251 万农民工，比 2020 年增加了 2.4%。其中，本地务工的农民工约占 41%，外出务工农民工约占 59%，农民工流动性强。城市经济的发展，优于乡村的教育、医疗、环境等条件对村民产生了巨大的虹吸效应，使得大量村民进城务工，特别是那些能为乡村文化建设带来新活力的青年群体，乡村文化人才的“饥荒”已经无法满足乡村文化建设的需求。而留在乡村的居民中，很多人把“在家务农”作为迫于生计的无奈选择，且大部分村民文化素质低，仅会从事农业生产，对于乡村文化建设的积极性不高，乡村文化建设面临着人才短缺的严峻问题。

第二，乡村人才结构失衡，素质不高。随着大量有文化的乡村青年涌入城市，带来了村民结构失衡的问题，留在乡村的往往是年龄大、劳动力

贡献低、文化素质低的老弱群体，乡村文化人才严重缺乏。根据《中国人力资本报告2021》显示，农村劳动力人口平均年龄已达到39.05岁，大龄劳动力占比大，老龄化问题严重；农村劳动力人口平均受教育年限为9.14，低于城镇的11.44，大专及以上程度人数占比5.6%。2020年农村家庭户主中，初中文化程度的占绝大多数，为51.3%，大专程度占比1.6%，大学本科及以上仅占0.2%，整体文化素质偏低。我国乡村文化人才普遍存在着储备不足、老龄化严重、知识陈旧等问题，乡村中有一技之长的人才都去了城市，留在乡村的绝大部分居民由于文化水平与年龄的局限性，把他们培养成乡村文化人才十分困难。同时，乡村人才行业分布不均，生产类人才比较多，对传统技艺匠人和文化事业管理者等文化人才的挖掘不够。

第三，乡村难以留才。随着时代的发展，人们安土重迁的观念发生了改变，并且乡村的社会面貌、基础设施水平都与城市有一定差距，再加上乡村文化建设发展不充分，专业技术人才发展空间小，影响了乡村外出文化人才的回流。不仅本土的文化人才留不住，外部的文化人才也不愿来。

（二）乡村文化载体流失

1. 乡村自然环境遭到破坏

生态资源是重要的文化资源，看得见青山绿水，才能留得住乡愁，当前一些乡村自然环境遭到破坏的问题不可忽视。一些乡村工农业生产和村民日常生活所产生的大量垃圾使乡村渐渐失去了清澈的河流、肥沃的土地、美丽的青山、新鲜的空气，垃圾和污水得不到有效清理，村民任意倾倒垃圾、污水的现象时有发生，再加上禽畜养殖业所产生的大量排泄物未被有效处理，使得原本清澈见底的河流变得发黑发臭，长满花草的土壤变得垃圾成堆。乡村大量的毁林开荒，使得乡村植被破坏、青山不再，生物多样性急剧减少。自然资源是文化形成的基础，恶劣的环境无法孕育出健康的文化，在肮脏、污浊的乡村环境中，村民不但身体健康得不到保护，也无法为乡村精神文化的培养提供一个良好的氛围，村民自然无心于文化追求，对乡村文化建设极为不利。

2. 乡村人文景观遭到破坏，乡村文化物质载体流失

失去了农家院落，乡村就不能再称之为乡村。然而，古村落人文景观在历史演变和时代发展中逐渐走向衰败，有着丰富文化遗产的古村落并没有在城镇化的过程中得到应有的价值体现。随着城镇化、商业化的发展，很多古村落面临着所谓的"现代化改造"，照搬城市文化的建设模式，以城市文化为标杆，一些曾经的古道、老街，现如今早已失去了它原有的风貌，水泥路取代了留有历史痕迹的石板路，具有传统特色的民居也被改建成了洋楼，那些年久失修的古老屋脊在水泥砖瓦中显得格格不入，带着历史气息的古祠堂、古石桥被水泥和大理石替代，一些仅存的古建筑因缺乏日常保养和维护，变得破败不堪。乡村人文景观作为重要的历史文化见证，并没有在今天得到应有的保护，使乡村文化建设缺少了重要的载体，传统文化的记忆与符号逐渐消失，令人唏嘘不已。

（三）乡村文化失去特质

1. 乡村文化传承面临断层，民俗流失

如今，我国城镇化率不断提高，2021 年已经达到 64.72%，严重挤压了乡村文化的生存空间。据统计，自 2000 年开始十年间，我国由 363 万个自然村骤减至 271 万个，减少 90 多万个。冯骥才在接受采访时感叹道，中国平均每天消失 80 到 100 个村落。留住乡村才能留住乡愁，传统村落里蕴藏着难以计数的传统文化遗产，村落的消失意味着传统文化的消失，也带走了数不尽的乡愁。随着城镇化的发展，村民外出务工的现象普遍增加，带走了大量的乡村文化人才，很多乡村已经仅剩几户老人，乡村文化传承后继无人。新生代的村民缺乏对传统文化和艺术的了解，对土地失去了留恋，逐渐疏远了乡村文化，导致乡村文化认同的断裂，他们甚至认为传承乡村传统民俗、传统技艺并不重要，不能成为他们提高生活水平的手段，向"钱"看的价值观念淡化了对传统文化的信仰。2018 年公布的第五批国家级非遗

传承人共有 1 082 人，40 岁以下的仅有 7 人，80 岁以上的有 107 人，平均年龄高达 63.29 岁，截至 2018 年 4 月，前四批非遗传承人中已超过 400 人去世，乡村文化传承面临断层。剪纸、皮影戏、木偶戏、编草鞋等传统技艺逐渐没落，面临失传的危险，乡村传统的道德准则、乡规民约、礼俗家法也在外来文化的冲击下被很大程度解构，乡村传统民俗活动逐渐式微，原本春节的踩高跷、跑旱船、蒸大馍，清明节插柳、戴柳等传统习俗已经在社会的不断发展中逐渐流失。

2. 乡村文化失去特质，同质化、功利化现象严重

如今，乡村旅游业飞速发展，乡村文化逐渐变成了一种商业资本，开发商功利化地追求眼前利益，过度开发，导致“千村一面”，忽略了乡村背后的文化内涵。不同地域的乡村应该有自己的特色，有的是以山水著名，有的是农家美味，有的是建筑，有的是民间技艺，但如今的乡村旅游景点同质化严重，让人很难感觉到各地乡村的不同之处。很多开发商打着“宣传乡村特色”的旗号，对古村落过度的“商业化”建设，旅游产品大同小异，大多以小吃为主，销售所谓当地特产，配合高端民宿、农家小院、仿古建筑、田园采摘，各地乡村旅游景点颇有雷同之感，乡村文化失去了它的特质。一些乡村已经被完全商业化，仿佛就是一条仿古建筑美食街，有些竟然在售卖俄罗斯烧烤、印度飞饼，实在可笑至极。在陕西省西安市白鹿原上竟有 6 个白鹿原主题旅游项目都建着仿古建筑，售卖所谓的“陕西小吃”，贵州省西江千户苗寨已经被商业化“毁掉”，原本质朴的民风变成了浓浓的商业气息，酒吧、客栈、各式商店掩盖了原有的苗寨风情。

（四）乡村文化供需分离

1. 乡村公共文化基础设施数量不足，供给不均衡

近年来，国家出台了一系列政策加强公共文化服务建设，取得了一定的成效，然而我国乡村公共文化基础设施数量仍然不能满足当前村民的需求。全国文化教育设施地区发展不平衡，东部经济发达地区的绝大多数文

教设施覆盖率优于中西部和东北地区。《中国农村统计年鉴2021》数据显示，2021年全国共有32 825个乡镇文化站，但各省市分布极不均衡，最多的是四川省有3 708个乡镇文化站，最少的是上海市有107个。同时，一些乡村的公共文化服务设施设备落后、利用率低，很多图书室、展览室常年关门，出现了闲置化、空壳化的现象。一些乡村的文化站仅仅是为了完成所谓的文化建设任务，只是在门口挂了标牌，屋内只有布满灰尘的空桌椅，成了摆设，很多村民甚至不知道有文化站。

2. 乡村公共文化供需分离，缺乏针对性

随着乡村生活水平提高，村民的文化需求逐渐增大，乡村公共文化却存在着供需脱节的现象。政府主导的乡村文化服务供给，时常受政绩、政策的影响，缺乏对村民实际文化需求的考虑。不同地区乡村的经济发展水平不同，具体的生活环境与状况也不同，因而村民的文化需求也是有所差异的。全国统一模式的乡村文化供给缺乏精准性，不能真正满足村民的需求。目前我国乡村主要重视的是文化硬件设施的供给，供给形式单一，政府对乡村公共文化服务的投入，几乎都是以“项目”的方式，由政府主导，“自上而下”地把政府主观选择的文化项目“送”到乡村。村民无法参与到项目的需求表达中，使得村民的需求无法得到反馈，对村民吸引力不足，群众参与率低。一些乡村图书馆书籍资料陈旧过时，得不到及时更新，并且内容不能满足村民的实际需要，一些送电影下乡活动放映的是十多年以前的片子，内容也不是村民感兴趣的内容，观看人数很少，使得公共文化服务流于形式，没有发挥它真正的功能。

（五）文化引领核心作用弱化

部分乡村基层党组织软弱涣散，损害乡风文明。乡村基层党组织与人民群众有着密切的联系，是乡村文化建设的重要领导力量。部分乡村基层党组织班子配备不齐，处于半瘫痪状态，党支部书记不作为，管理方式松散随意，工作无人抓、无人管，党组织内部不团结，形成相互推诿的不良风气。部分党员干部态度消极，认为乡村文化建设“好处少”，只考虑既得利益，挑肥拣瘦，对乡风文明造成了严重的影响。

部分乡村基层党组织文化建设责任主体意识淡化，无法形成凝聚力。部分乡村基层党组织忽视对党员的教育与约束，使得一些党员干部缺乏服务意识，甚至认为村民的事情与党组织无关，逐渐脱离了与群众的联系，不能真正为村民解决实际问题，加上自身行为不端，丧失了在村民中的威信，不能形成党员模范带头作用，无法很好地动员村民参与乡村文化建设。一部分基层党组织建构不完善，组织力薄弱，乡村人才的流失也使得乡村基层党组织党员干部老龄化，后备干部储备不足，对乡村文化建设领导无力。

第三节　乡村振兴战略下推进乡村文化建设的对策

毛泽东指出：“我们不但要提出任务，而且要解决完成任务的方法问题。”乡村文化是新时代乡村发展的重要文化支撑和精神源泉，乡村文化建设是乡村振兴的灵魂。党的十八大以来，乡村文化建设的现实举措为乡村经济发展提供精神动力，为坚定文化自信提供强大底气、为乡村文化创造性转化提供持续动力。温铁军说：“我们不是一个农业大国，我们是个农民大国。”从传统“扶贫”“精准扶贫”到“脱贫”“精准脱贫”再到“消除相对贫困”，国家和政府保障农民对文化产品产生更加多元的诉求的同时，对参与文化生活、分享文化发展成果、参与文化活动、接受继续教育和培训等权益的保障也在不断增强。新时代，乡村文化建设有助于实现农民的全面发展和乡村的全面进步。

一、提高乡村教育质量，为乡村振兴提供智力支持

乡村教育在乡村振兴过程中具有积极的意义，通过乡土文化独特性的表达，促进乡村受教育群体弘扬文化自信，并为乡村振兴提供必要的智力支持。乡村教育要优化乡村育人理念、关注地域文化主体、回应乡村教育

身份、优化乡村资源配置等等，将乡村教育的质量同乡村振兴战略的要求有效衔接。

（一）优化乡村基础教育的资源配置

乡村基础政策注意力变迁一般都是先通过加大投入，增加增量，然后优化存量，由增量带动存量的渐进式变迁。乡村基础教育要获得全方位的人力物力财力支持，联合多方力量共同推进乡村基础教育中的疑难杂症，鼓励社会力量投入农民最关心的子女教育问题上，解决农民的后顾之忧，打破阻碍教育公平的壁垒，破解城乡二元结构带来的城乡教育二元分化的问题，针对乡村基础教育存在的根本性问题，有针对性地完善乡村基础教育的硬件和软件等建设力度。

第一，建立城乡基础教育文化共享工程，推进城乡教育一体化发展。一是教学师资是乡村基础教育环节中的人才保障，加强与城市教育的联系与对接，要建立一套引得进、留得住、走得出的人才机制，真正培养一批能够长期从事乡村基础教育的教师团队，保证乡村基础教育实现优质发展。还要不断扩大优秀教学资源对乡村的倾斜力度，从当地学生的实际能力出发，进一步设置科学化的教学和管理体系，提高乡村教师教书育人的自豪感。二是加强乡村教育信息化步伐，充分利用城市先进设备和优秀教育资源库，共享优质资源和现代化教育。加强乡村教师与城市教师之间的交流协作，为提高乡村基础教育质量提供极好的发展机遇，为乡村基础教育输入新鲜血液，更好地建立乡村基础教育资源配置新模式，为乡村基础教育振兴添砖加瓦。三是增强教师在城区和乡村教育资源、教育人才双向流动的活力和程度，促进教育高质量发展。大力实施校园综合提质工程，持续推进城乡义务教育一体化优质均衡发展。

第二，加强乡村教育的硬软件设备建设，提高教育资源利用率。随着乡村多媒体教学的深入实施，网络多媒体教室与课程标准化的成果显著。在提升乡村基础教育质量的过程中，要配备科学实验仪器、体育器械、音乐器材、美术器材、专业心理辅导室等硬件场所，完善学生学习所需要的教学基础设施建设，提高基础设施的利用效率，让学生的德智体美劳能够全面发展，给他们提供施展才华的机会，挖掘乡村学生的特长，帮助乡村学生真正热爱学校和学习的环境和氛围。优质网络教育资源共享、网络公共服务平台共建、教育资源开发利用，都能为乡村基础教育提供有效、及时、生动的信息，实现教育资源共享价值的最大化。一是加强与教育平台合作，为学生提供优质的学习资源和高质量的互动服务，激发乡村学生学习知识的兴趣与热情。二是根据乡村学生的实际需要，完善网络资源的跨区域整合，加强城市与乡村学校的一对一定点帮扶，促进学校间的交流与合作，进一步提高乡村的教育质量。三是激发乡村学生运用知识和自主学习的能力，养成良好的学习习惯，转变传统的教与学方式，激发学生的创新创造能力。四是建设优良校风教风学风，发挥好教育育人作用，确保教学成果的转化率。

第三，动员全社会力量，形成全员参与的支持合力。一是乡村基础教育发展需要政策维度的支持、乡村家长思想观念的重视、社区邻里的共同行动、企业个人的资金投入，以及学校教育工作者的教学实践等。这就印证了一个很重要的方面：教育发展需要社会多方的力量，是渐进式的发展历程，在资金投入、智力支持、行动关照等具体方面，应给予高度的重视与最完善的保障。二是乡村基层政府要多为家长学生举办重视教育的讲座，经常开展关于教育主题交流会，让家长从心底认同教育的重要性及学习的必要性，用长远的发展的眼光看待教育的长期性。三是乡村基础教育要加大对贫困学生的帮扶力度，为他们提供良好的学习条件和学习环境，为乡村学生创造更为公平的受教育机会。教育发展还要考虑到乡村经济发展的实际情况，在重视九年义务教育的基础之上，关注乡村学生的职业教育和技能培训。

（二）构建全方位多层次的教育发展体系

基础教育在国民教育体系中处于基础性、先导性地位。乡村振兴战略规划中要优先规划乡村教育发展体系，将乡村教育放在乡村公共事业的首要位置，帮助乡村受教育群体打牢系统化学习阶段的基础知识。

推进乡村基本公共教育均等化，为乡村振兴提供全方位的教育保障力度。第一，逐步建立稳定的基础教育不同发展阶段目标。如农民教育培训资金投入机制。在职业教育方面，增大对乡村、农业职业教育的投入与资助；在农民培训方面，引入社会资本，加大对农民的教育培训力度。第二，加强乡村科普阵地机制建设。注重流动科技馆巡展的重要性，广泛开展科普大篷车开展活动，兴建乡村中学科技馆，增强基础教育的广度宽度。第三，加强基层综合性公共文化设施和场所建设，充分发挥村级文化中心的教育作用，增强城市教育发展辐射乡村的能力。

乡村教育注重与乡土文化相结合，在传承的基础之上传播先进的文明成果，更加紧密地将乡村文化的传承与创新结合在一起。乡村特色教育模式关注的是乡村基础教育、职业教育和成人教育的有机融合与协调推进，整体性推进学校、家庭、社会对乡村教育的合力，真正发展有特色的乡村教育，为乡村振兴提供有“根”的智力支持。第一，发挥学校教育在乡村教育中的主导作用。开展符合学生实际和当地特色的综合课程，加快适合乡村教育的教学改革步伐，让学生真正意识到学习知识的重要性，增强对本土优秀文化深深的自豪感。第二，发挥家庭教育的基础性作用。国家从2022年1月1日起施行《中华人民共和国家庭教育促进法》，从法律层面规定父母对孩子成长过程中的言传身教义务。这就需要乡村父母用恰当且合理的方式教育自己的子女，承担起父母作为家庭教育的主体责任。第三，营造良好的社会育人环境。社会要为学校提供必要的设施及教育资源等，帮助乡村学生尽可能享有良好的教育资源。社会还要为父母提供必要的教育讲座，为父母讲解科学教育子女的重要性，帮助家长更及时地关注子女的身心健康及学习习惯。

打造“人人皆学、处处能学、时时可学”的学习型乡村环境，帮助乡民树立终身学习的意识。学习不是“学生”专属的任务，而是整个乡村群体必须重视的事情。基层政府要落实终身学习的理念，根据不同乡村人口的年龄、职业、受教育程度等，设计形式多样、易于接受、内容丰富的教育项目，为乡民提供学习环境及交流途径。重视乡村全民教育，更好推进乡村振兴战略。

（三）关注乡村教育的长效性和造血功能

教育是阻断贫困代际传递的治本之策。全面建成小康社会以来，公平且有质量的乡村教育能为乡村振兴提供源源不断的内生动力，这种教育式的“造血”功能在乡村扶贫和乡村发展的过程中显得尤为重要。关注乡村教育的长效性与乡村文化的长期性，让乡村教育与乡村转变教育观念齐头并进。

第一，要关注乡村教育的长效性，循序渐进地开展乡村文化教育实践活动。首先，坚持党中央统一领导部署，地方政府和教育部门共同推进，确保乡村教育制度的可行性及实施过程的有效性，真正做到乡村教育制度落实过程中的公平与透明，彰显教育在乡村振兴中的动力。其次，乡村教育的过程是长期的，教育成果也不是一蹴而就的，需要各部门结合当地教育的具体内容，把乡村文化教育内容与学校相关课程紧密结合，加强各年龄段受教育群体的乡土热爱之情，放大乡村文化的传承功能，帮助他们养成健康积极的学习生活方式。再次，乡村是农民生活和精神的栖息地，乡村教育更要重视推广历史文化资源，再造文化核心内涵，扩大品牌影响力，形成独具特色的整体文化品牌，并增强农民建设乡村的积极性。最后，传承乡村的核心文化价值理念，需要发挥文化育人作用，乡村基础教育的主体是乡村的孩子，要增强他们对乡村文化的认同，增强农民及子女对本土文化的自豪感，更好地发挥乡村的文化价值。

第二，依托乡村特色地域优势资源，增强乡村受教育群体学习文化知识的能力。乡村能够通过自然景观、神话传说以及文化资源等，发展特色文化产业，将乡村旅游和文化创意相契合，为青壮年回乡创业增加就业和创业机会的同时，带动当地经济发展，农民有就业机会和创业条件，乡村留守儿童才会有更大的发展潜力。农民依托文化遗产、民俗文化、名人故事等进行文化创意开发，展现遗址和村落的文化底蕴，深化与高校和科研机构的合作，在发展文化产业项目的同时，打造特色文化品牌。合理整合乡村文化资源，提高乡村文化产业的竞争力。基层文化部门应整合乡村文化资源，厘清农民的文化发展能力，规范农民擅长的特色工艺品制作流程，拓宽农民的销售渠道，推动文创产品的创意开发力度。引导未成年人养成健康的生活习惯，提升他们对手机中不良信息的辨别能力，让精神重建成为乡村教育的重要环节。

第三，注重教育帮扶形式的转变，逐渐由外援式的依靠转向内生式的发展。乡村振兴更多关注乡村主体的内在发展与思想观念转变，不能只为他们提供资金等物质上的帮助，应关注教育为乡村发展提供的内在认同感与自豪感。价值反映出认识和实践活动的主体人与客体事物之间的对象性关系，例如乡村教育需要找准当地特色与主体发展之间的平衡点，将“铸魂”的成效与“造血”的动力紧密结合，乡村受教育主体在具体教育实践的过程中，需要充分感受新的生活方式带来的舒适感和幸福感，体悟教育带来的丰富且深刻的内生动力，这种动力会具有很强的繁衍能力。

二、保护乡村优秀传统文化，为乡村振兴提供文化底蕴

费孝通提出“文化自觉”，旨在明确以何种方式继承传统文化。要想继承传统文化首先要清楚自己国家文化之根从何而来，其次要秉承批判继承精神对待传统文化。因此，我们必须用正确的态度对待乡村优秀传统文化，为乡村振兴提供文化底蕴。

（一）拓宽乡村优秀传统文化的传承载体

文化载体是指能够承载和传递社会文化的事物。新兴文化载体延续乡村文化载体的时代价值，主要包括：农业科学知识专题网站、文化知识网

课专用App、农业生产网络教学平台等。乡村特色文化网络资源能有效扩展文化传播空间，提高社会文化资源的利用效率。“资源共享”依托网络发展的优势，让农民短时间得到农业生产中所需要的知识。

乡村优秀传统文化传承载体更多体现在建筑、族谱、仪式、器物、习俗、思想等层面，这些传统类型的文化样态，以深厚的文化底蕴滋养着乡村的一方水土一方人。所以将传统文化作为教育工具载体，也能够传承并帮助农民认同中华优秀传统文化的价值魅力。比如用儒家思想来启发教育农民，“修身”指的是以“非礼勿视，非礼勿听，非礼勿言，非礼勿动”的标准规范自己的言行举止，这也反映了人用自己的道德行为与天地万物打交道的智慧；“性善说”认为人的仁、义、礼、智是人与生俱来的，将其内化于心，才能让自己的行为合乎道德规范；“浩然之气”将人的身体与天地万物结合起来，再用自己一心一意的正心去培养它；“以和为贵”将“和”作为良好人际关系的体现，为构建和谐乡村社会提供了很好的方式。

乡村优秀传统文化的传承需要一定的新兴文化载体，有利于传承中华文化和中化精神的精华。第一，新时代乡村文化网络载体能帮助农民享有优势的文化资源，快速了解国家关于“三农”问题的各项政策，培养农民良好的阅读习惯和行为规范，提高农民参与文化生活的热情。第二，乡村优秀的文化也可以通过乡村网络载体传到世界各地，为乡村优秀的文创产品提供展示的平台，带动当地经济发展，提高农民就业率。第三，政府要建立具有当地文化特色的网站，整合当地特有的文化资源，强化乡村网络资源的管理，鼓励农民更好地参与到资源传播与共享中来。第四，互联网大数据的应用，可以帮助农民了解大众需要的文化产品，选择自己需要的文化课程，强化自身生产生活的需要，满足农民新时代在精神文化方面的追求。

（二）打造乡村精致文化传承基地

乡村依托传统技艺，将文化内涵与传统技艺紧密结合，在传承的基础上，加强产品开发与产品创新，放大文化产品的功能，适应现代人对文化产品的追求。推广历史文化资源，再造文化核心内涵，扩大品牌影响力，形成独具特色的整体文化品牌；传承特色小镇的核心文化价值理念，发挥文化育人作用，增强农民对本土文化的自豪感，更好地发挥特色文化的文化价值。通过有效发掘与保护传统文化，实现广大乡村文化资源的系统整合，进而形成具有鲜明风格的文化产业创新发展体系。

第一，聚集特色文化产业，构建多功能文化发展平台，注重当地文化的历史性、民俗性、多样性及系统性相协调。一方面，按照国家和当地有关的历史文化保护要求，合理构建文化发展场所和相关平台，在总体规划的指导下，加快落实特色文化小镇各种文化公共设施、学习培训基地、交流平台等规划，因地制宜、分类施策，将特色文化作为小镇具有动能和优势的发展潜力。另一方面，抓规划设计的过程中，要将农民的“乡愁情结”作为考虑的重要因素，尊重历史积淀和农民的文化生活方式，积极利用文化资源为农民开展多种文化活动，实现文化区域功能科学、公共文化服务和基础设施完备、举办活动高效有序的目标。

第二，针对性地提出乡村文化建设方案，实现政策与文化资源的有效衔接，把文化保护与促进经济发展结合起来，科学评价文化小镇的发展能力。产业振兴作为乡村振兴的第一动力，为农民提供适合的工作岗位，文化产业发展能够为农民带来丰厚的经济收入。一方面，优化农民文化活动场所建设及基础设施建设项目布局。各个文化小镇的文化底蕴不同，要制定出有针对性的文化建设方案，深入挖掘自然景观和民族建筑的空间资源等特色，通过多种宣传方式，帮助农民意识到保护和发展当地文化资源的重要性。另一方面，注重保护乡村的独特风格，放大优秀传统文化中的精髓部分，将文化优势与经济优势紧密结合在一起，在举办文化活动和规划文化场所的过程中，寻求文化和经济的和谐统一新发展。

第三，注重对人文景观的美学规划与构筑，打造集生产、生活、宜居、宜养的居住环境，带动当地旅游业的可持续发展。一方面，运用人文景观讲好乡愁故事，能发挥小镇文化的示范引领作用，激发农民参与乡村文化建设的热情，发挥典型示范带动作用。另一方面，乡村的生态建设对于乡村文化建设具有很大的推动作用，文化旅游离不开良好的自然环境作为基础，打造人与自然和谐共生的生态宜居美丽乡村，就是将乡村优秀的历史文化遗产、农业自然生态环境和乡村自然田园风光进行合理有效的保护和传承。加深公众对传统技艺的认知，在文创产品的传播渠道中，要充分彰显乡村地方特色，注重将核心文化内涵与文化产品创新紧密结合，合理建构传统技艺和自我创新之间的平衡点，在传承独特文化主题的同时，形成独有的乡村文化价值观念，推动乡村特色文化的生活与活力。

（三）涵养新时代乡村文明新风尚

以中华优秀传统文化涵养现代乡村文明新风尚，推进移风易俗，能有效遏制陈规陋习，不断改善农民精神风貌，提升农民生活幸福指数。农民的文化需求有许多是和民俗民风活动结合在一起的，乡村特色文化是新时代乡村文化建设的重要资源。新时代，引导农民在社会生活中养成良好的行为习惯，传承共同遵守的行为规范，在乡村形成积极向上的社会风貌。良好的文化环境有利于提高乡村地区文化事业的发展力度，有利于增强农民对社会主义先进文化的理解，有利于乡村形成科学文明的社会风气，为新时代乡村的发展提供强大的精神保障。

第一，培育农民勤俭节约的文明风尚。宣讲“移风易俗”的相关政策理论，创新宣传的形式，用老百姓喜闻乐见的、通俗易懂的方式，吸引农民真正的追求文明新风尚。与此同时，还可以将党的“移风易俗”的相关理论编成符合当地文化特色的顺口溜、方言或者戏剧形式，开发符合农民学习实际的理论学习产品，设计检验农民学习成果的小游戏，给予适当的物质和精神奖励，及时为农民提供精准的上门服务，高效解决农民困扰的“移风易俗”标准或者诉求问题，引导农民自觉摒弃陋俗。基层党组织要制定文明新风的相关宣传册或者倡议书，引导农民积极有序参与乡村红白理事会，定好红白喜事的酒席标准，专门建设酒席举办场所，配合开展“勤俭节约”的主题宣讲活动。对于铺张浪费的现象，政府和广大党员干部要采取行之有效的方式进行劝导，及时纠正农民的攀比心理，减轻农民的“人情费用”负担，帮助农民自觉抵制天价彩礼、婚车成串、鞭炮乱放、跟风宴席、薄养厚葬等铺张浪费现象，用村民喜闻乐见的文明生活方式，传承乡村的精神文化载体，不断提升农民的精神风貌。对于积极参与移风易俗的家庭，可以给予适当的表扬或者奖励，并将挖掘先进典型与宣扬先进事迹结合起来，发挥宣传作用。对于违反村民村规，特别是铺张浪费的现象，要及时进行批评教育，有针对性地帮助他们真正认同相关政策法规；广大乡村党员要在婚丧嫁娶等事宜中带头摒弃浪费现象和陋俗恶习，自觉严格执行“八项规定”，及时扭转大操大办的不良风气。发挥乡村党员干部的示范引导作用，带动乡村居民转变观念、破旧俗、立新风。

第二，培育尊老爱幼的良好家风。注重家风是中华民族的传统美德，具有“育人”的功能，父母的言传身教关乎孩子的内外修养，家规家训具有教育示范作用。一方面，乡村开展道德模范评选活动，要深挖乡村地区的优秀典型故事，善于用通俗易懂的语言和灵活有趣的方式，将新时代家风理念与当地民俗巧妙结合起来，加快形成淳朴正气的民风民俗。还可以利用网络新媒体手段扩大家风建设的影响力，加大对乡村民众的言行规范，注重发挥乡村居民之间的相互监督作用，真正将社会主义核心价值观落到实处，在感人事迹中弘扬传承淳朴民风，推动形成崇德向善的生活氛围。另一方面，注重父母的言传身教，传承尊老爱幼的良好道德品行，发挥榜样和表率作用。基层党组织可以开展优良家风评选活动，定期开展“家风故事分享会”，分“诚信为本、担当敬业、孝敬老人、勤俭持家”等不同主题，宣传先进模范的优良家风故事，在乡村组织多种多样活动的同时，将乡村的优秀传统文化发扬光大，提高农民明是非、辨善恶、知良莠的能力，自觉将家庭美德内化于心、外化于行，并进一步转化为公民道德，为乡村社会稳定提供道德支撑。

第三，养成遵纪守法的行为习惯。农民要提高辨别优秀文化和腐朽文化的能力，吸取乡村优秀传统文化的精髓，破除阻碍农民发展的思想因素，遵纪守法，自觉抵制不正之风。首先，农民要严格遵守乡村的规章制度。组织乡村居民积极参与到宣传的过程中来，集思广益，制作与遵纪守法有关的宣传栏、宣传单页以及宣传活动等。发挥村里广播潜移默化的影响作用，将国家的政策法规融入农民的日常生活当中，成为村民茶余饭后谈论的话题，增强遵纪守法意识更好融入具体的实践之中；成立监督小组，乡村居民轮流任职，监督身边的违法行为，有利于增强农民的主人翁意识，提升基层工作的透明度，提高农民处理日常事务的能力。其次，农民要诚信生产、推广、销售乡村的特色文化产品。我国乡村地区凭借地理优势、悠久的历史文化传统和丰厚的文化资源，形成了丰厚的历史文化底蕴。在建设特色经济的基础之上，要着重将当地文化资源转变成经济优势，在提高乡村地区经济水平的同时，进一步推动乡村地区文化的繁荣发展。农民在生产具有本地特色文创产品或者当地特色农产品的同时，要诚信生产、诚信经营，严格治理道德失范行为，提升诚信守法水平，提升当地优秀民俗文化产品、非物质文化遗产、特殊人文景观的知名度，以良好的口碑带动经济发展，扩大乡村特色文化产品的对外影响力。最后，农民要树立正确的文化消费观念。全面推进乡村振兴，保障农民的文化消费权益，有利于推进农民的文化认同、理念更新、文明提升能力，增强乡村的文化感染力和创新力，提升农民的精神文化需要和精神文化服务需求。一方面，扩大农民的文化消费参与度，提升乡村文化产业的可持续发展能力。另一方面，国家要大力支持文化扶贫，加大对乡村文化事业的投入力度，缩小城乡文化消费的基数，提高乡村文化娱乐占消费支出的比重。让农民真正愿意看电影，参加文化活动，真正用好文化信息网络平台，精准匹配文化消费能力，完成乡村的文化消费升级。

三、着力乡村文化人才队伍建设，为乡村振兴提供文化人才支撑

“人”是乡村振兴战略重要主体，乡村振兴的核心是人的振兴。乡村文化建设问题在于通过相关组织机构的协调配合，打造本土文化人才队伍，帮助农民提高科学文化知识，增强农民自身文化参与意识，实现农民的全面发展。因此，加强乡村文化人才队伍建设，积极培育乡村民间文化组织，大力培养乡村年轻文化人才，加强乡村文化人才队伍建设，为乡村文化的建设与发展奠定坚实的基础。

（一）推进乡村专业文化人才队伍建设

一是要挖掘潜在的本土文化建设人才。本土文化人才有两大优势，不仅对乡村情况熟悉，并且对乡村有着发自内心的热爱和认同。一方面，保障乡村文化需要加大对乡村文化骨干的培育力度，深入挖掘乡村艺人、非遗传承人、文化能人等乡村本土文化人才，做好面向群众的文化技能人才、基层文化工作人才的业务技能培训。同时，还要重视对青年乡村文化人才的培养，为乡村文化建设奠定后备力量。另一方面，针对不同层次的培养对象，设置相适应的培训内容，创新培育方式方法，完善培训实时跟踪系统，提升农民文化能人培养的高效性，更好发挥乡村文化能人的作用。

二是凝聚新乡贤的智慧和力量。建立文艺培训班、乡村舞蹈队、老年人文化协会等，有效组织当地有能力的退休人员和文化能人作为“老师”，发挥其对乡村文化建设的作用，不仅能增强新乡贤与农民之间的深厚情谊和信任，还能有效吸引广大农民参与到乡村文化建设中来，在重点加大对非遗传承人才的保障力度的基础之上，提升农民参与乡村文化生活的满足感。

三是全面整合社会教育资源，提高农民受教育水平。党和国家要着力加强城乡文化人才队伍的帮扶力度，实现人才利用效率的最大化，注重教育的公平合理。定期加强城乡教师队伍合作交流，完善人才引进的相关福利待遇，通过互联网等方式高效传授农民所需要的文化资源，培养有奉献

精神的本土人才，持续补充乡村文化人才短缺的短板。各级政府应创设良好的受教育环境，加大对新型职业农民的资金投入力度，重视教育资源的合理分配；媒体应加大宣传力度，吸引社会人才对农民的指导与帮扶，鼓励农民保护自己的合法权利。

（二）大力培育新型职业农民队伍

1. 健全精准识别体系，分层分类开展教育培训

新型职业农民包括生产经营型、专业技术型和社会服务型三大种类，其教育培训对象主要包括乡村留守的适龄劳动力、务工返乡创业的农民、科技研发推广人员、大中专毕业生等群体，根据不同农民群体的特征，教育培训乡村创新创业带头人、特色农产品开发生产者、特色文创产品传承者、乡村电商带货技术人才、乡村科技服务人才等。分类识别新型职业农民群体的不同特征是培养新型职业农民的前提，既能有效聚焦培养对象，又保证教育的精准性和培训的针对性。

在健全精准识别体系、分层分类开展教育培训的过程中，当地县政府要发挥其主导作用，深入开展摸底调查，选取培育对象，建立培育对象数据库；实施方案要统筹安排、制度建设要合乎实际、师资管理要明确具体；教育内容要分层分类，即个人专业化，不断创新农民教育培训的新模式，更大程度地展现农民在不同领域的特长，为乡村振兴尽自己的一分力量。

教育培训内容要适应现代乡村和农业的发展，为其创造经济收益，增强乡村的内生动力。第一，合理划分培训区域单位，建立培训对象匹配数据库。以村为单位，调查适龄劳动力的人口信息，建立相关数据库，确保精准开展政策宣传和专项教育匹配。第二，多层次多类型地划分农业生产产业链，细化农民的产业链分工。当前乡村产业发展逐步呈现出第一、二、三产业融合发展态势，产业链分工更加复杂化，例如农产品创造经济收益的过程需要包括生产的技术人才、农产品加工人才、农产品电商人才、经营管理人才、物流供应人才等，高效匹配适合农民发展培训的岗位，提升

培训工作的效果。第三，优化传统培训方式，增强农民的创业意识和能力。根据培训内容的不同类型，设置不同的培训课时，根据农业的生产周期，设置线上线下相结合的指导方式，根据教学内容的不同效果，设置不同的教学情境，通过集中具体实践，为农民提供具体的技术指导，增强其创业意识和创新能力。健全精准识别体系有利于精准识别培训的乡村适龄劳动力，有利于提高培训的针对性，有利于帮助农民提升自我知识技能。

2. 健全外部保障机制，增强农民自我发展主动性

培育新型职业农民，就是要在国家、政府、社会等外部保障机制的帮助下，农民通过一系列努力，掌握一定的劳动技能，增强持续创新致富的能力。农民在学习国家相关政策法规和科学文化知识的过程中，逐渐意识到自我发展的重要性，不再是传统靠天吃饭的农业生产方式，而是通过学习现代农业生产知识，将“志智双扶”落到实处。

健全外部保障机制的重点就是基层党组织根据当地农民自身的学习情况，整合外部优势资源，统筹农业院校、农业科研院所、农业技术推广机构等各类公益性培训机构，并制定符合实际的相关保障机制，增强农民自我发展主动性。第一，吸引乡村专业人才担任指导顾问。主要是通过学习农业专业知识，具备相关农业专业技术和能力的农民，具体包括教师、医生、文化能人、“三支一扶”人员、职业经理人等，随时随地为有需要的农民提供相关技术指导。第二，国家、政府、企业等为农民提供就业创业红利。国家出台相关政策法规，保障农民得到最真实的扶持政策；政府落实相关优惠政策落到实处；企业提供就业指导和补贴，提高农民创新创业获得实实在在的好处。第三，乡村基层党组织带头开展农业致富项目。农民学习相关科学文化知识以后，乡村基层党组织要带头开展农业致富项目，帮助农民把理论与实践紧密结合起来，及时查漏补缺，获得更大的进步，提升其自我满足感。采取农学结合、送教下乡、创新机制等方式，培养具有科学素养和创新精神的新型职业农民队伍。

3. 制定考核评价机制，提升农民培育工作成效

为了有效提升农民培育工作成效，真正发挥培育各环节的针对性，要对新型职业农民和相关责任人进行考核和评价，制定由政府、行业协会、新闻媒体等第三方的监督机构。

制定考核评价机制的目的就是真正落实培训效果。第一，把新型农民培育效果考核放在各地乡村干部每年的考核中。乡村基层干部要根据农民课程选择匹配率、农民上课出勤率、农民实际掌握程度、创新创业情况等考核项目，将其农民培育政策落实到位。第二，要根据农民实际考核情况，严格把关其培训效果。参加新型农民培训的人员，通过相关考试后能获得结业证书和一定补贴，提高农民参与培训的重视程度。第三，考核培训教师的培训质量。培训教师包括本土和帮扶的专业人员，教师的专业度和负责度应该纳入考核范围，要真正对农民的学习效果负责。第四，发挥新闻媒体的舆论监督作用。新闻媒体可以帮助社会监督其教育过程中存在的相关问题，快速及时地发现问题，借助社会力量高效解决，具有一定的时效性。

（三）突出培训人群的针对性和多样性

乡村人才的专业培训需要突出培训人群的针对性和多样性，要关注不同年龄阶段农民的文化需要，制定不同且合理的培训方案，让农民在学习中体会追求进步的成就感，提升农民学习知识的主动性。

第一，农民职业技能培训要从农民的自身需要出发，注重培训内容的针对性，在创造价值收益的基础之上，将农民手机应用技能培训作为为农民办实事的一项重要内容。建好用好“科普中国”服务云平台，保护尊重农民的创新成果，增强农民制作原创视频和图文的创造力，让农民真正学会利用互联网平台创造经济利益，让自己的技能发挥到更高的水平。例如，“有规矩”的直播带货需要一定的农民学习电商知识，遵守相应的法律规范、养成良好的行为习惯等。这些知识都需要从事相应工作的农民认真学习。

第二，培训技能内容要关注乡村重点人群。乡村主要以妇女、学生为主，

要重点培育高素质农民，培育创业致富带头人，举办高素质女农民培训班，举办技能交流座谈会，重视乡村传统优秀文化和技艺的传承力度，帮助女性掌握勤劳致富的实用知识。对乡村民间技艺工作者的培训不仅仅是帮助他们勤劳致富，更重要的是通过培训的方式，让他们真正了解文化技艺背后的文化价值。

第三，提升农民自我发展的主动性。在培育农民的过程中，理论学习固然重要，但是如何提升农民自我发展主动性也至关重要。农民要从心底真正认同国家相关政策法规，愿意为乡村振兴贡献自己的力量，弘扬传递创新创业过程中的典型事迹，积极主动地参与相关技能培训，帮助农民意识到劳动力素质与发展现代化农业相匹配的重要性。培训关注的重点还在于农民自身的发展，使其在参与的过程提升自己的内在素养。

四、改善乡村公共文化服务，为乡村振兴提升文化供给能力

习近平总书记在全国宣传思想工作会议上要求，要“以高质量文化供给增强人们的文化获得感、幸福感”。公共文化服务具有社会公益性和共享性等特征。乡村公共文化建设应当以文化民生为重点，加大对乡村文化建设的经费投入以及社会资本的支持，着力促进权利平等、机会公平、资源均衡和利益共享，提高乡村公共文化的覆盖面和可及性。搭建公共文化场所及平台，保护农民特有的非物质文化遗产，鼓励民间技艺工作者的创作热情，带动当地特色文化产品的发展，激发农民参与文艺活动的热情。

（一）加强乡村文化基础设施建设

面向所有乡村的实际发展状况，开展形式多样的文化惠农活动，为农民提供更多更好的公共文化服务产品和服务，积极推动新乡村文化建设。确保乡村综合文化场所全覆盖。

第一，充分考虑乡村文化活动设施建设的合理性和利用率。乡村文化设施建设要充分考虑到当地农民的实际文化需求，最大程度实现资源的利用率。一方面，结合农民的需要，加强对乡村健身器材、棋牌室、文化广

场等文化设施的建设和维护力度，着力解决文化设施分散和重复的问题，对其进行合理的规划和管理，发挥文化活动设施在举办文化活动中的作用，真正突出农民的真实需要。另一方面，运用文化活动室、文化长廊、文化广场等文化阵地举办文化活动或知识讲座，宣传党的政策方针，进一步提升农民的思想文化素养，充分发挥群众的主体作用，坚定农民听党话、跟党走、感党恩的信心。

第二，提高农民文化活动的满意度，乡村文化基础设施建设要突出地域特色。挖掘丰富的历史文化积淀，展示多姿多彩的地域文化，贴近农民的日常生活，为农民提供展示当地文化的作品展和博物馆。面向所有乡村的实际发展状况，开展形式多样的文化惠农活动，为农民提供更多更好的公共文化服务产品和服务，积极推动新乡村文化建设。一是乡村综合文化场所全覆盖。在掌握不同农民群体的多样化文化需求的基础上，发挥乡村“综合文化站”的文化功能，通过调查当地实际情况，合理划分文化站负责人职责，确保图书阅览室、娱乐健身器材、文体活动广场等文化场所高效运转。二是开展文艺活动下乡活动。比如免费送戏下乡、放映公益电影、开展联谊活动等，鼓励文艺工作者深入乡村一线，创作更多具有乡村文化理念的文学作品。三是成立文化志愿服务队。开展乡村文化志愿活动，用彩绘的形式制作乡村文化墙，积极将乡村文化墙与社会主义核心价值、人文景观、精神风貌等相融合，结合当地的文化特色、历史文化传统，绘制出有特色、有内涵、有高度的人文景观，在美化村容村貌的同时，潜移默化地提高农民的文化素质。

第三，乡村公共文化基础设施经费主要源于国家财政拨款，政府还要积极鼓励企业和个人积极捐赠乡村公益性文化事业，为乡村公共文化基础设施建设提供可靠且稳定的资金来源，让农民在日常文化生活过程中更好地感受公共文化基础设施的完善性与多样性。

（二）提升乡村公共文化服务效能

乡村公共文化服务供给的主体非常广泛，且享受的乡村公共文化多种多样。基层政府应为农民整合文化资源，积极组织各种文化活动，在帮助农民获得公共文化服务的同时，也为政府、企业、社会带来商机和经济收益；地方政府积极向农民提供多样化的乡村公共文化服务，企业或个人也为乡村公共文化服务提供文化教育、农业科研、农民培育等方面的支持；农民生活所需要的图书馆、教育培训机构、文化娱乐设施等建设及维护，也可由多方力量共同承担。企业、社会、个人进行捐助，成立乡村公益性文化事业，为其提供稳定的资金投入，加大乡村地区的公共文化服务供给。

国家对乡村公共文化服务提供积极的干预政策，乡村应设立图书馆、博物馆等文化机构或者文化剧团，为乡村提供公共文化服务，农民通过各种渠道参与文化活动，强调了农民在公共文化服务供给中的主体地位。第一，确保公共文化服务设施建设相对完善，而且供给内容和形式也丰富多样。省级图书馆可以建立村镇图书室或图书借阅点为乡村读者提供文化服务，流动图书馆针对性地为乡村读者提供专门的读书服务，及时回应农民的文化需求，为乡村读者提供不同的文化服务场所。第二，城市经常到乡村举办各种形式的文化艺术节，同时推出设立具有乡村特色的公共文化活动项目，农民大多能免费参加文化活动或者文艺演出，极大丰富农民的精神文化世界。

针对激励机制不到位的状况，在实行激励机制之前，要制定全方位多角度的评价机制，分层级地制定奖励政策，在突出奖励差异性的基础之上，更要突出奖励农民参与的针对性和连贯性，尽可能地达到奖励措施的预期效果；在考核的具体过程中，应实施全方位、多角度的评价机制，综合考虑农民的参与态度，还应该突出评价和激励机制的公平性、公开性；在实施激励机制之后，还要发挥榜样示范作用，在给予一定物质奖励的基础之上，给予适当的精神奖励，并通过平台、网络等手段宣传优秀文化人才的相关事迹，发挥其榜样作用，进一步提高乡村公共文化服务效能。

（三）用和合精神引领农民的公共意识

和合精神，阐述包括人在内的天地万物之间的联系，明确肯定了人的道德与万物生命的和谐。农民的公共意识包括农民在文化生活过程中的责任意识与规则意识，使用公共文化设施的爱惜程度，以及助人为乐的价值信仰等。乡村文化建设从“和而不同”的乡村关系中提炼出“和谐”二字，确立了具有中国乡村特色的“和合”交往模式，形成了符合乡村发展的和合精神。

首先，优化文化资源引进机制与乡村公共文化服务对接，提升公共服务文化质量。拓宽引进文化资源的渠道，营造良好的农民文化参与环境。一要选好符合乡村发展的文化资源，在考核质量的基础之上，也要注重农民对文化资源的后续反馈，真正能为农民落实组织文化活动、倾听农民心声的专业团队。二要加大高层次公共文化人才引进力度，开通专业文化人才引进的“绿色通道”，鼓励高素质人才和经验丰富的文化人才担任乡村公共文化专员。三是将高校作为培养的主阵地，鼓励他们参与从事基层文化工作，并给予他们更好的发展空间和前景。四是要对文化资源实行科学的差异化管理和分类培养，高质量地发挥出文化资源最大的效能。

其次，增强文化资源投入机制与乡村公共文化服务对接，激发公共文化服务潜力。政府要加大乡村文化人才培养的资金投入力度，建立专门的人才培养经费和专项基金，加强与高水平文化创意人才的交流与合作。还需要制定专门的培训计划，有针对性地对基层文化工作人员进行岗位培训，提升文化从业人员的专业素养和业务水平，提升文化创意与服务人才的培养力度，提高其公共文化供给服务能力，增强乡村年轻人的发展潜力。政府要拓宽文化培养资源和方式，有针对性地从薪酬、补贴、规划等多个方面保障乡村公共文化的发展，确保农民全身心投入乡村文化服务工作和建设中，推动乡村公共文化服务供给优化提升。

最后，健全文化资源保障机制与乡村公共文化服务对接，落实公共文化服务提质。一方面，开展文艺活动下乡活动，免费送戏下乡、放映公益电影、开展联谊活动等，鼓励文艺工作者深入乡村一线，创作更多具有乡村文化理念的文学作品，也带动农民在乡村文化建设的过程中参与文化创作，或者为乡村公共文化服务提供“好点子”，从享用者的角色逐渐过渡到参与者的角色，更好地展现乡村公共文化服务与农民的紧密关联。另一方面，通过集中授课、宣讲有关政策法规、专家现场教学指导等，提升农民精神文化素质。培育农民“互帮互助、向上向善、感恩进取”等为重点的公共精神，调动他们为乡村公共文化服务献言献策的主动性。

五、加强乡村网络文化建设，为乡村振兴营造良好文化氛围

创新催生新的文化发展路径与方式，而乡村网络文化建设更需要多元主体的共同努力。乡村文化建设从时代发展的趋势出发，在发展过程中汲取符合时代发展的新动力，而乡村振兴就需要加强乡村网络文化建设，为其营造良好的文化氛围。

（一）营造农民学习网络知识氛围

第一，利用网络开展专门的有针对性的乡村法制教育工作。一方面，要定期用网络为农民开展法治讲座，选派专门人员在相应网站或小程序上为农民提供法律咨询和帮助，乡村综合文化站要利用网络平台高效组织农民参与相关的法治教育，保障每一位农民都能接受到法治教育和培训，高效为农民提供法律咨询，通过讲述相关的法律知识来帮助农民解决发生在身边的侵犯自身权益的事情。另一方面，在开展普法工作时，要用互联网经常性为农民推送与自身相关的法律案件，组织农民观看权威的法律维权视频，讨论与之相关的法律问题，让农民在参与中获得知识。这样不仅能提高法律的覆盖面，而且增强了传播的速度和范围。

第二，深入实施科技特派员制度，发挥乡村科技特派员成为乡村振兴先锋队的作用。习近平总书记强调，要坚持把科技特派员制度作为科

技创新人才服务乡村振兴的重要工作进一步抓实抓好。科技特派员下乡帮助农民的过程中，要认真教授农民用网络设备学习科学文化知识，帮助农民更新生产经营观念，发挥示范引领的作用。一方面，科技特派员应该着重培养农民运用网络解决生产生活中的难题，提升农民对策研究能力，及时关注和捕捉农民的生产需要，迅速科学地运用科学途径找到解决农民问题的方法，精准研判问题，做到不唯上、不唯书、只唯实，在发挥自身学科专业优势的同时，为农民提供专业的建议。另一方面，科技特派员应该学习与乡村振兴相关的其他学科知识，熟练使用大数据平台，提升自己的农业科技知识，在引导乡村发展电商的同时，帮助乡村实现产业升级。

（二）创建多元化的数字文化服务

数字文化资源是乡村文化建设的关键环节，影响着农民享受公共文化服务的质量和水平。特别是在乡村书屋的建设和完善的过程中，要首要考虑能否及时有效地为农民提供必要的文化信息，优化乡村的文化资源，提高乡村的数字文化建设水平。

首先，基层政府和工作者要对现有乡村文化资源进行分类整合，再根据农民的实际文化需要，扩充乡村的文化资源，避免无用书籍资源的大量存在和书籍未及时更新的现象。在创新整合乡村文化资源的前提下，基层要坚持与时俱进，依托互联网、大数据开发公众号、小程序、远程查询等多种现代阅读方式，将新的文化知识通过可视化、简洁化、通俗易懂的方式向农民提供。同时，还要关注向农民提供数字文化资源质量的高低问题，不能以量取胜，要根据农民的实际文化需求做好文化服务工作。

其次，增添特色文化资源库，文化工作者要经常参与到民俗活动或者文创产品的制作过程中，获取农民参与文化活动的第一手资料，为特色文化数据库提供丰富的素材。特色文化资源库立足于农民文化生活的实际，例如中国农民丰收节，各种以“庆丰收·感党恩”的主题文化活动相继开展，书法展示、朗读比赛、趣味运动会、文创产品设计大赛等文化活动，通过现场直播的方式在网络平台同步播放，不仅能提升农民节日体验的参与感，更丰富了乡村的特色文化资源库，为乡村创新文化活动形式提供新的思路。

最后，加强乡村数字服务平台运营管理，防止不当文化信息的出现，能够最大限度地发挥乡村数字平台的服务效能，提升农民参与文化生活的主动性。乡村数字服务平台的受众对象集中在18～55岁，大都文化水平不高，辨别信息的能力有限，在运营微信公众号以及官方网站平台的同时，要帮助农民辨别文化信息，净化农民的网络空间。与此同时，可以开发新的版块，聚焦农民的日常文化活动，及时发布活动的内容或者视频，用新鲜、有趣、贴合农民文化生活的话题，给农民碎片化的时间增添乐趣。

（三）培育乡村网络文化建设多元主体

繁荣发展乡村网络文化是新时代下乡村文化建设的重要内容，随着乡村互联网、智能手机的普及以及数字化技术的完善，贫困和偏远乡村地区也可以利用网络来享受文化服务。农民对网络服务的需求较大，繁荣发展乡村网络文化对新时代乡村文化建设具有重要的推动作用。

第一，政府推进乡村数字基础设施共建共享。乡村享有与城市均等的数字基础设施，完善乡村网络基层设施的建设，是帮助农民快速适应信息化发展的需要，能够通过大数据应用平台，为农民带去精神文化层面的享受。在对不经常使用互联网了解信息的农民进行走访调查的过程中了解到，很多农民觉得网络费用过高，山区网络信号不稳定等问题。一方面，国家和基层政府可以与互联网企业进行沟通与合作，加快乡村的数字文化设施建设，通过出台税费减免等政策，尽可能地加大乡村居民宽带办理优惠力度，让广大村民能利用互联网来享受更多的文化服务，保障自己的文化生活。另一方面，在乡村移动宽带网络建设中，应加大网络投资的建设力度，优化乡村现有的网络稳定性，提升乡村网络质量和覆盖广度，还可以借助城市的互联网技术及网络平台，解决乡村网络设备的后期维护和保障方面的困难，为农民文化生活提供信息化的有力保障。

第二，加强乡村信息服务基础设施主体的责任落实。乡村信息服务基础设施建设能够为农民提供政务信息服务、生产信息服务、生活信息服务等，通过互联网传播信息的及时性与广泛性特点，能够给农民的生产生活带来很大的便利。一方面，加强乡村网络文化阵地建设。借助网络能大力宣传中国特色社会主义文化，以及及时发送国家的涉农相关政策，深入推进新时代乡村文明建设，在利用信息技术的同时，要充分发挥微信公众号的等公众平台的传播力与影响力，传播社会发展的正能量，引导农民关注自己的思想道德建设，规范自己在网络中的言行举止，并协助乡村文化网络，发挥好网络文化阵地的宣传作用，加强乡村自媒体价值引导，建设一个积极健康的网络文化空间；另一方面，要发展积极健康的网络文化，在关乎农业信息技术的真实性问题上以及网上农产品售卖信息的规范性问题上，农民要发挥好网络文化监督作用。同时，还要充分整合利用现有公共文化服务场所和设施，为农民举办文化活动或者维护合法文化权益提供相对高效的信息来源和解决途径。

第三，落实乡村优秀传统文化数字化的主体责任。加强对乡村优秀传统文化的保护与传承，也是乡村建设数字化信息基础设施的重要方面。一方面，基层党组织要加强对数字文化知识的推广和宣传，让村民了解数字文化用于乡村传统文化保护与传承的优越性，与此同时，开发数字文化设备使用的培训课程，让村民尽快掌握基本的数字化设备操作，将其运用到文物古迹、传统民居、自然村落等，推动乡村智慧农业和乡村旅游的发展；另一方面，数字化、智能化设备的改造升级，有利于建设一批具有特色文化产业的村镇，重现广大人民对美丽乡村的乡情乡愁，增强农民参与文化生活的体验感，促进乡村文化资源与城市现代文化消费需求的有效衔接。

第八章 美丽乡村建设中基层党员干部管理

第一节 农村基层党组织建设面临的问题及原因

一、农村基层党组织建设基本概念与理论

（一）农村基层党组织概念

《中国共产党农村基层组织工作条例》规定："乡镇党的委员会（以下简称乡镇党委）和村党组织（村指行政村）是党在农村的基层组织，是党在农村全部工作和战斗力的基础，全面领导乡镇、村的各类组织和各项工作。"乡镇设立党的基层委员会，以村为基本单元设置的党组织，根据人数的多少可以分为党支部、党总支和党的基层委员会及其下设党支部。村党的委员会受乡镇党委领导。本节所提到的农村基层党组织特指村一级的党组织，乡镇党委和其他类别的基层党组织涉及比较少。

农村基层党组织在农村工作中占有主导地位，农村的各项事务都离不开农村基层党组织的参与和决策，农村基层党组织建设的好坏直接影响农村社会的发展和农民的利益。所以农村基层党组织要始终坚持马克思主义哲学的观点，坚持群众路线，把农民的利益和农村的发展放在首位。

（二）农村基层党组织的功能与地位

1. 农村基层党组织的主要功能

农村基层党组织作为党的"细胞肌体"，能够最大限度汇聚起农村发展的磅礴力量，从而有效实现自身肩负的使命。农村工作的特点和农村基层党组织承担的职责，使得农村基层党组织必须具备多种功能。农村基层党组织能否较好应对农村发展的新形势、新任务，正是有赖于这些功能的

发挥。而农村基层党组织功能发挥得充分与否，则取决于农村基层党组织建设的好坏。具体来说，农村基层党组织主要有以下几个方面的功能。

第一，政治引领功能。2012 年 12 月，习近平总书记在河北阜平县调研时指出，要使农村基层党组织成为带领群众奔小康的领路人。一方面，党的方针政策不会轻而易举地得到贯彻落实，也不会自发被群众掌握接受，农村基层党组织要在群众中做好理论宣传和讲解引导。另一方面，党内政治生活开展流于形式、浅尝辄止的例子不在少数，农村基层党组织要多措并举地提升党员干部政治理论修养和实践能力。此外，还要将党员干部的工作、生活置于监督之下。正如“组织理论之父”马克思·韦伯指出，在组织管理中要有等级原则和严格的纪律。

第二，统筹协调功能。党对农村工作的领导不是口头上的领导，而是要体现在农村经济、文化、社会、生态等各方面建设之中。农村治理改革存在哪些问题，存在问题的原因是什么，如何制定解决措施，都需要农村基层党组织认真分析、讨论、决定。

第三，支持和服务功能。当下，群众的生活条件、精神状态日益改变，利益诉求、发展需要也在不断调整。这就需要农村基层党组织与时俱进地提高服务能力，支持群众全面发展，推动农村事业全面进步。

第四，整合功能。一是对各种资源要素的整合，二是对社会各方力量的整合。

2. 农村基层党组织的地位

（1）农村基层党组织是党的组织基础

中国共产党是按照民主集中制组织起来的统一整体，由党的中央组织、党的地方组织、党的基层组织三个部分组成。党的中央组织是党的最高领导机关，是党的组织体系的“大脑”和“中枢”。党的地方组织是连接党的中央组织和党的基层组织的中间环节，发挥着承上启下的过渡作用。党的基层组织指的是在企业、农村、街道社区、学校、社会组织、机关和其他基层单位成立的党组织，是党的全部工作和战斗力的基础。因为党的基层组织是党的组织体系的基础，所以农村基层党组织又是“最后一百米”的基本基础。

（2）农村基层党组织是党联系群众的桥梁纽带

农村基层党组织处于基层第一线，建立在群众中间，与群众有着广泛的联系和亲密的关系。农村基层党组织的桥梁纽带作用具体表现在三个方面。第一，群众在生活中遇到的难题、对国家政策的疑惑以及对美好生活的期望都可以向农村基层党组织诉说，然后农村基层党组织再向上级领导机关反映。第二，党的思想理论、战略走向通过农村基层党组织才能“飞入寻常百姓家”，才能给群众的生产生活带来改变。第三，群众可以通过农村基层党组织认识了解党，农村基层党组织的工作开展情况直接影响着党在群众心中的形象。

（3）农村基层党组织是落实党在农村工作任务的战斗堡垒

农村基层党组织最了解农村的发展情况，最清楚农村发展中的矛盾和挑战是什么，最知道人民群众在乎的是什么。党在农村工作任务的顺利完成，离不开农村基层党组织战斗堡垒作用的发挥。农村基层党组织如果没有战斗力，全党就没有力量。农村基层党组织的战斗堡垒作用主要体现在三个方面。第一，党员干部要发挥先锋模范作用，遇到困难冲在前面，对不良风气带头抵制。第二，准确把握“三农”工作的方向，坚决完成农业农村发展的各项任务。第三，做好党员思想工作，定期组织党员干部学习新知识，掌握新技能。

（4）农村基层党组织是农村基层组织中的领导核心

伴随着我国农村的变迁，农村基层组织也不断转型。但是，党组织、集体经济组织、自治组织依然是三种主要类型。党组织之外的这些组织并不是松散存在的，农村基层党组织在所有组织中发挥着领导核心作用。2019年，中共中央印发新修订的《中国共产党农村基层组织工作条例》的“领导和保障”这一章节是增写内容之一，突出强调了农村基层党组织的领导核心作用。进入新时代，人民对美好生活呈现多元需要，农村其他组织进一步获得成长契机。总之，农村基层党组织要保证其他基层组织在党的路线、方针指导下进行活动，并且要团结各种组织，拧成一股绳谋求农村发展。

（三）农村基层党组织建设的内容

1. 政治建设

农村基层党组织属于政治性组织，讲政治是农村基层党组织建设系列工作的第一要求。政治建设的目标任务就是要使农村基层党组织在政治上永葆生机，永葆活力；使党的方针政策被更好地贯彻执行到农村；使乡村振兴事业始终沿着正确的政治方向前进；使党内政治文化在农村基层党组织内占领高地；使农村基层党员干部坚定自己的政治信仰和立场。2018 年 7 月，习近平总书记在全国组织工作会议上谈到，党的基层组织是党的肌体的“神经末梢”，要发挥好战斗堡垒作用。而发挥战斗堡垒作用，则需要政治建设保驾护航。政治建设如果搞不好，农村基层党员干部就会各行其是，成为一盘散沙，农村基层党组织也会沦为一个“私人俱乐部”。

2. 思想建设

2018 年 5 月，习近平总书记在纪念马克思 200 周年诞辰大会上指出，中国共产党的奋斗历程告诉我们，重视思想建党、理论强党是中国共产党在逆境中取得成功的重要原因。马克思、恩格斯也强调，吸收党员时要坚决杜绝把非无产阶级思想带入党内，而且党坚决不能成为利益集团。农村基层党组织肩负着将乡村振兴事业推向深入的主体责任，其所处环境和位置决定了思想建设的必要性和意义。思想建设就是要纠正农村基层党员干部存在的错误理念和倾向，使其在思想上对乡村振兴基本问题达成一致。最终改变农村基层党员干部观念固化、信念动摇、思想站位不高等问题，从而使农村基层党员干部具备引领乡村振兴的思想素质。

3.队伍建设

农村的事能不能办好，主要看农村基层党组织的队伍建设得好不好，看带头人的水平高不高。农村基层党组织带领群众脱贫致富后还要继续带领群众振兴乡村、实现共同富裕，所以必须有强大的力量储备作为后盾。队伍建设就是要把优秀的人才充实到党员干部队伍，将知识、技术等学习教育工作融入农村基层党组织建设全过程。江泽民同志指出，共产党的力量和作用不在于党员的数量，而在于党员的素质。农村基层党组织的根基深不深、力量强不强，很大意义上取决于党员干部队伍的整体素质。党员干部队伍的水平、素养、本领提高了才能更好带领人民群众在乡村振兴工作中反思新问题、调查新情况、总结新经验。

4.组织建设

组织建设是使农村基层党组织保持先进性的重要举措，其目标就是通过提高组织工作质量、创新组织制度设计来发挥农村基层党组织的组织保障功能。农村党的组织形式要适合工作要求，适合政治任务，适合具体条件。正确的组织路线是正确政治路线的保证。如果组织建设工作开展不好，党和群众之间就会出现一堵把他们隔开的无形墙。由此可见，有了科学的组织体系、完善的组织系统、健全的组织设置模式，农村基层党组织才能在乡村振兴中有高的工作效率和服务水平。

二、农村基层党组织建设面临的问题

（一）农村支部成员选拔机制不够健全

2021 年全国绝大部分农村完成了支部换届选举，许多工作能力强、群众基础好、政治素养高的农村优秀党员进入了农村党支部领导班子行列，为农村基层党组织建设注入了新鲜血液，进一步增强了其战斗力与领导力，为新时代乡村发展打下坚实基础。但是部分农村在支部成员换届选举过程中也存在一些问题。首先，支部领导班子后备人员不足，面临一将难求的现象。乡村也存在一批视野开阔、文化水平高、领导能力强的乡贤，但是大部分却不愿意参与其中。因为农村事务烦琐，利益错综复杂，经常会顾此失彼，不经意间便得罪人；并且一旦上任便是大家的大家长与勤务员，经常忙了公家事务荒了自家地，且薪酬待遇微薄，所以“能人”大部分选择独善其身。对于符合候选资格的村中党员来说，大部分已到花甲古稀之年，在精力、身体、格局视野等各方面已不能适应新时代农村工作。而曾经有个别年富力强、有抱负有上进心的村支书也曾做出许多成绩，因未能权衡各方利益，群众工作做得不到位，最后心力交瘁，导致未能或已不愿参加新一届班子。而年轻小将们因初入社会，历练不足，虽然志向远大，但因没机会取得群众信任也未能得到大家支持。所以在带头人候选人储备方面需要加大培养宣传。

其次，农村是以血缘关系为纽带形成的差序格局，宗族势力的影子长期存在。农村是长期以血缘关系自然形成的熟人社会，不同姓氏之间自然有族我之分，即使是一脉相承的同姓同宗，也有远近亲疏之分，宗族远近观念严重影响村庄团结。在换届选举过程中存在违法违规操作，各家族推举自家利益代表人，明争暗斗，请客送礼、逼选贿选等情况依然存在。最终村民选出的并不是真正有能力、有素养的村干部，而是自己家族利益的代理人。这种现象不仅影响选举权威性，还会影响后期施政的公正性。

再次，在外人员较多，选举热情不高。当下农村务工人员较多，许多村庄甚至稳定留村的人口不足一半。许多农村每次换届之时，人数都难以保证法定要求。外出者很少放下自己工作专程参加两委选举，一是认为自己一票并不能左右选举结果；二是常年在外，村干部何人入选与自身并无利益关系，选举热情难以调动。于是在外务工者实行选票委托制度，出具申请，由亲人代为行使权利。这又导致在村亲人之间争相抢夺委托权，最后致使委托失控。

最后，部分村民上访上诉，选举进程受影响。新时代，随着学习渠道的增多以及国家普法活动的推进，村民的民主法制意识逐渐增强，对换届选举过程的合法合规性越来越重视，并且对换届工作各环节的操作流程各有解释。不可否认，个别村庄简化了部分流程，选举过程存在不严谨的情况，最终授人以柄，影响结果的权威性。部分民主权利意识较强的村民，对选举产生不满情绪，通过写信、找镇领导、电话等各种渠道进行举报投诉。与此同时，选举中失势一方由于不甘利益受损，也会合伙预谋，诱导个别村民进行不合理上诉上访，更有甚者扰乱选举秩序，言语侮辱威胁候选人等，严重影响换届选举的权威性、公正性。

（二）农村本土人才流失严重

农村干部的能力水平决定了农村基层党组织要想保持强劲的战斗力、发挥先锋模范作用，吸引和留住人才是关键。但是随着我国城市化进程的加快，面对经济收入高、教育资源丰富、基础设施完善的城市，有能力有上进心的农村人才选择去城市打拼，举家定居，享受城市发展红利。根据国家统计局统计的数据，2021 年我国农民工总数为 29 251 万人，同比数量有所增加。外出者达 17 172 万，本地人数为 12 079 万，数量均有所回升，这跟疫情恢复后经济迅速回温密不可分，农民脱产打工意愿强烈。农村从事农业生产收入太低，难以维持消费开支，正常饮食消费可基本满足，但是遇到病痛、孩子升学、婚恋楼房等问题时就会捉襟见肘、束手无策。因此，许多有学历有头脑的人通过升学或做生意的方式离开这片土地，其中不乏农村基层党组织党员干部辞职进城。

第一，农村优秀人才的流失会减少农村党组织后备力量的储备，影响农村党支部整体能力的提升。外出者绝大多数是年富力强具有进取心的年轻人，他们头脑灵活，不满足于现状，对未来充满憧憬，是非常适合带领村民实现脱贫致富的最佳人选。有学历的人选择在大城市稳定就业，没有接受高等教育者也选择在城市务工。他们的离开使乡村振兴缺乏了骨干力量，组织振兴人才缺失。农村留守党员中平均年龄也有 70 左右，老龄化问题严重。老年党员在体力思维方面已落后于时代，多数已是步履蹒跚、体弱多病，也经常存在故步自封、思维僵化的情况。在惠民政策贯彻落实、开拓集体经济发展特色产业等方面缺乏创新意识，领导能力不足，难以适应新时代农村工作。并且外流人才中不少是党员身份，这批人由于工作原因长年在外，只有逢年过节时才回家小聚一时，与党支部交流甚少，甚至无交流，也长期不参与组织生活，缺乏教育监管，对村务漠不关心，对乡村发展的献身热情难以调动。

第二，农村对人才的吸引力不足。不论是“引外凤归巢”还是提拔自家“金凤”，都需要“筑巢”，即必须优化人才发展的现实环境，保障既能留住身又能留住心。但是如今部分农村发展环境还难以提供充足的吸引力。首先是村干部多为兼职副业，权力小、任务多、责任重，但是薪酬待遇却很低。以某县为例，根据村庄规模以及任务指标完成情况来决定各村干部工资情况，300 口人村庄支部书记一年薪酬不足两万元，其他支部成员一年的补贴仅为一把手的 70%，这些收入和务农收益相当，而外出务工一年纯收入可达五六万，两者存在不小差距。乡镇每年拨款仅够维持干部工资，每当公共事务资金有缺口时还需要自行垫付，严重打击基层干部获得感和成绩感。其次，生活条件有待提高。农村虽然完成脱贫攻坚，已全面步入小康，但是城乡差距依然很大，农村生活条件相对艰苦，各方面设施不完善，且晋升渠道有限。如今许多年轻人艰苦奋斗意识淡薄，更向往灯红酒绿的喧嚣。所以无论从自身事业发展前景还是从未来后代的生活教育环境来看，农村都不是年轻人才首选之地。最后，圈子问题严重，外人难以插足。农村基层党组织成员基本是本村人员，部分基层干部依仗干部职位谋取自身家族经济利益，长年把持权力，在发展党员方面倾向于自家人，长此以往，更无人能动摇其干部地位，形成利益圈子。本地有能力者不愿触犯他们利益，以防招惹矛盾报复，不如独善其身、敬而远之。种种现象的存在，令优秀人才对农村基层工作望而却步，去选择待遇更佳、人际更为和谐的工作。

（三）农村基层党组织意识形态建设不足

1. 理论学习相对不足

习近平总书记强调党员干部要如饥似渴地学习，一刻不停地提高。理论水平、政治素养决定了党员干部的政治领悟力、判断力、执行力。农村党员干部是乡村发展的领路人与主心骨，其理论水平更是影响农村党建工作。目前部分地区农村党员理论水平的学习明显欠缺，且相关教育培训工作也并不完善。

农村党支部的常态化学习是保持农村党员政治理论水平的治本之策，是主动迎难而上、积极作为的理论基础。首先，进入新时代以来，党中央对农村政策倾斜力度加大，农村建设取得一定成绩。部分农村党员干部便志得意满、鸣金收兵，逐渐变得安稳于现状，放松了警惕，思想变得松动，对理论的学习也变得懈怠。新时代农村需要一批与时俱进、善于学习的党员干部来带领村民实现跨越式发展。新时代我们虽然实现了农村人口全面脱贫，但是农村党员干部应该清楚认识到农村依然经济基础薄弱，不平衡、不充分问题将长期存在。所以，任何一项成就都只是未来更大事业的新起点。在乡村振兴和农村现代化建设的伟大工程下，农村党员干部是起决定性作用的主角。但是部分农村地区的党员干部并未领会到肩上之重任，缺乏政治洞察力，忽视理论学习，格局视野具有局限性，在促进组织振兴进而引领乡村发展方面显得力不从心。其次，我们党历来重视与时俱进、因地制宜，反对教条主义与本本主义。新时代农村的组织振兴是百花齐放的振兴，并不是一个模子的样板。国家对于组织振兴提出了方向性规范与要求，农村党员应该在基础理论政策学习的基础上因地制宜，考虑地方特色，走出一条适合自己的道路。但是，实际上部分农村党员干部不能并学以致用，对国家政策的领悟与理解不到位，生搬硬套，缺乏人文关怀，被动执行任务，导致某些政策出现水土不服的状况。学习理论如果只是学到外在的书本内容，则学而不思不如不学。马克思主义理论的精髓就是实事求是，政治理论的学习应该以此为核心。部分农村党员干部灵活性与创造性不足，对理论的学习缺乏变通，不够深入，陷入照搬照抄的认识误区，这样只能证明理论学习不够扎实，学而不精。

农村党员队伍政治理论素养不高与当前的教育培训方式与制度是密不可分的。新时代，党对各级党员干部都进行了系统培训教育，农村党员干部的理论水平得到提升，但是也存在一些问题。首先教育培训内容不具有针对性。农村由于地理上的偏僻、布局上的分散以及师资力量和设备的局限，许多理论学习的方式以及内容不具有针对性，农村党员干部对高深的理论术语理解程度不深，缺乏适合理论水平的培训课程；其次在学习形式上缺乏创新性。大部分的学习形式局限于集体上课、读政策文件、观看教育影片、朗读书本等，形式单一枯燥，对农村党员不具有吸引力，农村红色资源丰富，退伍老军人多，困难群众也多，农村党员教育形式可以通过组织参观当地红色革命旧址、慰问老战士、困难群众等方式开展；最后，培训考核不严谨。例如，许多党员借机不参加培训，培训中的奖惩制度不完善，最后的考核敷衍了事。种种理论教育培训工作的不到位，使得教育失去应有的价值，对农村党员理论水平的提升收效甚微。

2. 政治信仰不够坚定

政治信仰是党员的精神内核与心灵寄托，是广大党员奋斗的指南针与航向标。在我们国家坚定政治信仰就是坚定对马克思主义的信仰，对共产主义远大理想和中国特色社会主义共同理想。习近平总书记多次强调理想信念是共产党人精神上的钙，如果精神上缺钙就会得软骨病。新时代加强了党员政治信仰和理想信念的教育，成效显著。但在部分地区的农村基层党组织身上仍然可以看到精神上“缺钙”的现象。

首先是在思想认识层面不够深入。我们党自成立以来，就注重将先进的思想成果同中国实际相结合，尤其是确立了以马克思主义为党的指导思想，走出一条适合自己的道路。在不同的历史时期根据不同的实际情况不断地推进马克思主义中国化，形成了毛泽东思想、邓小平理论、“三个代表”重要思想、科学发展观以及习近平新时代中国特色社会主义思想，以此为指导，我们国家取得了一个又一个胜利，完成一个又一个目标。习近平新时代中国特色社会主义思想是新时代的马克思主义，是21世纪的马克思主义，是新时代实现中华民族伟大复兴的行动指南。农村基层党组织的党员干部应该以此为指导进行深入系统学习，但是部分农村地区的党员干部对新思想的学习停留在表面，形式主义现象突出，标语口号做得很到位，但是实际精神没领会，当谈及其中内容时却一概不知，不懂其思想精髓与内涵，缺乏对新思想的认识。农村党员干部如果对新思想没有做到系统全面的认识，在新时代新农村的各项工作任务便没有了方向目标与价值尺度，进而陷入机械主义，难以发挥先锋模范作用。其次，作风问题时有发生。一是村干部存在小官大贪的情况，许多农村村支书掌控当地工程建设权力，收受工程方财务贿赂、贪污集体财产、搞钱色权色交易等，像蛀虫一样蚕食党的执政“大厦”根基。二是部分农村党员干部工作方式存在问题，官本位思想严重，务虚现象经常发生，形式主义大行其道。有些党员干部不发挥应有作用，没有将群众急事放在心上，而忙于组织参加各项务虚的会议甚至是溜须迎合上层领导。当面临政策通知时，有些干部只会做面子工程，填报数据时却浮夸虚报，糊弄群众与上级。群众工作也不到位，老百姓是共产党生命的源泉，部分农村党员却脱离了“源泉”，生活奢靡、追求享乐，宗旨意识淡薄，导致干群关系紧张，农民对农村基层党组织不信任、不尊重、不服从。农村基层党组织在种种思想意识方面存在的问题阻碍了意识形态的建设，容易降低党在农村的思想引领力。

（四）部分农村党员干部作风不良

1.部分农村党员干部缺乏民主作风

民主是防止党员腐败和党风廉政建设的根本途径，有利于保持党的活力和先进性。党的干部要养成民主作风，就要充分发扬党内民主，在遇事时能与其他领导成员讨论再决策，保障党员权利。同时在工作中平等待人，关心和支撑普通党员工作，发挥他们的积极性和创造性。但在实际工作中，各种原因导致部分农村党员干部缺乏公仆意识，专断独行，导致农村群众与党员干部的关系变成“油水关系”。

在我国农村民主化建设起步较晚，虽然已有相应的民主制度，但是民主观念还没有被群众真正掌握，部分思想观念落后的地区仍然存在专权思想，导致部分农村党员干部还存在官僚思想。一方面官僚思想导致农村党员缺乏民主作风，脱离群众，以“父母官”自居，在工作中漠视群众利益，敷衍对待群众的需求，主动为群众服务的意识不强。另一方面农村党员民主意识淡薄，对民主的本质、作用的理解不够透彻，从而忽视民主的重要性。农村党员受到自身官僚思想的影响和民主意识的淡薄是导致其缺乏民主作风的重要因素，严重阻碍了农村民主建设的步伐。

2. 部分农村党员干部存在形式主义

形式主义是作风建设的一大顽疾。毛泽东指出：“为什么党的策略路线总是不能深入群众，就是这种形式主义在那里作怪。”然而在农村形式主义却不断翻新变异、层出不穷，究其原因是因为部分农村党员干部工作并不是为了使党组织发展得更好，而是希望自己能够获得升迁，他们发现搞形式主义比勤勤恳恳工作更能获得上级认可，因此就把工作重心放在见效快、容易出政绩的工作上，而对见效慢、成效差的其他农村事务则敷衍对待。另外部分党员干部工作作风漂浮，贪图享乐，缺乏实干精神。这些党员干部随意对待要求严格的任务，不能及时采取措施解决落实上级任务过程中出现的问题，不能充分调动人民群众参与活动的积极性。

部分农村开展的党建活动仅停留在开会、办活动层面，文件精神没有完全传达到农村，党员干部们也采取拉横幅、拍照的方式敷衍上级检查，给上级组织部门监管增加了难度，基层党组织也逐渐边缘化。还有些农村党员干部对于自己职责范畴内的事务推三阻四，不认真落实工作，使党的部署在落实时大打折扣。还存在部分党员干部不调研现状，单凭主观意志决策，热衷于搞“形象工程”“政绩工程”。但在总结工作时夸大个人的工作成果，实际工作却落实不到位、不彻底，这一系列行为使农村真实问题和情况被掩盖。

3. 农村党员干部队伍存在腐败现象

基层腐败是当前反腐的热点和重点。而近年来农村腐败又呈现了新的态势：腐败的手段相比以前更加隐蔽，腐败形式更加多样，农村的扶贫项目、惠农项目、拆迁项目成为部分党员干部腐败的新领域。此外在一些偏远落后的农村仍存在“土皇帝”式的干部，这些党员干部利用手中的黑社会势力对农村集体财产进行侵占，造成了恶劣的社会影响。还有部分基层领导干部不敢直接动用公款，就以支持基层建设的名义转空款项，或者利用基层的财务漏洞，用证券或是会员卡等实物进行贿赂。

农村腐败不断演变重现的重要原因是随着我国城镇化过程的不断加快和深入推进，社会治理的范围和内容也不断深化和拓展，从而农村党员干部的权力也有所增加。然而关于农村党员干部新增权力的监督机制却没有及时跟进，导致农村党员行使权力时无人监督，行为不受约束，在实际工作中农村党员干部就以个人意志代替组织意志，为了个人利益进行权钱交易、贪污受贿。新时代农村党员干部贪污受贿逐渐隐蔽化，官员不作为变成隐形的腐败，贪污方式也逐渐形成“上有政策、下有对策”，对此要更加坚定地进行反腐倡廉建设。

（五）服务意识与服务能力有待加强

1. 部分农村党员服务意识有待提升

新时代，传统的领导理念和工作方式应该转化为将领导融于服务的工作模式，具备服务意识是每位新时代农村党员都必须具备的基本素质。但在实际上，部分农村党员干部的服务意识、服务理念尚未真正树立起来，很多时候将服务群众、帮助群众的工作放在次要甚至不重要的位置。其次，部分农村党员干部的责任心不强，在服务农民致富和新农村建设中的主动性、创造性不够，对于农民反映的棘手问题和农村社会公共突发事务，不敢主动去处理，缺乏服务担当意识，甚至放任一些群体性事件的爆发，导致村民对党的向心力和满意度有所下降。

此外还有部分农村党员对“服务型党组织”这一新的党建模式理解不够深入，不够到位。部分农村党员认为服务型党组织就是以党组织的名义为群众做好事、满足群众的需求，缺乏主观能动性和创造性。有的还停留在党的自身活动的惯性思维上，没有从党组织的政治属性、服务功能这一高度和视角来理解服务型基层党组织建设的必要性和紧迫性，将自身与党组织割裂开，从而导致服务型基层党组织建设表面化、形式化、狭隘化。

2. 部分农村党员服务能力有待加强

农村基层党组织是群众接触最频繁的党组织，农民遇到的难题都需要依靠农村基层党组织来排解。新时代村民在各个方面的需求都发生了时代性变革，人民的诉求也日益多样化，因此农村党员的服务能力也要与时俱进。但实际上农村党员的服务能力还有很大的提升空间。

部分地区农村党员干部综合素质偏低而无法提升服务能力。农村党员干部的文化素质偏低，导致其工作思维比较固化、不善于创新，从而在面对农村群众不断变化的服务需求时经常会茫然无措。并且农村党员的系统培训又比较稀缺，导致农村党员对于当前的发展形势认识也不及时，不能跟上党中央的指示和部署，在工作中仍然沿用老办法，认为只要维持农村稳定即可，不愿意开拓新的工作路径，从而服务能力的增长也十分受限。

部分农村基层党组织干部队伍弱化，党组织很难发挥良好的服务功能。农村党员是服务村民的中坚力量，然而由于人口流失，在农村发展党员已成为很大的难题，导致党员发展面临“断层”危机。其次，农村基层党组织选拔人才的渠道和机制也比较固化，在新的形势下出现了很多弊端。同时由于农村党员干部的待遇比较低，引进的人才也无法留住。这些因素导致农村基层党组织服务缺乏中坚力量，从而农村基层党组织的服务功能弱化。

三、农村基层党组织建设现存问题的原因

（一）外部原因

第一，受到多元化社会思潮的冲击。随着互联网时代的到来，农村群众和党员接收信息的方式也日益多样化，半数以上村民都能够通过订阅号、群消息、朋友圈等了解信息。这也使各类思想和文化更容易打破界限进行传播，削弱社会主义核心价值观在农村的影响力。例如西方通过弘扬多党执政制度来抨击中国的“一党专政”，否认中国共产党执政的合法性；通过历史虚无主义对中国历史进行颠倒，否定马克思主义理论，抹黑马克思主义经典著作和历史无产阶级政党领袖，否定中国特色社会主义道路，诋毁我国文化，削弱群众的文化自信。西方敌对势力在意识形态领域的入侵严重影响了党在群众心目中的形象，使部分农村党员和群众质疑党组织的领导地位，削弱党的战斗力、号召力和影响力。部分党性不强的农村党员的理想信念就会动摇，树立错误的价值观，从而迷失方向。

第二，受到市场经济发展的不良影响。在市场经济的影响下，农村群众的收入渠道日益多样化，自我意识不断强化从而集体观念不断弱化，与农村基层党组织的关联度也有所下降，影响了党组织的壮大，使乡村振兴的内生动力不足。首先，市场经济的利益机制极易引发利己主义，使农村群众、部分党员罔顾集体利益，片面追求个人利益。例如对村内事务毫不关心，甚至收受贿赂参与选举。其次，市场经济的功利性原则，容易诱使人们淡漠精神价值，从而忽视理想信念的重要性，只顾追求享乐主义。最后市场经济使农村群众发展的贫富差距加大，导致部分弱势群体怀疑农村基层党组织政策的适用性，从而影响其执政根基，更不必说团结群众加强农村建设。总而言之，农村基层党组织必须高度重视市场经济发展所带来的负面影响，才能提升自身的凝聚力和号召力。

第三，农村基层党组织建设缺乏经费支撑。自乡村振兴以来，公共财政向“三农”领域倾斜，但仍未能改变农村基层党组织经费不足的状况。主要原因在于：一方面农村基层党组织建设的经费主要来源于财政补贴、自筹经费，其经费主要用于党员培训、购买书刊、开展活动等，党建经费单一的来源与其使用范围的广泛形成来鲜明对比。另一方面在项目资金管理方面还存在很大缺陷，农村需要扶持的项目过多导致资金分配不均衡，从而导致农村基层党组织不得不压缩党建经费支持农村其他事业发展。经费不足不仅导致服务型党组织建设成了一句“口号”，诸如农村路面、电路等维修工作无法开展。同时也导致村干部的补贴待遇偏低，从而大量青年外流务工。使农村基层党组织处于既无法吸引人才，也无法留住人才的尴尬境地。

（二）内部原因

第一，农村人才资源转移。人是一个组织最基础的要素，决定了一个组织的能力和发展。然而新中国成立以来就长期实行城乡二元化结构，城市和农村在经济方面出现了巨大差距。此外，农村的教育、医疗等公共服务体系存在很大短板，从而导致很多农村的精英人才不断由农村流向城市。一方面导致农村基层党组织不能及时补充新的血液，党员队伍偏老龄化，农村基层党组织建设缺乏后备力量。另一方面降低了农村基层党组织的质量。农村群众的文化程度和转移能力是成正比的，受过教育的农民大部分都不愿意留在农村。另外，人才资源的离心倾向在某种程度上也降低了农村基层党组织的魅力。即使是生活在农村的青壮年，他们的入党积极性也不高，认为农村党员的身份并不能给自己带来荣誉感。

第二，农村党员教育不足。我们党历来都十分重视党员干部的教育培训工作，但在农村由于经济压力，缩减培训内容、降低培训质量，例如减少培训的天数，请不具备专业技术的人进行培训，培训内容仅停留在表面或理论层面，很难真正落实对农村党员干部的培训工作。农村党员的实践能力、带领群众致富的能力都存在很大短板。同时大部分农村党员都不具备个人自主学习的意识和能力，从而理想信念不够坚定，认知与现实有些脱节。因此随着市场经济的发展，农村党员的服务意识、宗旨意识淡化，“为民服务”变成“为自己服务”，先锋模范作用发挥不充分，所以容易发生腐败、农村党员干部不作为等事件。

第三，农村基层党组织的激励和约束机制不健全。一方面在农村基层党组织的建设过程中必须充分发挥农村党员的主动性和积极性，对农村党员的行为进行约束，从而要建立激励和约束机制。然而当前农村基层党组织的激励机制还不够完善，对农村党员的考核还不够全面，并且激励效果不明显，从而挫伤了农村党员干部的积极性。另一方面在约束机制上也有所欠缺，对农村党员的权利监管不到位。与农村党员接触最为密切的是乡镇党委干部，为了维护农村党员做事的积极性，往往忽视农村党员干部的“四风”问题。从而使农村党员干部放松了自我约束，理想信念滑坡、党性淡化，在市场经济的环境下，追求个人利益，甚至为了个人利益贿赂竞选。

第二节 农村基层党组织建设的路径选择

一、提高农村基层党组织队伍战斗力

（一）创新完善“第一书记”制度

新时代以来，习近平总书记提出精准扶贫方略和脱贫攻坚战略，加大了对农村地区基层党建工作的重视，为应对农村基层党组织“三化”问题，党中央完善了“第一书记”制度。第一书记肩负重要使命与任务。2015 年中组部发布了关于选派第一书记的文件通知，强调要从机关事业单位、国企、政府部门等单位抽调出经验丰富、统筹能力强、素质过硬、群众工作能力高的党员分配到底子薄、任务艰巨的农村去进行定点帮扶。先后有近 280 万名第一书记、扶贫干部扎根农村，挖穷根、搞建设、落实惠民政策，深

入推进了脱贫攻坚事业。为巩固成果、实现脱贫事业与乡村振兴的有效衔接，2021 年中央办公厅印发了《关于向重点乡村持续选派驻村第一书记和工作队的意见》，并要求各地方根据本区实际情况严格灵活落实。习近平总书记十分关心奋斗在一线的第一书记们，因此在新形势下要创新和加强第一书记制度建设，保证其继续发挥引领创造作用。

第一，完善选人用人机制。保障工作的顺利开展，选人用人是关键。负责选派第一书记的机关与部门要深入调查研究，对本区需要帮扶的村庄进行深入摸排调研，梳理该地区所面临的困境以及发展优势，根据各地不同特点和情况“因材施教”。对于要求派驻的第一书记人选，在分配村庄时综合考虑专业素养、工作经验、知识水平、行业特点、年龄性别等情况，保障专业对口、优势互补、有的放矢，提高选人分配的针对性、实际性与有效性，真正做到人尽其才、人岗相配。还要充分利用大数据技术，搭建候选人与帮扶村庄相互需要匹配度的平台。根据候选人个人意愿、年龄家庭因素、工作水平、经验履历、专业背景等情况“登记入库”，再将各区域考察情况进行整理登记，依靠信息化手段实现两者的对接匹配。

第二，完善奖惩激励制度。第一书记进驻到困难村庄，长时间面对艰苦的环境以及复杂的工作，难免会有懈怠或劳累的情况，积极性易受打击。因此，首先要派出部门、辖区乡镇党委和村支部根据第一书记的职能任务完成情况进行系统全面评估，根据考核绩效的高低进行适当奖励或诫勉。对于表现优异且尽心尽责、真心付出的同志在职称的晋升方面、先进人物的评选方面以及干部提拔任用方面要给予倾斜和优先录用。其次还要给予充足的财政支持。巧妇难为无米之炊，从一定程度上来说，第一书记绩效的高低取决于经费的支持力度，俗话说：有钱好办事。上级政府对于第一书记提出的确实需要额外的经费保障但政策文件中没有提及的事项，经考察具备科学和理性时，要及时给予解决，支持第一书记的工作，提升工作积极性。对第一书记个人的生活工作情况也要定期进行关怀慰问，完善例会制度，定期组织汇报工作，交流各方面情况，及时了解第一书记们的心理状态与思想情况，及时发现问题，对于干部们在工作生活中遇到的困难与障碍要尽力协调解决，让第一书记在艰苦的工作中安心、放心、舒心，增强其幸福感与荣誉感。

第三，加强监督，实施第一书记退出机制。第一书记要树立“功成不必在我，功成必定有我”的情怀。党从各个单位选派各位第一书记到艰苦环境工作既是信任又是培养。第一书记的职责便是帮助党组织薄弱的农村建立坚强有力的党组织队伍，带领其实现乡村振兴。一方面是主动“衣锦还乡”的退出。第一书记工作一段时间后，如果各方面进展顺利，工作落实情况符合预期目标，且帮助农村基层党组织建立其完善的组织机制，培养选拔了一批德才兼备、能力突出的本土干部后，那么也应在适当的时机选择退出，让农村基层党组织自己“展翅高飞”，减少对外部资源的过度依赖，提升自我造血能力，增强其内生动力。另一方面则是被动“弹劾退出”。极个别驻村干部目的不纯、思想不正，争先恐后来工作的目的是“镀金”，甚至根据这样或那样的主客观原因跟组织“要好处”、摆功劳、谈条件。这样心术不正的干部对农村基层党组织不仅不会起到积极的促进作用，还会起到反向的阻碍作用，影响组织在群众心中的形象。有关部门要及时发现这种“害群之马”，根据情节进行追责问责，对于未及时改正且愈演愈烈者，要责令其退出做出深刻检讨并问责。

（二）培养造就扎根农村的“三农队伍”

首先，组织振兴要注意人才的选拔吸引，把责任心强、致富能力强、作风优良、知识丰富的党员及时吸纳进支部班子，优化带头人队伍，既要注重内培也要努力外引。内培主要针对本土优秀人才，包括退休干部教师、本村毕业大学生、退伍士兵以及当地一些企业经营者。他们见识丰富，知识文化水平高，胆量大并且有着深厚的家乡情结，最重要的是有一颗为家乡奉献的上进心，必须主动积极发现此类人才，及时纳入党组织班子中。

而外引是扩大班子来源基础，吸引社会人才前来服务农村。除了上面提到的第一书记外，还应该通过选调生、三支一扶、大学生村官等途径广泛吸引高学历专业人才扎根基层。其次，要注重培养考核，提升“三农”人才整体素质。“三农队伍”应本着长期服务农村的理念，主动学习“三农”知识，培养“三农”意识。一是各级党委提供便利条件，积极联系相关专家教师、联合高等院校，利用优质师资力量常态化开展技能、理论等知识的培训，联系全国全省的优秀农业农村模范榜样进行经验宣讲。二是在涉农的一些企事业单位相关岗位的招聘中，适当加入农业农村方面知识，让其进一步懂得服务对象。三是对于高等教育“三农”方面的人才要提高招生比例，并且加强针对性思想培养，许多农学大学生并不愿扎根基层，要加强理想教育，强化定向培养。四是对外来扎根农村的“三农”人才要开展理想信念培训，强化责任担当意识，增强使命感与荣誉感。最后，对这群有志人士提供好充足的后勤保障。“三农队伍”怀揣梦想来支援农村，甚至像黄文秀这样的英雄人物将生命奉献给了“三农”。相关部门必须做好相应的保障工作，提升其生活质量与乐趣。第一，住房是关键，这是留住人才的基本，各级党委要充分利用资源做好人才保障性住房建设，完善基础设施建设。第二，定期开展慰问活动，举办集体性联谊，在工作之余增加生活趣味性，同时让许多单身的毕业生找到心仪伴侣，保障其身在基层心也在基层。第三，对于在条件艰苦的农村工作的干部要给予适当补贴，各级政府要单独拿出一部分财政收入或资金拨款用于服务扎根农村的干部，保障一定的吸引力。第四，各部门联合重点优先落实扎根农村干部的子女教育、医疗、户籍等实际困难的解决，保障“三农”人才没有任何后顾之忧。

二、加强农村基层党组织人才队伍建设

（一）选配有才能党建干部，组建实干队伍

新时代农村基层党组织强不强要看领头羊，德才兼备的领头羊对于基层党组织建设的发展至关重要。习近平总书记说过，“基层干部离群众最近，

群众看我们党，首先看基层干部”。首先，任用综合素质高的党员为党组织的领导干部。他们的聘用要综合考虑各方面因素，思想觉悟要高，要时刻做到为民忠诚干净担当。在能力上要有奋发图强的能力和干劲，品行上要有吃苦耐劳和心系群众的情怀，党建干部的能力和品行都要在路上，要做好一个为民服务的堂堂正正的好公仆。其次，大力培养党建干部的业务能力。他们必须拥有和人民群众打成一片的能力，在处理农民群众日常事务上要业务能力够强。基层党建领导干部要为其他党员同志树立工作标杆，一心一意地帮助农民群众，服务农民群众，做农民群众的知心人和贴心人。最后，培养党建干部选人用人的能力。俗话说一个好汉三个帮，党建干部不仅自身本领过硬，而且要拥有识才的慧眼、用才的能力。农村基层党建领导干部要善于选人用人，以独具的慧眼打造出一支实干的党建队伍，带领队伍更好地建设党组织，更好地为农民群众服务。及时去除基层党组织中那些思想腐朽、贪图利益的成员，为基层党组织的发展建立风清气正的空间环境。通过采取一些根据绩效发放绩效工资的激励手段来调动广大党员同志的积极性，使他们争先恐后地为农民群众踏踏实实解难事。

（二）进行全方位培训实践，提升能干能力

农村基层党组织的成员不仅要具备积极的工作热情，还要有高超的工作能力。党组织要进行全方位的培训实践来提升党员同志以及领导干部的能干工作的能力。首先，充分利用当地党校提供强化党性理论教育的场所。当地党校要充分发挥自己理论教育的作用，定期为农村基层党组织开展党性教育培训课程，增强他们的党性修养。通过定期的党性修养教育党性的重要性会时刻浮现在脑海中，党员同志可以时刻提醒自己增强党性修养。其次，市委以及县委党校要定期开展基层党组织学习交流班，让入班成员轮流当老师进行交流学习。通过每人轮值当老师分享交流，可以让他们取长补短，更加坚定马克思主义，坚定为民服务。最后，通过组织农村基层党员领导干部深入典型的文明村镇学习走访进行实践学习。全国典型的优

秀文明示范村通过自己的探索，摸索出了一些管理经验，把农村建设得越来越好。到这些村学习，用眼看，用耳听，用心交流，树立以此为目标的标杆，鼓舞自己的斗志。在走访学习中，建立坚定地让农民腰包鼓起来、农民脸上笑盈盈、农村越来越文明美丽的决心和信心。

（三）广泛拓宽选人用人渠道，吸纳肯干人才

农村基层党组织要更强更大，就要引入多方面的优秀人才，多方形成合力，把党组织的作用发挥到最大。首先，吸纳致富能手到党员队伍中且担任一些职务。农村里也不缺乏致富能人，把这些致富能人纳入大队伍中，让其负责带领大家发展经济，把村子建设得更好、更加美丽，使得农民群众的生活更加富裕。其次，吸收一些有能力的退休或者下岗的老师到农村基层党组织中。老师拥有丰富的教书育人经验，这些人拥有较强的领导和管理能力，可以把村民拧成一股绳，形成合力。当大家成了一股绳，越拧越紧就一定能把日子越过越好，农村也一定会越发展越好。最后，把有能力的毕业大学生吸纳到队伍中。毕业大学生拥有丰富的专业知识和报效家乡、报效社会、报效祖国的热情，这份专业知识和赤诚的热情会使其全身心投入家乡的建设中。此外，可以通过让富裕村的党支部书记到贫困村兼职书记，把自己的致富经验和方法、管理经验和方法带到贫困村。结合贫困村的特色，帮助贫困村发展，实现两村的共同发展，建设好美丽乡村。

三、加强理论教育，坚定理想信念

思想建设是党的基础性建设。我们党无论何时何地都始终坚持从思想上建党，这是对马克思主义建党学说的创造性发展。革命理想高于天，面对时代的发展和各种意识形态、价值观的冲击，共产党员不接受理论教育就不能坚持马克思主义真理，就不能坚定共产主义远大理想和中国特色社会主义共同理想。理论素养是增强党的凝聚力和战斗力的基础，乡村振兴战略背景下，提高党在农村的执政能力和水平，加强理论教育，提高理论素养是关键。

基层各级党组织根据党员干部文化水平，有针对性地组织党员干部学习党的历史、指导思想、方针政策等，自觉做到对党认同、信赖和服从。作为一名党员，要知道党的历史、学习党的理论、接受党的教育，认同党的指导思想，宣传党的方针政策。农村基层党组织要组织党员认真学习党的二十大精神和习近平总书记重要讲话内容，坚持开展“两学一做”学习教育，用马克思主义中国化最新理论成果武装头脑，指导实践，做合格党员。

真理是我们坚定理想和信念的精神基础，我们要认识、掌握信仰并且捍卫真理。共产党人要坚持马克思主义真理观，陈云曾在中共七大上作了《要讲真理，不要讲面子》的报告，这是一篇运用马克思主义真理观推动党的建设的重要文献，教育全党要讲真理，坚持实事求是的工作作风，至今读来仍有重要启示。农村基层党组织要积极组织党员干部进行党的经典理论以及最新理论的学习，深入学习贯彻党的二十大精神，用真理武装头脑，指引理想，坚定信仰，把学习成果转化为不可撼动的理想信念；组织开展“不忘初心、牢记使命”主题教育，使党员面对时代条件的任何变化，都不忘记共产党人的初心和使命，始终做共产主义远大理想和中国特色社会主义共同理想的坚定信仰者、忠实实践者，为真理和理想而斗争。

国家把党的政治建设纳入党的建设总体布局并摆在首位，是从战略和全局高度作出的重大决策。抓好政治建设就要坚守共产主义远大理想和中国特色社会主义共同理想以及“两个一百年”奋斗目标的政治方向。引导农村党员坚定理想信念、坚定“四个自信”廓清思想迷雾，排除各种干扰。把农村基层党组织建设成为坚守正确政治方向的坚强战斗堡垒。讲政治是我们党的突出特点和优势，始终在政治立场、政治方向、政治原则、政治道路同党中央保持高度一致。

四、加强农村基层党组织的纪律约束力

（一）严明政治纪律

在纪律体系创建的过程中，政治纪律作为核心脉络，对其整个创建效

果与过程将会产生至关重要的作用。就这一内容而言，习近平总书记曾经提到过：“现行马克思主义制度与思想，已经覆盖到了政治追求、品质、纪律以及理想等多个方面，而马克思主义思想也正是在这些领域有所体现的。”此时不难发现，政治纪律在整个党建以及党组织发展过程中都是必不可少的。但目前我国大部分乡村并非如此，很多乡村干部并不认为纪律问题很关键，因此导致他们在意识方面十分匮乏。面对这个问题，最先要做的就是提升纪律意识，通过培训、宣传等各种方式，加强乡村干部对于纪律的认知和服从，此时主要通过以下环节来推进。

首先，提升乡村干部对这一问题的关注度，要筑牢思想，紧抓纪律素养，要让其不仅做到理解和记忆，还要学会实践与延续。其次，需要通过教育体系的强制性，让其意识到政治纪律的真实意义和作用，特别是要让基层干部的纪律意识予以提升，牢记纪律准则。作为乡村基层干部，切勿空口无凭，而要以案说法，有效区分政治纪律中的监管权、表达权等各项职权，在思想上不断筑牢与改变，尽可能让自身的监管价值放到最大。最后，基层党组织要做好干部的培训和引导，要鼓励基层干部勇于参与一些违纪违法的案件处理过程，不断丰富实践知识，提升问题的处理能力，以此来通过轰动效应，强化党组织的监督意义和目标。

（二）大力惩治腐败

纵观古今中外的历史，许多事实证明，一个执政党如果不能有效地惩治腐败，让其任意发展，没有一个有好的结果。因此，我们党坚持“老虎”“苍蝇”一起打，坚持鲜明政治立场，绝不纵容任何腐败现象，保持党的肌体持久健康，赢得人民群众的信任与拥护。加强打击惩治力度，对腐败有着最大的震慑力度。

首先，农村基层党组织要认真仔细地学习党中央的各项重大文件，领悟其精髓，积极落实上级领导的指示要求，把维护农民群众的根本利益放在最首要的位置，有针对性地加强农民群众反映的问题，严肃处理各类违纪行为。党组织还要加强对农村基层党员干部的廉政教育力度，在法院办理贪污腐败的案件时，可以到农村地区巡回公开开庭审理，邀请农村基层党员干部及相关人员进行旁听庭审，实现较好的廉政教育效果。此外，农村基层党组织还可以把党的作风纪律、农民群众的思想道德教育和家庭道德伦理等各类农村教育活动结合起来，形成廉政教育合力，引导积极向上的社会文明风尚。

其次，农村基层组织和公安、司法等多部门在推进农村党员干部廉政教育培训的过程中，应齐心协力，协同审查，实现案件资源共享、信息畅通，实现农村党风廉政建设与反腐败斗争的长效联动机制。着重围绕着农村基层的实际特征，完善农村反腐的法律法规，进而增强党规国法之间的连接，提升党规国法在农村基层党组织的可操作性。在农村扶贫、医保、拆迁等腐败易发的重点环节和领域，要以“零容忍”的态度，加大党风廉政的巡查力度，及时完善相关的规章制度，把漏洞堵住。比如对于涉及乱收费、涉及民生以及造成重大影响的案件，要严肃查处，对社会进行公开，起到警示教育作用；还要监督广大党员干部透明公开其工作，对其工作中出现的问题，能够及时发现及时处理，将隐患扼杀在萌芽中；还可以通过公开举报电话、信箱、建立反腐公众号等多种方式，把广大人民的切身利益维护好，打造阳光透明的党组织。

（三）净化政治生态

在党的建设发展过程中，净化党内政治生态是具有根本性和基础性的问题，其关乎我们党的团结统一与生死存亡。党内政治文化生态是具有价值导向和引导激励作用的，能激发农村基层党员干部的主体责任意识，对抵御不良社会思潮对农村社会的政治文化生态的侵袭是具有至关重要的作用的。

因此，要建设好党内政治生态，就要最大程度发挥民主集中制净化政治生态的作用。首先，农村基层党组织要严格遵守政治纪律和组织纪律。

始终维护党中央权威是民主集中制的党性主要表现。民主集中制的“四个服从”基本原则是党组织在长期革命斗争中取得的重要经验，也是增强党的团结的重大要素。当前加强民主集中制，就是要坚决做到“两个维护”“四个意识”不动摇，这既是民主集中制的本质要求，同时也是基层党组织政治建设的首要任务。其次，农村基层党组织必须充分发扬民主，营造积极健康的政治氛围。党员干部还要带领大家认真学习党内政治文化理论，要敢于揭露本组织中存在的不良文化，坚决不包庇，不给其提供藏污纳垢的空间。再次，要运用好“互联网”这一主阵地，“这个阵地我们不去占领，人家就会去占领”。基层党组织还可以借助新媒体，将现实中一些抹黑党内政治生态的典型事例，制成视频等资料，对党员干部以示警醒，使他们更为自觉学习党内文化，以身作则。最后，必须用好批评与自我批评这个武器，通过开展自我批评来发现存在的问题，及时纠正错误，解决党内斗争矛盾，促进党内氛围更为融洽，形成统一意志和统一行动，共同培育风清气正的政治生态环境。

五、完善服务工作，提高服务能力

（一）强化农村党员的服务意识

是否具有服务意识是检验党性强弱的标尺，要发挥农村党员的服务作用首先要使其形成服务意识。每位农村党员都具有服务意识才能发挥自身的主观能动性积极投身于了解群众需求、满足群众需要的工作之中，从而密切党群关系，更好地发挥引领作用。

进入新时代，农村基层党组织要与时俱进转变职能实现寓管理于服务之中。农村基层党员干部要改变传统的、落后的、不适应当前新农村建设的领导理念和工作方式，牢固树立领导和管理就是服务的理念优化工作模式，以服务人民为工作目标。要真正提升农村党员服务意识首先要有丰富的服务载体，农村基层党组织要积极推进“一站式”服务站点建设，使农村党员有空间、有途径发挥服务作用，并在服务群众的实践中获得满足感，从而自觉形成为民服务意识，并在日后将服务意识转化为服务能力。其次农村党员要明确岗位职责，提高服务热情。农村工作纷繁复杂，以往农村党员都是敷衍了事。新时代农村党员要跳出传统工作模式的恶性循环，立足自身的本职工作，牢牢抓住工作的主动权，真正以服务人民为目标。尤其是在面对村民时，强化公仆服务意识，以高标准、严要求，真诚、热情地解决农民诉求，坚决把“只跑一次”甚至“一次不跑”的理念在工作中生动展现，赢得村民真心实意地点赞。

（二）提高农村党员的服务能力

党组织的覆盖面决定了农村基层党组织的服务范围。要确保党组织渗透到农村生活工作的方方面面，确保党组织的工作融入农村产业、覆盖到党员、辐射到群众，才能在第一时间了解群众的真实需求，提高公共服务和个性服务的供给质量。

服务型农村基层党组织的重要表现之一就是致力于引导农民致富，带领农村实现新发展。农村基层党组织虽然不是生产经营的主体，但可以通过为农村群众提供先进的农业技术和养殖知识，带动农民转变观念，创新农业发展，提高人们的生活水平，为服务型党组织建设奠定基础。因此农村基层党组织要在加强党员服务本领上下功夫，使其为农民提供更优质的服务。首先，农村基层党组织要结合当地产业和文化特点，遵从农民的意愿，创新教育方式对农村党员进行相应的现代农业技术培训，从而提高农村党员的应用能力和解决群众需求的能力。通过为农民提供技术指导，不断提高农民综合素质，使其在农村党员干部的带领下持续优化农村产业结构，实现增收。其次，农村党员干部要密切联系群众、改善服务，开展入户走访、承包帮扶，关注群众需要，使困难群众生产生活的问题得以及时解决，维护乡村稳定。最后，农村基层党组织要主动下沉服务资源，建立健全公共服务体系，解决农村服务人力不足、财力不够等问题，真正实现服务资源在农村扎根，村民办事不出村。

（三）完善农村基层组织服务的保障体系

要提高农村基层党组织服务的保障能力，不仅要打造一支高素质的农村党务工作者队伍，还要搞好农村后备人才建设，形成梯队建设，为农村基层服务型党组织提供后备人才。并且上级党组织也要加大财政投入，积极探索建立财政投入为主、社会各方支持、农村党组织自我补充的多元化基层经费保障机制，切实解决好农村党组织活动的经费、场地问题。

要完善农村基层党组织建设领导体制和工作机制，形成一项包含农村基层党组织建设工作责任制、激励机制、考核机制在内的制度，为服务型农村基层党组织建设提供制度保障。一是明确各个农村党员干部所要分担的相应责任，使每位党员都有工作平台发挥个人作用，确保服务型党组织建设工作的领导、协调、监督工作顺利落实。二是建立激励机制，形成物质激励与精神激励相结合的工作机制。在精神激励方面，落实“三个优先”制度，即在服务群众中作出卓越贡献的党员优先提干、优先提名、优先表彰；物质层面主要是为每名党员发放流量补贴、现金补贴等。三是建立村干部考核评价机制，形成组织评价机制。及时统计农村党员对于村民问题的回复率、及时率、办结率、群众满意度等方面的信息，通过党员服务对象的评价来监督党员服务是否落实到位以及对服务效果进行考核，并运用科学的统计方法和规则，将考核结果纳入党员晋升的参考因素，从而激励农村党员更好地发挥服务作用。

参考文献

［1］常馨月 . 山东省沂水县美丽乡村建设调研及泉庄镇发展规划［D］. 南京：南京农业大学，2020.

［2］陈利峰 . 县域乡村振兴基础发展能力评估分析［D］. 杭州：浙江工商大学，2020.

［3］陈卫 . 美丽乡村催生“美丽经济”［N］. 郴州日报，2023-06-02（1）.

［4］程秋怡 . 美丽乡村精品线规划研究［D］. 杭州：浙江农林大学，2022.

［5］古丽娜，杨媛 . 略阳全力推进农业经济与美丽乡村建设［N］. 汉中日报，2023-05-05（8）.

［6］郭培，初冠廷 . 美丽宜居导向下县域乡村规划建设实践探索——以句容市为例［A］. 中国城市规划学会、成都市人民政府 . 面向高质量发展的空间治理——2021 中国城市规划年会论文集（16 乡村规划）［C］. 北京：中国建筑工业出版社，2021.

［7］韩林，张剑辉，李鹏 . 县域美丽乡村精品线规划设计探析——以宁海县为例［A］. 中国风景园林学会 . 中国风景园林学会 2019 年会论文集（下册）［C］. 北京：中国建筑工业出版社，2019:521-528.

［8］李帆淼，张俊杰，李金恒 . 乡村振兴战略下产业集群发展模式研究——以额敏县域美丽乡村规划为例［J］. 建筑与文化，2020（7）:142-143.

［9］李洁 . 山东省美丽乡村空间分布特征及地理影响因素［J］. 平顶山学院学报，2023，38（2）:65-70.

［10］李妙 . 美丽乡村建设背景下的乡村植物景观营造［J］. 现代园艺，2023，46（10）:86-87+90.

［11］李彦雪．黑龙江乡村聚落景观空间形态研究［D］．哈尔滨：东北林业大学，2021.

［12］鲁融冰，姜鸿丽，熊丹．穷山村的蝶变密码［N］．湖南日报，2023-05-17（2）.

［13］罗艺华，刘志勇，刘玉就等．县域农村智能配电网关键技术与实现路径［J］．农村电气化，2020（7）:5-7.

［14］马怡菲．美丽乡村建设研究［D］．上海：东华大学，2020.

［15］毛凤仪．乡村振兴背景下湖南省乡村农业产业空间格局与优化策略研究［D］．株洲：湖南工业大学，2022.

［16］孟瑶，赵华，李明．乡村振兴背景下县域美丽乡村建设路径探究——以浙江省安吉县为例［J］．建设科技，2021（7）:81-85.

［17］苗杰，陈红方，周到．县域高中地理研学路线设计策略探究——以“修武南太行生态修复与美丽乡村建设”主题研学活动为例［J］．中学地理教学参考，2022（18）:79-82.

［18］庞广龙．项目制下的县乡互动关系研究［D］．武汉：华中师范大学，2022.

［19］檀周鹏．新型城镇化背景下美丽乡村规划与建设［J］．新型城镇化，2023（4）:65-68.

［20］汪海燕．乡村振兴视角下美丽乡村建设中的产业融合发展研究［J］．山西农经，2023（8）:74-76.

［21］王佳雨．可供性视角下县级融媒体对农传播研究［D］．武汉：武汉轻工大学，2022.

［22］王璐．刍议生态型美丽乡村规划与建设方法［J］．中国住宅设施，2023（4）:139-141.

［23］王佩瑶．皖西南地区望江县美丽乡村规划研究［D］．杭州：浙江农林大学，2020.

[24] 吴春来，刘心译 . 党委整合条块：县域统合治理的权力过程与运行机制——以 T 县“美丽乡村建设领导小组”为例 [J] . 党政研究，2022（6）:90-104+127.

[25] 吴胜男，王晓锋 . 我国美丽乡村建设研究进展及热点演变——基于文献计量分析 [J] . 绿色科技，2023，25（5）:62-70.

[26] 向相辉，全波 . 赏花经济绘就乡村振兴美丽画卷 [N] . 恩施日报，2023-03-31（5）.

[27] 徐晓玲 . 乡村振兴背景下甘肃省美丽乡村景观规划设计中存在的问题及对策 [J] . 明日风尚，2023（5）:158-160.

[28] 杨文茹 . 县域政府经营村庄行为及其治理效应研究 [D] . 武汉：华中师范大学，2022.

[29] 夷友勇 . 大运河文化带美丽乡村建设研究 [D] . 宜昌：三峡大学，2022.

[30] 于倩 . 乡村振兴视角下的美丽乡村建设创新思考 [J] . 环境工程，2023，41（3）:257.

[31] 于婷婷 . 严寒地区乡村景观脆弱性研究 [D] . 哈尔滨：哈尔滨工业大学，2019.

[32] 袁晓婕 . 美丽成实力 乡村添活力 [N] . 南通日报，2023-03-19（A02）.

[33] 张青，刘习 . 浙江：诗画乡村点亮“美丽经济” [N] . 光明日报，2023-05-26（1）.

[34] 张霞 . “三美”融合视角下杭州美丽乡村建设策略研究——以建德美丽乡村建设为例 [J] . 安徽农业科学，2023，51（5）:254-256.

[35] 张筱蕾，邓凌辉 . 台州美丽乡村讲解员培养研究 [J] . 大众文艺，2023（10）:211-213.

[36] 周枫 . 美丽乡村生态景观设计中文化元素的应用 [J] . 现代农业

研究，2023，29（3）:130-134.

［37］周颖.实效导向下的县域乡村规划建设管控体系研究［D］.南京：东南大学，2020.

［38］自晓梅，郑太平.马克思主义生态思想视域下美丽乡村建设探讨［J］.农村经济与科技，2023，34（4）:70-73.

［39］邹荣华.环境艺术设计在美丽乡村建设中的应用［J］.住宅与房地产，2023（9）:94-96.

［40］祖郭林.生态文明视域下建设美丽乡村的路径研究［J］.农村实用技术，2023（4）:41-44.

图书在版编目（CIP）数据

美丽乡村建设理论与实践 / 蔡译苇，马媛，黄春田编著 . －－北京：中国传媒大学出版社，2023.12

ISBN 978-7-5657-3554-7

Ⅰ . ①美… Ⅱ . ①蔡… ②马… ③黄… Ⅲ . ①农村－社会主义建设－研究－中国 Ⅳ . ① F320.3

中国国家版本馆 CIP 数据核字（2024）第 019787 号

美丽乡村建设理论与实践
MEILI XIANGCUN JIANSHE LILUN YU SHIJIAN

编　　著　蔡译苇　马媛　黄春田
责任编辑　张　笛
封面设计　罗四夕
责任印刷　阳金洲

出版发行　中国传媒大学出版社
社　　址　北京市朝阳区定福庄东街 1 号　　**邮　　编**　100024
电　　话　86-10-65450528　　**传　　真**　65779405
网　　址　http: // cucp. cuc. edu. cn
经　　销　全国新华书店

印　　刷　廊坊市新景彩印制版有限公司
版　　次　2024 年 8 月第 1 版
印　　次　2024 年 8 月第 1 次印刷

书　　号　978-7-5657-3554-7 / I · 3554　　**定　　价**　78.00 元

本社法律顾问：北京嘉润律师事务所　郭建平